BBS 불교방송TV강의

활안스님의
대승불교의 실천

활안 한정섭 編著

한국불교정신문화원

머리말

　인도에서 시작된 대승불교는 중국, 한국, 일본, 티베트, 몽골에 이르러 상당히 그 모양과 실천이 달라지고 그를 실천하는 승가대중 또한 남방의 비구, 비구니와는 사뭇 달라졌습니다.
　1의1발로 탁발수행하던 스님들이 북인도에 이르면 속에 바지저고리를 입고 긴 가운을 걸친 뒤 가사를 입고 법장을 들고 인연따라 유행하면서 포교하는데, 나무 밑에서 살던 원시근본불교와는 달리 부파불교에서 형성된 문도 중심으로 끼리끼리 모여 생활하게 되었습니다.
　경율론 3장에 있어서도 전통적인 민속신앙과 혼돈하여 위경론(僞經論)이 만들어지게 되고 극단적인 계율이 만들어져 인도의 소·대승불교와는 사뭇 달라지게 됩니다. 말하자면 순수한 소·대승의 불교가 갖가지 교판론을 의지하여 종파불교화 되고 유·불·선 3교가 혼합하는가 하면, 신장 중심의 기복불교, 생활 중심의 작업불교, 나라 중심의 호국불교로 발전하다가 급기야 일본에 이르러서는 가족 중심의 생활불교로까지 번져나가게 됩니다.

그러므로 이번 『대승불교의 실천』에서는 인도 이외에서 수용 실천된 대승불교 이야기를 하게 될 텐데, 상상을 초월한 신통 괴담과 생명을 담보하고 수행하는 스님들, 그리고 직업에 충실 하면서도 불법에 헌신하며 나라와 백성들을 살리는 살신성인 의 대승불교도 종종 엿보입니다.
 워낙 양이 많아 구체적으로 이야기한다면 일 년이 걸려도 다 할 수 없기 때문에 환경을 따라 특별히 발달한 교리발달사를 배경으로 이야기를 이끌어 나가고자 하였습니다.
 아무쪼록 잘 들어주시고 보아주시면 감사하겠습니다.

불기 2561년 6월 30일
한국불교금강선원 총재 활안 한 정 섭 합장

목 차

머 리 말 3

제 1 강 지역사회에 맞추어 달라지는 불교 8
제 2 강 예의 도덕과 계율 중심의 중국불교 14
제 3 강 구법의 선구자들 20
제 4 강 초기 중국불교의 역경사업 25
제 5 강 후기 남북불교의 역경사업 29
제 6 강 교상판석과 지자대사 34
제 7 강 달마대사의 중국전법 40
제 8 강 보리달마의 제자들 47
제 9 강 3조 승찬대사의 신심명 52
제10강 지공(誌公)스님과 부대사(傅大士) 58
제11강 혜가스님의 문도들 62
제12강 육조대사의 깨달음 66
제13강 육조대사의 제자들 71
제14강 천태종과 삼론종 76

제15강 천태의 소지관(小止觀) 83
제16강 중국 불자들과 금강경 89
제17강 중국사람들이 즐겨 읽는 천지팔양신주경 95
제18강 현수대사와 화엄종 101
제19강 정토염불종 사람들 105
제20강 무상(無相)스님의 염불선 111
제21강 티베트성자 미라래빠 118
제22강 중국불교의 혁명가 도안스님 125
제23강 예수재와 영산재 131
제24강 대장경(大藏經)의 편집 138
제25강 중국 대장경 142
제26강 티베트 대장경 149
제27강 한·일 대장경과 기타 대장경 154
제28강 중단불교(中壇佛敎) 158
제29강 총림불교(叢林佛敎) 164
제30강 중국의 거사불교 169
제31강 혜충국사와 숙종임금 175
제32강 불인선사와 동파거사 180
제33강 백낙천과 도림스님 190
제34강 삼무일종(三武一宗)의 법난 196
제35강 장상영의 호법론(護法論) 202
제36강 진감국사의 어산범패(魚山梵唄) 213

제37강 무염국사(無染國師)의 무심선 220
제38강 해상왕 장보고 226
제39강 갖가지 교리의 발달 231
제40강 중국의 문화혁명 237
제41강 한국에 있어서의 불교위치 242
제42강 원효스님의 통불교 249
제43강 한국 특유의 호국불교 255
제44강 몽골의 침입과 불교 260
제45강 몽골 부마국으로서의 고려 268
제46강 갖가지 도량법회 274
제47강 이태조의 불교신앙 279
제48강 한국의 선종 284
제49강 호국불교와 승군 서산대사 289
제50강 숭유척불 속의 현정론 293
제51강 함허스님의 유석질의론 301
제52강 한글과 신미대사 309
제53강 능엄신주와 광명주 315
제54강 한국불교와 복지사업 321
제55강 신통자재한 진묵스님 328
제56강 부설거사의 깨달음 335
제57강 불교미술과 세계문화 339
제58강 대예참(大禮懺)과 불교의식 344

제1강
지역사회에 맞추어 달라지는 불교

나는 지난 일년 동안 BBS-TV를 통해 인도에서 일어난 대승불교가 어떻게 시작되고 실천되었는지에 대하여 말씀드렸습니다. 말하자면 인도라는 대자연의 풍토 속에서 백 년 동안 순수하게 전파되었던 근본원시불교가 불멸 후 백 년 뒤 계율과 교리 때문에 상좌와 대중 2부로 나누어졌다가 불멸 4,5백 년 경에는 부파불교의 경·율·론 3장이 이루어지고 거기 다시 서양사상의 영향을 받아 초기 대승불교가 일어나 대승불교의 경·율·논 3장이 조직되었다고 말입니다.

초기 상좌 대승불교가 자그마치 20부파로 나누어져 서로 자기 주장을 하다보니 대승불교 가운데서도 교리·계율 중심 불교가 싹트게 되었고 더 나아가서는 대승 논부 가운데서 아주 색다른 불교가 또 싹트게 되었습니다.

말하자면 불멸 5,6백 년경 탄생하였던 마명, 용수의 불교가 중국의 한문으로 번역되면서 인도와는 사뭇 다른 3장 중심의 중국불교가 형성되고, 한편으로는 나란다대학의 종장들이 히말라야에 이르러 풍부한 밀교의 교리를 조직함으로써 티베트 라마불교가 싹터 동북아시아불교는 명자 그대로 현밀교회(顯密敎會)로 탈바꿈하게 되었습니다.

인도의 나란타사대학 총장 연화상이 747년 티베트의 초청으로 히말라야에 와서 이 나라 고유의 벤교(本敎)와 연합하여 그들이 숭배하는 여러 신들을 불·보살의 화현으로 조직하여 속칭 라마승단이 나타나게 됩니다.

한때는 구교(본교) 계통의 낭달라왕의 저격으로 라마승단이 지리멸렬상태에 이르렀으나 1038년 동인도 벵갈만의 아동초 스님이 와서 크게 부흥함으로써 정치·경제 양면의 주권을 쥐어 몽골·만주·서금(西金)·부탄·네팔까지 동북아시아 불교를 휩쓸었습니다.

사실 중국과 일본, 한국도 이들의 영향으로 불교의식의 절반 이상 밀교의식으로 채워져 천년이 지난 오늘에도 별 차이 없이 진행하고 있습니다.

15세기 반승(半僧) 반속(半俗) 티베트불교가 쫑까파스님이 아통쵸의 교리를 흡수하여 새로운 교리를 조직함으로써 붉은 장삼에 노랑모자까지 쓰고 나와 전통적인 적모파와 대립하니 티베트불교는 크게 석모파와 황모파 둘로 나누어지게 됩니다.

'라마'란 스승이란 뜻인데, 본디는 '달라이 라마', '반첸 라마' 하듯 바다와 같은 지혜를 가진 최고지도자를 상징하였으나 뒤에 와서는 라마교가 대중화되자 라마교 스님들을 총칭 '라마'라 부르게 되었습니다.

한편 중국 불교는 인도의 산스크리트와 빨리어가 한문으로 번역되면서 인도의 생활불교와는 사뭇 다른 학문불교로 발전하게 되었으니 이것이 장차 한국, 일본, 베트남 등에 영향을 준 8만대장경 불교이며, 후세 달마대사의 영향으로 크게 번성한 조사선, 여래선이 된 것입니다.

그러니까 중국불교는 인도식 베다불교나 티베트식 라마불교와는 달리 전통적인 유교와 도교의 영향을 받으면서 유·불·선 3교의 원융불교를 만들어 내어 동남아 불교와는 다른 공동체 불교가 형성하게 됩니다.

그러므로 중국불교를 이해하려면 먼저 중국 고유의 전통사상인 유교와 도교를 연구함으로써 바라문종교식이 중국식으로 어떻게 변질되었나를 알 수 있습니다.

예를 들면 인도에서는 독신출가하여 탁발한 비구가 아니면 스님으로서 인정하지 아니 하였는데, 중국불교에서는 탁발이 거의 불가능하였기 때문에 하루도 일하지 아니하면 음식을 먹을 수 없다는 청규까지 생기게 되었습니다.

또 경전도 근본불교에서는 아함경을 중심으로 공부하였는데, 중국에서는 화엄, 법화와 같은 대승경전을 외우면서도 천지팔양신주경 같은 소재경을 읽었으며 고사, 뭇꾸리까지도 동참하여 도교인지 불교인지 구분할 수 없는 경지까지 이르른 때가 있었습니다.

그런데 후세 몽골, 티베트가 세력을 잡으면서 중국본토까지 점령하여 나중에는 동남아 일대를 휩쓸어 한국, 중국, 베트남 불교가 온통 라마교 일색으로 변질된 일도 있습니다.

첫째는 언어와 문장이 달라졌으니 3귀의 문을 한번 보겠습니다.

'나무 다사 바가와도 아라하도 삼먁삼붓다사'
'붓당 사라남 가차미
담낭 사라남 가차미
상강 사라남 가차미'

를

'귀의불 양족존
귀의법 이욕존
귀의승 중중존'

하고 인도식 범패를 중국식 어산(魚山)으로 바꾸어 소리하였습니다.

물론 그 뜻은

'세존 아라한 정등각 부처님께 예경합니다
거룩한 부처님께 귀의합니다
거룩한 가르침에 귀의합니다
거룩한 스님들께 귀의합니다'

가 보다 구체적으로 설명되고 있으나 그 음성과 곡조가 사뭇 다르고 또 3보의 뜻이 '양족존', '이욕존', '중중존' 하여 구체적으로 설명되고 있습니다.

부처님은 복과 지혜를 구족한 님이고, 불법은 어떤 법과도 섞일 수 없으며, 스님들은 대중 가운데 뛰어난 분이라는 말입니다. 그러니 말로 할 때는 별 차이가 없는 것 같으나 번역이 되면서 동남아시아 불교보다 훨씬 내용이 풍부해져서 문학적 철학적 요소를 가미하고 있다고 볼 수 있습니다.

둘째는 입으로 외우던 경율이 서지학적으로 발전하면서 나뭇잎에 썼던 폐엽경전이 종이, 나무, 대나무 중심으로 바뀌게 됩니다.

셋째는 의식주가 달라졌으니, 인도에서는 3의1발로 살던 사람들이 3의 아래 옷과 내복을 입고 가사 장삼을 수한 것이 다릅니다. 날씨가 춥기 때문에 열대지방과는 다르기 때문입니다.

넷째는 탁발법이 없어지고 옷과 발우 등을 권선해오는 화주, 시주가 생겨났습니다.

다섯째는 개인중심의 비구생활이 총림 중심의 단체생활로 조직화 됩니다.

여섯째는 도시, 촌 중심의 수행생활이 산중 중심으로 그 수행처가 바뀌고 시중은 포교 중심의 전법도량으로 전환됩니다.

이렇게 달라진 중국불교는 국가 또는 지방수령들의 보호하에 일약 발전하게 됩니다.

제 2 강
예의 도덕과 계율 중심의 중국불교

　중국사람들은 불교 이전부터 사람이 살아가는 이치를 '예'와 '도'라고 생각하였습니다 그래서 유가의 '예'와 도가의 '도'는 제자백가의 학설을 종합하여 여러 성현들께서 가르친 율령으로 받아들이고 있었습니다.
　"엄마, 나는 어디서 태어났지?"
　"다리 밑에서 주워왔단다."
　아이는 더 이상 할 말이 없어 앞다리, 뒷다리, 동네 다리라는 다리는 다 찾아다니면서 보아도 자기가 태어날만한 곳은 없었습니다. 그래서 아이들은 조금 자라면서 묻는 질문이,
　"엄마, 이게 뭐야?"
　라는 화두가 생겨납니다. 차차 터를 팔아 동생이 생겨날 무렵이면 꽃피고 열매 맺는 것이 궁금해서,
　"엄마, 이게 왜 이래…?"
　하고 질문합니다. 이렇게 하나 하나 양파 껍질을 벗기듯이 파고 들어가면 마침내 공(空)이 나옵니다. 이것이 불교의 공사상이고 도교의 무위(無爲) 사상입니다.

아무 것도 없는 공에 이르면 천하가 다 한 집안이고 만물이 동체인 것을 알게 됩니다. 그래서 사랑해야 할 것, 불상하게 여겨야 할 것, 거두어 주어야 할 것, 보듬어 주어야 할 것을 알게 됩니다. 이것이 기독교의 박애(博愛)이고, 불교의 자비(慈悲)이며, 공자의 인의(仁義)입니다.

심지어 어떤 시인은 자기의 생명력에 비추어
'우주는 하루 저녁 자고 가는 여관이요(天地萬物之逆旅)
해와 달은 사람의 생명을 재촉하는 시간이다(光陰者百代之過客)' 라고 노래한 사람도 있습니다.

하기야 인간의 삶이 한 떨기 뜬 구름과 같은 것인데 집착과 애착 속에 살다보니 너, 내 것에 대한 관념이 강해지고 급기야 힘이 센 사람과 힘이 없는 사람, 아는 사람과 모르는 사람 사이에 사기행각이 팽배됩니다. 그래서 나중에는 잡혀서 감옥에 가는 놈이 생기고, 그것을 풀어주어서 사랑을 베푸는 자가 생깁니다.

그러나 형(刑)이 형이 아니고, 살(殺)이 살이 아니기 때문에
'형기무형(刑期無刑)이고 살이지살(殺以止殺)이다'
라는 말이 생기게 되었습니다.
'형(刑)은 형을 없애게 하는 도구이고,
죽이는 것은 죽이는 것을 그치게 하는 방법이라는 말입니다.

그런데 지금 와서는 그 형이 교도소, 구치소, 감호소로 확대하고, 살이 지역, 당파로 바꾸어졌다가 국가 내지 사회전으로까지 번져가고 있으니 이것은 사람의 지혜가 역(逆)으로 발전한 것입니다.

설사 도를 닦아 반야의 지혜에 이르고 무위자연(無爲自然)에 이르렀다 하더라도 허무주의에 빠지고 단공(但空)에 이르면 묘유(妙有)를 알 수 없고 천하만물이 계절의 아픔 속에서 꽃 피고 열매 맺는 이치를 알지 못하게 되는 것입니다.

화엄경은 금강신장을 중심으로 하여 물·불·바람 신 등 지상의 19신장과 아수라, 가루라, 긴나라 등 허공의 8대, 4천왕 신앙이 싹트게 되고 마침내는 색계, 무색계, 천당의 논리까지 나옵니다. 사람은 혼자 잘나 사는 것 같지만 그렇지 않습니다. 태어날 때는 부모를 의지하여 태어나지만 태어나고 나서는 형제, 친구, 집단이 있드시 하늘과 땅, 해와 달, 산과 물이 없이는 살 수 없기 때문에 그들의 은혜에 감사하며, 그들에게 받아 온 감사한 마음을 다시 이 세상에 베풀고 가는 것이 인간의 도리요, 자비며, 박애인 것입니다.

플라톤의 법칙도 마찬가지입니다. 사람은 사회적 존재이면서도 정치적 동물이기 때문입니다. 그래서 배운 자는 배우지 못한 자를 가르치고, 있는 자는 없는 자를 먹여 살려야 합니다. 이러한 도리를 깨닫지 못하고 있는 중생들은 교육이 없이는 사람이 되지 않습니다. 교육은 가르침입니다. 초등학생들이 덧셈, 뺄셈만 가지고는 직사각형의 원리와 우주의 넓이, 부피를 이해할 수 없기 때문에 가로, 세로를 계속 재게 하여 그 넓이를 이해시키는 것입니다. 해와 달의 원리도 마찬가지입니다. 장영실이 해와 달, 별들을 바라보고 측우기, 시계까지 만들지 않았습니까.

그래서 절에서는 밥을 먹을 때

"한 방울의 물에도 천지의 은혜가 숨어 있고, 한 알의 곡식에도 만인의 노고가 담겨 있습니다. 이 음식을 먹고 건강을 유지하여 사회대중을 위하여 봉사하겠습니다."

하는 공양게(供養偈)를 외우고는 음식을 먹어 그로부터 영양을 섭취하는 것은 자연의 논리이지만 그 음식이 어디서부터 와서 어떻게 요리되어, 어떻게 소화되고 있다는 이치까지 알면 더욱더 그 음식이 복되고 값어치 있게 되기 때문입니다.

대집경 염불삼매분 제9에 있는 글을 중국사람들이 자기네들에게 편리하도록 11가지만 뽑아 보왕삼매경론이라 이름하고 유통시키고 있습니다.

* 몸에 병이 없기를 바라지 말라. 몸에 병이 없으면 탐욕이 생기기 쉽나니, 그래서 성인은 병고로써 양약을 삼는 것이다.

* 세상살이에 곤란함이 없기를 바라지 말라. 세상살이에 곤란이 없으면 업신여기는 마음과 사치한 마음이 생긴다. 그래서 성인들이 근심과 곤란으로 세상을 살아가라 하신 것이다.

* 공부하는데 마음에 장애가 없기를 바라지 말라. 마음에 장애가 없으면 배우는 것이 넘치게 되나니 그래서 성현들은 장애속에서 해달을 얻도록 가르친 것이다.

* 수행하는데 마(魔) 없기를 바라지 말라. 수행하는데 마가 없으면 서원이 굳건해지지 못한다. 그래서 성현들은 모든 마군

으로서 수행을 도와주는 벗을 삼았다.

* 일을 꾀하되 쉽게 되기를 바라지 말라. 일이 쉽게 되면 뜻을 경솔하기 쉽다. 그래서 성인들은 오랜 세월을 겪어서 일을 성취하였던 것이다.

* 친구를 사귀되 내가 이롭기를 바라지 말라. 내가 이롭고자 하면 의리를 상하게 되나니, 그래서 성인들은 순결로서 사귐을 길게 하였던 것이다.

* 남이 내 뜻대로 순종해 주기를 바라지 말라. 남이 내 뜻대로 순종해주면 마음이 스스로 교만해지니, 그래서 성인들은 말씀하시되 내 뜻에 맞지 않는 사람들로서 원림(園林)을 삼았던 것이다.

* 공덕을 베풀면서 과보를 바라지 말라. 과보를 바라면 도모하는 뜻을 가지게 된다. 그래서 성현들은 덕 베푸는 것으로 공덕을 쌓았던 것이다.

* 공익을 분에 넘치게 바라지 말라. 이익이 분에 넘치면 어리석은 마음이 생기나니, 그래서 성인들은 적은 이익으로써 부자가 되라 가르치셨던 것이다.

* 억울함을 당해서 밝히려고 하지 말라. 억울함을 밝히면 원망하는 마음을 돕게 된다. 그래서 성인들은 억울함을 당하는 것으로 수행의 문을 삼았던 것이다.

* 이와 같이 막히는 데서 도리어 통하는 것이요, 통함을 구하는 것이 도리어 막히는 것이니, 그래서 부처님께서는 사랑 속에서 보리도를 얻으셨던 것이다.

사실 사람들은 병 없고 곤란 없고 장애 없기를 바라지만 세상의 이치는 마(魔) 없이 쉽게 되는 일이 적고 이로움이 얻어지지 않기 때문에 이 같은 원리에 따라 순행불교를 역행불교로 배워왔던 것입니다.

제 3 강
구법의 선구자들

나는 인도를 열아홉 번이나 다녀왔지만 법현, 현장, 혜초스님들처럼 뜨거운 고통은 겪지 않았습니다. 비행기로 갔다가 비행기로 왔으며 뜨거운 인도땅에서도 맨발로 걷지 않고 버스나 자가용 리어커를 타고 여행하였기 때문입니다.

지금까지 세계적으로 알려진 인도 여행기 가운데서,
① 법현스님의 천축기
② 현장스님의 대당서역기
③ 의정스님의 구법고승전
④ 혜초스님의 왕오천축국전처럼 널리 알려진 것은 드뭅니다.

법현의 불국기는 육지로 갔다가 바다로 돌아온 기록이고,
현장의 서역기는 육지로 갔다가 육지로 돌아온 기록이며,
의정의 기귀전은 바다로 갔다가 바다로 돌아온 기록이고,
혜초의 왕오천축전은 바다로 갔다가 육지로 돌아온 기록이기 때문에 더욱 소중하게 여겨지고 있습니다.

"모래바다, 눈언덕에서 길을 잃고 헤매다가
다시 깊은 바다 낭떨어지
어두운 나루터를 방황하는 것은
세속의 영화, 즐거움을 구하는 것이 아니고
오직 진리를 찾아 만리길을 걷는 것이니
그 속에 불교의 빛 오래오래 전해지리."

이것은 혜초스님의 왕오천축기에 기록된 노래입니다. 죽은 사람들의 뼈를 노정기 삼아 걷고, 뜨거운 모래바람이 눈을 뜰 수 없게 하고, 차디찬 눈이 두 손가락과 발가락을 얼어붙게 하여도 꿋꿋하게 진리의 여정을 걸어서 마친 사람들입니다.

인도에서 만들어진 대승불교가 중국, 티베트로 어떻게 건너가게 되었는지를 이들 스님들의 구도기를 통하여 하나하나 밝혀 보고자 합니다.

나는 네팔의 카투만두에서 인도의 룸비니까지, 인도네시아 발리에서 스리랑카까지 단 두 시간만에 날아가면서 히말라야의 만년설과 인도양의 푸른 바다를 구경하였는데, 우리 스님들은 천산의 북로와 남로를 걸으면서 2년, 3년이 걸려 인도에 이르렀으니 그 고통이야 어떻게 말로 다 표현할 수 있겠습니까!

내 가야할 길 아득한 수만 리
시름의 씨앗 백겹으로 겹쳐 있네.
여섯자 이 작은 몸을 이끌고
어떻게 홀로 저 험한 길 걸어가리.

중국에서 인도로 가는 길은 천산북로와 천산남로가 있는데, 법현스님은 장안에서 출발하여 돈황, 우진, 누란, 오이국, 잡합, 초령, 오장, 숙가라국을 거쳐 건다라, 불루사, 나갈, 곡구, 인다스, 까뻴라국, 쿠시나가르, 마가다, 왕사성, 카시국에 이르렀으며, 다시 중천축국, 첨파국, 사자국, 월씨국을 거쳐 광주로 돌아왔습니다. 나라만 30개국 이상을 돌았고, 이름난 도시, 산성, 호수는 말로 다 기록할 수가 없습니다.

현장스님은 아버지가 돌아가신 뒤 형님 장철을 따라 낙양 정토사에 출가하였는데, 13세때 승선(僧選), 이어서 열반경, 섭대승론, 아비달마구사론 등을 연구하다가 인도말과 중국말의 차이점이 큰 것을 느끼고 627년 스물다섯 살의 젊은 나이로 감숙성, 전주, 란주, 과주의 옥문관을 거쳐 고비사막에서 오랑캐 석반타를 만나 꼭 죽게 되었다가 고창국 국문태수의 도움으로 총령(파미르고원)을 넘어 반야심경을 외우면서 갠지스강을 건너 4성지, 8성지를 참배하고 자그마치 10년간 56개국을 거쳐 641년 640권의 불경을 짊어지고 고창국에 이르니 그때 태종대왕이 배를 보내 장안으로 들어오게 하여 백만대중이 환영하는 가운데 600부 대반야경을 중심으로 1,335권의 불경을 번역하였습니다.

의정스님은 당나라 사람으로 672년 39세의 나이로 광동을 떠나 수르바자, 스마트라, 갈타국을 거쳐 나란타사에 이르러 범어를 배우고 성지를 순례한 뒤 689년 수리비자에 이릅니다. 거기서 잡비유경과 남해기귀전을 정리하고 인도에 유학중인 중국과 한국 스님 60여명을 정리하여 지금까지 듣지 못하던 것을 듣게 하고, 보지 못한 것을 보게 하였습니다. 중국 신강성 돈황 서쪽 파미르 고원 동서 6000리의 사막이나 천산 동쪽 아구스하의 곤륜산맥 비단길의 대도시 코탄 놉늘호, 아랍해의 천문, 월남 하노이의 동국, 그리스의 로하라, 러시아의 우즈베키스탄 공화국 수도 등 10만 리 길은 그때까지 인도와 중국 사람들이 한번도 걷지 못한 길을 개척한 것입니다.

나는 이 책에서 신라의 해륜법사와 아리아발마, 혜법스님, 부본, 현태, 현각과 그 외 고구려 스님 세 분이 인도에 유학해 있었다는 것을 알게 되었습니다.

나란다대학은 세계 최초의 불교대학으로 세계 각국 사람들이 와 있었는데, 그 가운데는 신라, 고구려 스님들이 두각을 나타내고 그 학교의 학두(學頭)로서 제자들을 가르치고 있었다는 것은 참으로 놀랄만한 일입니다.

혜초스님의 역사는 프랑스의 펠리오씨에 의해 알려졌습니다. 1908년 3월 돈황 천불동에서 고서화 29상자를 갔다가 정리 하던 중 당나라 혜림음의에 실려있던 왕오천축국전 일부를 발표하자 1909년 중국의 나진옥씨가 돈황본 석실유물을 영인하여 일본학자 휴다씨는 법현의 불국기, 송운의 행천축기, 현장의 서역기, 의정의 기귀전을 참고하여 전석(箋釋)을 낸 것을 1915년 다카쿠스에 의해서 저자가 신라의 혜초임을 알게 되었습니다. '내 고향은 계림'이라는 이 한 단어 때문에 독일의 퓨즈는 독일어로 번역하고 국내에서는 최남선씨가 삼국유사 부록으로 발간하여 널리 알려진 것입니다.

중국 광주에서 배를 타고 남중국해를 거쳐 동인도에 이르는 혜초스님의 긴 여행기는 자그마치 120개국의 지리, 역사, 풍속을 연구하는 자료가 되었으며, 이로 인해 혜초스님은 세계적인 학자로서 그 명성이 드러나게 되었습니다.

혜초스님은 733년 중국에 들어가 금강지스님의 역경을 돕다가 773년 대홍선사에서 불공삼장에게 대승유가경을 배워 그의 제6대 제자가 됨으로써 중국밀교의 제3조가 되었습니다. 이 외에도 도신의 석가방지, 혜행의 사서역기, 원조의 오공입축기, 범성대사의 서역행정기, 수영의 남천축기등 많은 자료가 있으나 여기서는 이상 네 가지 여행기만을 중심으로 소개하였습니다.

인도를 여행하고 중앙아시아를 탐색코자 하는 이들은 마땅히 이상의 법현기, 현장기, 의정기, 혜초기를 읽고 참고하시기 바랍니다.

우리나라 엄홍길씨가 히말라야 16대좌를 오르내리면서 팔다리가 부러지고 손가락 발가락이 썩어 문드러지는 고난 속에서 세계의 산악인이 되어 히말라야 골짜기에 16개의 학교를 짓고 있는 모습을 한번 생각해 보십시오. 인간은 도전이요, 희망입니다.

제 4 강
초기 중국불교의 역경사업

후한 명제 영평 10년(기원 67년) 가섭마등과 축법란이 42장경을 가지고 중국에 들어와 도불상쟁을 거쳐 불교를 유포하기 시작하였으나 실제 중국에 불교가 유포되게 된 것은 인도불교를 중국말로 번역한 역경사들의 공로가 크다 할 수 있습니다.

법란스님이 불본행집경 5권을 쓰고, 십지단결경 4권, 법행경 3권, 불본생경 2권 등을 합하여 자그마치 260권 이상을 쓰고 번역하였습니다.

그로부터 여러 곳의 스님들과 안식국, 월지국, 인도, 강거, 우란, 쿠차불교가 물밀듯이 밀려왔고, 구마라집, 담무참, 불타발다라, 혜원, 진제스님들이 국가의 보호를 받으면서 자그마치 400년 이상 수 없는 경전을 번역하니 인도말과 풍습에 궁금한 현장법사 같은 분들은 직접 인도에 들어가서 원전을 가져오기도 하고 인도말을 배워 먼저 번역한 경들에 정오표를 내기도 하였습니다.

오늘부터 두 차례에 걸쳐 중국 역경사 이야기를 해 볼까 합니다.

초기 인도로부터 중국에 들어오는 스님들은 남으로는 중천축국을 한계로 하고 중앙아시아를 거쳐 오는 사람들은 계빈과 그 북쪽에 있는 월씨국, 강거국, 안식국을 거쳐 총령을 넘어 왔습니다.
월씨국은 일찍이 카니시카왕이 출현하여 불교를 외호하였기 때문에 여러 곳의 스님들이 그 곳을 거쳐 중국에 들어오게 된 것입니다.

환제 초기에는 안세고가 와서 역경한 뒤 안현, 담제 등이 뒤를 이었는데, 안세고는 소승 선경을 중심으로 번역하였습니다.
안현은 엄불조와 함께 법경경을 공역하고, 담제는 담무덕 갈마 사분율, 법현은 마라가경, 대반열반경, 법흠은 아육왕전을 번역하였으니 대승불교 경전은 이것이 처음이 아닌가 생각됩니다.

월씨국과는 한무제때 장건이 파견되어 교통이 이루어졌고, 안세고 이후 20년 있다가 지루가참이 와서 도행반야경, 반주삼매경, 아미타경, 아촉불경, 수능엄경 등을 번역하였습니다.

지겸은 유마힐경, 대반야경, 법구경, 서흥본기경 등 27경을 번역하였고, 지강양점은 법화삼매경, 지법도는 사경, 지민도는 합유마, 합능엄을 번역하였는데, 그때 교정을 본 사람이 축법수, 진사윤, 손백초, 우세아 등이라 하였습니다.

그뒤 정선비구니전과 니승갈마계본이 이루어진 것으로 보아 니승불교도 성했음을 알 수 있습니다.

천축불교는 후한 영제때 축불삭, 축대력, 담과, 담마랍가가 와서 승지계본을 번역하였다 하고, 축장염은 고승전, 역대 삼보기, 개원초에 추사행 등의 주선으로 대품반야경이 번역되었고, 담무란은 밀교신주경, 축불염은 영락본업경, 10송율등을 번역하고, 담마난제는 증일아함경과 중아함, 제바는 아비담팔건도론, 아비담심론, 승가발증은 아미담마비, 바수밀보살소집론, 승가라찰소집경 등을 번역하였습니다.

강거는 현재의 킬킥스 부근에 있던 나라인데 월지국의 영향으로 불교가 성행하였습니다.
강승희는 오나라 건초사에서 아난염미경, 6도집경, 안반수의경, 법경, 도수왕경을 번역하였고, 강영상은 중본기경, 수행본기경, 강승개는 유가장자경, 무량수경, 비유경, 강도화는 익의경을 번역하였습니다.

또 우진국 사람으로는 주사행의 도행경, 축호법의 정법화경, 담무참의 대반열반경, 저거향성의 선경, 월바수나의 천왕반야경, 실차난타의 80화엄경은 모두 우진국을 통해 들어온 것입니다.

쿠차불교는 나라 왕의 성이 백씨였으므로 스님들 성도 모두 백씨로 썼습니다. 이 나라는 일찍부터 밀교가 성행하였습니다. 그러므로 백연은 왕으로써 출가하여 무량청정평등각경을 역하고, 백원은 유체보살경, 백시밀다라도 왕자로서 출가하여 대공작왕경, 공작왕 잡신주경 등 밀교경전, 대관정경 등을 번역하였고, 백법거는 점비경, 담마시는 비구니계본을 번역하였습니다.

불도징은 인품이 특출하여 그의 제자에 수십 명이 있는데, 그 가운데서도 대표적인 분이 도안입니다. 남북불교 이전의 불교역경을 거의 도안의 손을 거치지 아니한 것이 없습니다.

이렇게 오랜 세월 실크로드를 배경으로 한 인도, 안식, 강거, 쿠자, 우진불교가 번역되는 동안 경전을 쓰고, 번역하고, 윤문하고 교정하는 사람들이 수 없이 동참하여 인·중 불교를 빛나게 한 학자들이 적지 않으니 장차 이것이 중국 거사불교에 밑거름이 되고 법사불교의 시작이 된 것입니다. 가정을 거느리고 권속이 있어 비록 출가는 하지 못할 망정 일생을 불경 속에서 살면서 강의 초청을 받아 전법하였기 때문에 중국의 초기불교는 이들의 영향을 받은 바가 크다고 할 수 있습니다.

제 5 강
후기 남북불교의 역경사업

위와 같이 서역 여러 나라의 승려와 천축 여러 나라의 학자들에 의하여 번역된 불교는 중국 전역에 인연 따라 스며들었지만 중국 남북불교에 가장 큰 영향을 준 분은 역시 구마라집과 혜원스님입니다.

나집의 아버지 구마라는 천축인입니다. 일찍이 출가하여 쿠자국에 이르니 왕이 여동생과 결혼시켜 나집을 낳게 하였습니다. 어머니가 나집 7세에 출가하니 나집 또한 출가하여 날마다 천게를 외웠다고 합니다.

9세에 계빈국에 가서 반두달다를 만나 중아함, 장아함을 익히고 12세에 쿠자국에서 돌아오다가 사륵국에 이르러 아비담, 육족론, 중일아함을 역출하고 돌아와 수리야소마 스승에게 중·백 2론과 방광경을 얻어 대승불교의 공도리를 익히니 그동안 익힌 소승적인 행위가 아쉽게 느껴졌습니다.

다시 중국은 몽골·선비족이 침입하여 각기 나라를 건설 5호16국을 이루었는데, 그 가운데서도 부견이 독립국을 이루어

전진(前秦)을 형성하였습니다.

건원 19년 요기장군 여광을 서역에 보내면서 "나라를 평정하면 구마라집을 모셔오라" 하였습니다. 그래서 모시고 오니 부견은 벌써 멸하고 없는지라 요장이 나라를 세워 후진 후량(後凉)이라 불렀습니다.

나집은 나라가 평정될 때까지 18년간을 양주에 머물다가 2대왕 요흥의 초청을 받아 장안에 들어오니 가히 국사의 예를 하였습니다. 나집은 제자 승조, 승략, 승막 등 800여 명을 데리고 와 금강반야 10주, 법화, 유마, 사익, 능엄 등과 미륵삼부경, 칭찬제불공덕경, 십송율계본, 대지도론, 성실론 등 300여 권을 번역하였습니다.

나집의 학문은 인도의 마명, 용수, 제바의 공사상을 배격하고 있었기 때문에 대품반야를 해석한 대지도론과 10주비바사, 성실론, 대장엄론 등 대승불교의 학설이 많이 번역되었습니다. 특히 그 가운데서도 중국불교에 영향을 크게 미친 것은 묘법연화경 7권이었습니다. 따라서 나집이 장안에 들어와 소요원에 역경원을 차리고 대업을 이루자 그 역자는 자그마치 3000명이 넘었다고 합니다.

나집에 이어 불다발타라가 화엄경을 번역하였습니다. 담무참이 번역한 대반열반경과 법현, 각현이 공역한 대반니원경 등 북본열반경을 송 문제 때 혜관, 혜엄이 처사 사령운과 연구하여 모호한 부분을 수정하고 재편집하여 다시 대반열반경을 펴내기도 하였습니다.

반야는 허망을 제거하고, 법화는 끝까지 1승을 밝히고, 열반은 법신을 드러내 보인 것이기 때문에 각기 한 종파를 이루게 되었습니다.

60권 화엄경을 번역한 불다발타라는 우진의 실차난타가 번역한 80화엄경과 함께 세상에 널리 알려졌으니 특히 발타라가 부처님 계율을 철저히 지키고 있었기 때문입니다.
인도 유학중 그를 초청한 각현은 도반과 함께 산동에서 선을 닦고 있다가 불타발타라를 남방에 소개하여 그동안 번역한 선경이 일대 센세이션을 일으키게 되었습니다.

마하승지율, 대반열반경, 대방광불화엄경, 신무량수경, 관불삼매경은 당시에 크게 유행한 대승경전들입니다. 남지불교는 강승희가 오도 건업에 건초사를 지으면서부터 시민의 귀의를 받게 되었는데, 서진 말 서역과 중국의 교통요새지가 됨으로써 크게 성행하게 되었습니다.

여산의 혜원도 북쪽 사람이었으나 도안이 부견에게 끌려갈 때 남쪽으로 피난와 청정한 수행생활을 하였기 때문에 역경사업과 염불수행에 열심할 수 있어 행복한 생활을 하였습니다.

먼저 사람들이 번역한 3장이 미진한 점이 있으면 제자들을 직접 인노에 보내 책을 구해오든지 범어를 익혀오게 하여 번역사업에 열심이었고, 선배 도안이 미륵상생을 기원하던 염불방법을 응용하여 부처님 앞에 앉아 부처님을 바라보면서 고성염불을 하여 왕생극락을 발원하였는데, 칙사가 지어준 동림사와 사령운이 연못에 연꽃을 심어 연꽃을 바라보면서 염불하는 것이 발달하여 백련사의 염불이라 불려지게 되었습니다.

이 회의 모임에는 승속에 구분없이 열심히 염불하고 계를 청정히 지키는 것으로 업을 삼았기 때문에 당시 북지전쟁에 시달린 사람들이나 거리를 유랑하던 사람들이 자그마치 120명이 모여 열심히 정진하였으므로 도연명, 사령운 같은 이도 이 계를 지키지 못해 백연회에 참여치 못했다고 합니다.

혜원은 범성론과 왕자 불배론을 지어 그의 학과 행이 얼마나 뛰어났는지 짐작할 수 있습니다. 이렇게 남북불교가 성행하는 가운데 54제가 지나갔는데, 송나라에서는 불타집, 강양야사, 구나발마, 구나발다라가 역경승으로 활약하였고, 재나라에서는 능가발다라, 달마바제, 위나라에서는 보리유지, 불타선다 등이 중심이 되어 여러 가지 경들을 번역하게 되었는데 여기서 저 유명한 3장법사가 탄생하게 되었습니다.

그런데 이때 중국번역에 만족을 느끼지 못한 사람들이 직접 인도에 유학하여 원본을 구해오는 사람들이 많았으니, 진나라 스님 승건은 월지국에 가서 여러 가지 계본을 구해오고, 후연 담연은 왕사성까지 갔으며, 보운과 지엄도 인도에 가고, 승예는 남인도로 가고, 법현, 혜경, 도정, 승혜, 혜예와 지호, 담무잘, 승맹, 운정, 지전 등 35인은 각각 인도에 가 경율론 3장을 구해왔습니다.

이렇게 송, 북양, 북위, 제나라 스님들이 유학을 하다 보니 서기 400년 이후에는 밀교와 부처님 사리(舍利)까지 들어와 더욱 신심이 두터워지고, 성지순례를 다니는 사람들이 많아졌으며, 경론의 번역에 따라 선, 염불, 천태종, 삼론종, 정토종, 화엄종, 법상종 등 수 없는 종파가 우후죽순처럼 나타나서 불교 자체는 크게 성행하였으나 우열성쇠를 따라 강약이 이루어짐으로써 통합적인 불교를 이루지 못하게 되었습니다.

여기서 영향을 받는 한국불교와 일본불교가 종파불교화하여 각자 도산을 이룬 것 같습니다. 그러나 어쨌든지 불교의 대세는 유·도의 반목 속에서도 크게 성행하였으니 법이 없어도 인과를 믿고 인연을 소중히 여기며 사는 윤리도덕적 불교가 서로 언어가 다르고 피부색이 다른 민족사상에 커다란 도움을 주었던 것은 사실입니다.

제 6 강
교상판석과 지자대사

교상판석(敎相判釋)이란 불교 일대의 설법을 시대의 조류와 근기의 차별을 따라 분별한 것인데, 이것이 장차 종파불교의 근원이 된 것입니다. 인도에서는 소승과 대승, 돈교와 점교, 유식 등의 학설이 있었으나 크게 번창하지 못했고, 중국에서는 자기가 번역한 경·율·논 3장을 통해 남삼북칠(南三北七)의 10판이 있었습니다.

법화현의 10권에
① 호구산 급사(岌師)의 5종교판
② 종애법사의 4시교판
③ 정림 유차 2사와 도량관법사의 5시교판

이상은 남3이고 이하는 북7입니다.

④ 유규의 5시교판
⑤ 보리유지의 반만교판
⑥ 광통혜관의 4종교판

⑦ 미상(未詳)의 5종교판
⑧ 기사품사의 6종교판
⑨ 북지선사의 2상교판
⑩ 성명미상의 1음교판이 그것이다.

그런데 천태지자대사는 법화현의 10권과, 법화문구 10권, 마하지관 10권 등 3대부 30권을 정리한 뒤

아함십이방등팔(阿含十二方等八)
이십일재담반야(二十一載談般若)
종담법화유팔년(終談法華又八年)
여기 열반 1년을 보태 49년으로 보고 있습니다.

그러나 부처님께서 29세에 출가하여 35세에 성도하시고 45년간 설법한 것으로 볼 때는 다소 차이가 있으나 어떻든 우리나라에서는 천태의 학설을 가장 많이 응용하고 있습니다.

천태대사는 부처님 일대시교를 오시팔교(五時八敎)로 나누어 설명하였습니다.

5시는
① 화엄시(華嚴時)
② 녹원시(四阿含: 장아함·중아함·집아힘·증일이함)
③ 방등시(유마·사익·능가·능엄·광명·승만)
④ 반야시(마하·광찬·금강·대품 등)
⑤ 법화·열반시가 그것입니다.

그런데 이것을 다시
① 유미(乳味)
② 낙미(酪味)
③ 생소미(生酥味)
④ 숙소미(熟酥味)
⑤ 제호미(醍醐味)에 비유하기도 합니다.

8교는 돈(頓)·점(漸)·비밀(秘密)·부정(不定)의 4교와 장(藏)·통(通)·별(別)·원(圓)을 말하는데, 앞의 4교는 세상의 약방문과 같아서 화의사교(化義四敎)라 하고, 뒤의 4교는 약의 맛과 같아서 화법사교(化法四敎)라 합니다.

말하자면
① 돈교는 해가 뜨면 높은 산이 먼저 비치듯 성도 후 제1차로 말없이 설한 화엄법문으로 별교와 원교를 겸했고,
② 점교는 경·율·논 3장을 설한 녹원시로 성문·연각·보살을 위해 설한 것입니다. 해가 점점 떠 오르면 깊은 골자기를 비치는 것과 같은데, 법화경 장자궁아유에 두 사람이 거지 아이를 유인하러 간 것과 같다 하였습니다.
③ 비밀교는 장통·별원에 다 통하나 말이 없이 자기만 알고 있으므로 햇빛으로 볼 때는 아침 조반시 비로소 보고 믿음을 일으킬 만한 시기이고,
④ 부정교는 통교·별교에 다 통하는 반야시로 햇빛으로 말하면 술참 때 소승을 도태시키고 대승의 맛을 보이는 숙소미(熟酥味)에 해당합니다.
⑤ 그런데 법화·열반은 비점 비돈교로 평지를 비치는 정오

의 햇빛과 같아 무엇이고 시키고 할 만한 독립적인 불교를 믿고 행하는 시기로 봅니다.

그리고 장통·별원의 화법4교는 경·율·논 3장교로
① 경으로 말하면 아함경
② 율로 말하면 5부율(4분율, 5분율 10송율, 해탈율, 마하승지율)
③ 논으로 말하면 구사론, 바사론(대비바사론 200권)이 여기에 해당됩니다.

소승불교에서는 이것을 부파불교의 3장교라 부르고 있지만 천태대사는 소승이라는 말 대신 그냥 장교 즉 3장교라 부르고 있습니다. 주로 내용은 4제, 12인연, 6바라밀을 가르치고 있습니다. 특히 도제에서는 37조도품을 닦고 있습니다.

통교는 별교와 원교에 통하므로 통교라 하는데, 진속불이(眞俗不二)하여 중도사상을 배경으로 소승불교를 배척하며 대승불교를 찬양합니다.

별교는 반야의 색불이공·공불이색을 중심으로 불생불멸의 영원한 생명관과 불구부정의 청정행, 부증불감의 복덕성을 따르면서도 겉으로 나타난 상을 파하고 속으로 들어있는 성을 존중하였습니다.

그리고 원교는 법화의 1승사상과 열반의 평화를 존중하였습니다. 그런데 사람의 근기로 보면 일촉즉발로 당장에 깨닫는 돈교가 있는가 하면 천천히 깨닫는 점교도 있고, 자기만이 알고 있는 비밀교, 결정할 수 없는 부정교가 있으므로 화의4교에서는 돈·점·비밀·부정교로 판정하였던 것입니다.

어떻든 이렇게 해서 천태대사는 화엄·법화를 최상최고의 1승불교로 보고 나머지는 성문·연각·보살의 3승불교로 보았으나 결국에는 한 가지도 버리지 않고 다 같이 성불하는 불교로 이끌어 갔으니 여기서 화엄종, 법화종, 율종, 선종, 정토종 등의 현교가 생기고, 옴 마니 반메 훔을 하는 비밀교가 싹터 밀종으로서 크게 발전하게 된 것입니다.

지금도 천태대사가 살던 호북성 옥천사에 가서 보면 선을 중심으로 닦던 동선당, 서선당이 있고 염불을 중심으로 하던 반주당, 밀교를 중심으로 하던 옴마니반메훔, 현교를 중심으로 하던 간경당이 따로 있습니다.

다만 중생의 근기에 따라 이렇게 여러 가지로 가르치던 천태불교가 한국, 일본에 들어와서는 조계종, 태고종, 미타종, 정토종, 진각종, 법상종, 법성종 등으로 나누어져 지금 와서는 조계종단이란 명칭만도 60개가 넘게 된다고 합니다.

근본불교의 일미(一味)불교가 각기 입맛을 따라 이렇게 여러 가지로 나누어지다 보니 일반신자들은 혼돈하여 무엇이 무엇인지 알 수 없게 되고, 자기 종단의 고집 때문에 통일된 사상을 일끌어 낼 수 없어 결국 중국에서는 공산화에서 하나의 중국불교로 꼼짝달싹 할 수 없게 되었고, 일본이나 한국불교는 견원지 사이가 되어 통합을 이끌 수 없게 된 것입니다.

　이것은 선각자들이 교리를 가르칠 생각은 하지 않고 무조건 자기 종파만 옳다고 주장한데서 온 모순이기 때문에 말로는 모두가 대승이지만 실제 행동은 소승만도 못한 억지불교를 하고 있는 것입니다.

　크고 좋은 것도 좋지만 알맹이 없는 불교는 결국 빈털터리가 되고 마는 것이니, 소·대승불교 이전의 근본불교를 먼저 깨달을 필요가 있습니다.
　부처님은 종파가 없이도 45년 동안 백만 대중을 이끌었으며, 맨발로 걸식하던 불교를 하였어도 지금까지 그 정신이 전 세계를 풍미하고 있지 않습니까.

　그러므로 지금 우리는 소대승불교 이전의 근본불교를 똑바로 이해하고 현대사회에 적응할 수 있는 불교를 우리의 기후, 풍토, 지리에 맞게 개발하여야 할 것입니다.

제 7 강
달마대사의 중국전법

중국 선종은 인도의 요가나 위빠사나와는 상당히 거리가 멉니다. 인도선은 신심 위주로 몸 속의 번뇌를 제거하는 방법을 구체적으로 설명해가면서 단계적으로 닦는데 중국불교는 바로 사람의 마음을 가르쳐 견성성불하는 방법을 가르치고 있기 때문입니다.

그래서 인도선을 6조단경에서는 여래선이라 하고 달마 이후의 중국선을 조사선이라 하는 것입니다. 물론 천태지자대사와 같은 위빠사나를 중심으로 제법실상의 도리를 터득하신 분도 계십니다. 그러나 혜가대사 이후 모든 역대 조사들이 말 한마디에 일촉즉발 도를 깨닫고 참회 자비의 행을 몸소 실천해 왔다는 것은 인도선과는 상당히 다른 점이 있습니다.

보리달마(菩提達磨)는 서기 528년 혹은 435, 436, 495년 경에 태어나 인도 부법장(付法藏)으로 보면 28조이고, 중국선종으로 보면 시조가 됩니다. 남인도 파사국 셋째 아들로 태어나 반야다라의 법을 잇고 소승들의 여덟가지 삿된 생각(邪想)을 파척하고 이견왕을 교화한 뒤 중국으로 건너왔다고 합니다.

① 유상종(有相宗)의 살바다(薩婆多)를 만나서는 속만 중시하고 겉을 소홀히 한다 꾸짖었고,
② 무상종(無相宗)의 바라제(婆羅提)를 만나서는 삼매라는 이름에 빠져 있음을 지적했으며,
③ 정혜종(定慧宗)의 바란타(婆蘭陀)에게는 선정불이(禪定不二)를,
④ 계행종(戒行宗)의 비마라(毘磨羅)에게는 계는 성불의 방편이지 목적이 아니다 하고,
⑤ 무득종(無得宗)의 보정(寶淨)에게는 얻고 잃는 견해를 꾸짖었습니다.

처음 중국에 와서는 광주에서 양무제를 만났으나 인연이 닿지 않아 숭산 소림사로 가서 9년 면벽하고 2조 혜가에게 법을 전한 뒤 보리유지와 광통율사의 제자들에 의해 소림사를 떠나 낙양(용문)에 이르러 열반하였는데, 그 탑이 웅이산에 모셔져 있습니다.

달마대사는 인도사람이므로 중국어에 능통하지 못했으니 그의 후손들이 여러 가지 경론들을 문답한 대로 정리하였는데, 능가사자기, 전등록, 그리고 달마대사 어록에는

① 이입사행론(二入四行論)
② 관심론(觀心論)
③ 오성론(悟性論)
④ 혈맥론(血脈論)
⑤ 파상론(破相論)

⑥ 증심론(證心論)
⑦ 무심론(無心論) 등이 있습니다.

첫째, 2입4행론의 2입은 이치적으로 들어가는 것과 사실적으로 행하는 것이고, 4행은 행입의 내용을 ⑴보원행(報怨行)과 ⑵수연행(隨緣行), ⑶무소구행(無所求行), ⑷칭법행(稱法行) 등으로 나누어 설명한 것입니다.

보원행은 누구나 이 세상에 태어나는 자는 가는 곳마다 평안하게 살게 해준 국가의 은혜, 자신을 낳아 길러주신 부모님의 은혜, 바른 법을 유통시켜 주신 스승의 은혜, 잘못을 뉘우쳐 깨닫게 해준 친구의 은혜가 있으니 마땅히 그 은혜를 갚아야 한다 하였습니다.

그리고 누구나 이 세상을 살면서 하늘, 땅, 산과 물의 은혜를 지지 아니한 사람이 없으니 마땅히 그 은혜를 알고 갚아야 한다고 하였습니다.

사람은 누구나 인연 속에 살고 있으니 인연의 은혜를 깨닫고 그 마음을 거스리지 말아야 한다고 강조한 것이 수연행이고, 부모, 처자도 버리고 불가한 사람이 따로 의식을 구해 방황하면 아니 되기 때문에 구하는 바가 없이 무소유생활을 하라는 것이 무소구행이고 법대로 살아가라는 것이 칭법행입니다.

그리고 이입(理入)은 이 같은 행을 경전과 선어록 등을 통해 확인하고 인증하여 일체중생이 동일한 법성을 가지고 본래 청정한 것이기 때문에 인연따라 원한을 갚고 애착없이 살아가는 것을 강조하였습니다.

둘째, 관심론은 혜엄의 일체경음의에 따라 천태지의가 지은 것과 스타인과 페리오가 정리한 것, 대통신수가 정리한 것 등 세 가지가 있는데, "마음은 만법의 근본이 되고 모든 법을 만들어 낸 주인공임으로 도를 닦는 사람은 마땅히 마음을 관해야 한다" 하였습니다.

세상만사가 나 이전부터 만들어져 있는 것 같으나 내가 없으면 있으나 마나 소용이 없다는 것입니다. 사람이 세상에 태어나면 누구나 가정과 국가, 학교, 사회가 있는 것이니 내가 일체 모든 것의 주체가 된다는 것을 깨닫고 그 흘러가는 마음을 자세히 관찰하라고 하였습니다.

밥을 먹을 때는 밥을 먹는 대로 따라가고, 옷을 입을 때는 옷을 입는 대로 따라하며, 잠을 잘 때는 잠을 자는 대로 따라 모든 것을 있는 그대로 보고 따라가되 가는 놈이 누군가 자세히 관찰하라 하였습니다.

사람이 누구나 그 흘러가는 마음을 자세히 관찰하는 사람은 실수를 좀 덜하게 되고 살 수 있기 때문입니다. 밥을 먹을 때는 밥을 먹는 것에 충실하고, 옷을 입을 때는 옷을 입는 것에 충실하여 행주좌와 어묵동정에 성성역력한 삶을 살 수 있게 한 것입니다.

셋째, 오성론은 "자기의 성품을 깨달아야 부처가 될 수 있다" 하였습니다.

오성론은 나의 마음은 언제나 별빛처럼 또렷또렷 깨어 있으면서 고요히 가라앉았을 때 삼라만상의 그림자를 소소력력히 드러내 보이고 있는데, 한 생각 매(昧)하면 바보 천치처럼 아무 것도 모르게 지나갈 수 있으므로 성성력력(惺惺歷歷)한 그 마음을 또렷또렷하게 가지고 항상 깨어있는 삶을 하라 가르치신 교훈입니다.

넷째, 혈맥론은 "전불, 후불이 모두 견성법(見性法)으로 성불하였다"하고, 견성의 핵심은 "혈맥을 뚫어야 한다" 하였습니다.

사람의 육체는 피와 살이 살아있어야 건강한 삶을 살 수 있드시 선수행을 하는 자도 부처님의 깨달은 정신과 조사스님들의 전법의 정신을 철저하게 지켜나가되 어느 곳에도 막힌 곳이 없이 하여야 한다 하신 말씀이 혈맥론입니다.

피가 탁하면 혈압이 오르고 순환이 잘 돌지 아니하면 중풍이 들드시 공부도 여래의 마음과 조사의 마음을 잊어버리고 먹고 입고 노는 것에만 끄달리면 그 찌꺼기가 모여 불조의 정신을 바로 살려갈 수 없기 때문에 피를 잘 돌려야 한다 하였던 것입니다.

다섯째, 파상론은 "아상, 인상, 중생상, 수자상을 떠나야 보살행을 실천할 수 있다" 하였습니다.

파상론은 사람은 누구나 태어나면 족보가 있고, 이력이 생깁니다. 그리고 일을 하다 보면 때로 좋은 일도 하고 좋지 못한 일도 하게 되는데 괜히 거기 빠져 족보를 자랑하고 이력을 자랑하고, 좋은 일한 것을 자랑하다 보면 저절로 남을 업신여기게 됩니다.

은사가 되었든 법사가 되었든 화상이 되었든 모두가 나를 길러준 스승인 것인데 자기 스승, 자기 공부를 앞세워 남을 업신여기면 잘못 법상(法相)에 빠질 염려가 있으므로 공부, 이력, 선행상을 버리고 또 혼자만 해탈하여 호강스럽게 살려는 생각을 버리라고 한 것이 파상론입니다.

여섯째, 증심론은 징심론(澄心論)이라고도 하는데, 650자밖에 안 되는 작은 책으로 선정의 방법과 요령을 기록한 것인데, 도신장(道信章)과 내용이 같으며, 종경록에서 인용하고 있는데, '스타인과 페리오' 본에도 있습니다.

도를 믿고 행하는 데는 그 마음이 깨끗해야 합니다. 선악염정에 끄달린다든지, 염불참선에 얽매인다든지, 책을 보고 경행하는 것에 집착하여 앉아서까지도 번뇌망상을 일으키면 안 되기 때문에 경계한 것입니다. 가는 길은 막힘이 없어야 합니다.

조석예불하고 염불참선하는 것이 모두 마음을 밝히는 방법이고 도반들을 이끌어 주기 위한 방법이기 때문에 거기 끄달리지 말고 결석 없이 잘해 나가라는 말입니다.
믿음은 도의 근원이고 공덕의 어머니가 되기 때문입니다.

일곱째, 무심론은 우두법융의 절관론(絶觀論)에 나오는 것으로 "지극한 이치는 밀할 수 없다" 하였습니다.

끝으로 무심론은 미련이 없이 살라는 말입니다. 지난 일을 지나치게 생각하여 끊지 못한다든지, 오지 않은 일을 미리부터 생각하여 마음을 안전하지 못하면 공부가 제대로 되지 않기 때문입니다.

  지난 일은 이미 지나갔으니 생각할 것이 없고, 오는 일은 아직 오지 아니 했으니 미리부터 걱정할 것이 없습니다. 현재하는 일에 충실하면 무슨 일이든지 하는 일에 걸림이 없기 때문입니다.

  우두법융선산사는 무심 속에서 호랑이를 시봉으로 데리고 살고, 더운 날에는 구렁이들도 함께 앉아 참선하게 하였던 것입니다.

제 8 강

보리달마의 제자들

- 피와 살, 골수를 얻은 사람들

보리달마의 제자들 가운데는 혜가 말고도 도육(道育), 담림(曇林), 도부(道副), 니총지(尼總持) 등이 있습니다.

도부(464~524)는 남제(南齊)때 사람으로 성씨가 왕씨입니다. 산서성 태현출신으로 어려서부터 고요한 것을 즐겨 달마대사를 찾아갔는데, 달마대사가 여러 제자들을 시험할 때 각기 얻은 바를 한 마디씩 일러보라 하니,

도부는 "문자에 집착하지도 않고 문자를 여의지도 않고 도를 씁니다" 하니 "너는 나의 피부다" 하고,

도육이 "4대가 본래 공하고 5음이 없다"고 하니, "너는 나의 뼈다" 하고,

니총시가 "아란이 아촉불을 한번 본 뒤에는 다시 보지 못한 것 같습니다" 하니 "너는 나의 살이다" 하고,

혜가가 말없이 절하고 제자리로 돌아가니 "너는 나의 골수다" 하였습니다.

재나라 건무년간(494~498) 종산 정림사에 가 있다가 양무제가 선풍을 일으켜 금릉 개선사에서 초청되었다가 후에 촉지(蜀地)에 가서 불법을 크게 폈습니다. 보통5년 다시 금릉사로 돌아와 바로 입적하니 세수가 61세였습니다. 공주의 명으로 왕역위(王繹爲)가 비문을 지었습니다.

담림은 생몰년대를 알 수 없습니다. 도적에게 팔을 잘렸으므로 무비림(無臂林)이라고도 불렀습니다. 정광 6년(525) 업도에 가서 보리유지, 불타선라, 비목지선 등과 역경사업을 하였으며, 강사로서도 명성이 높았습니다. 가상대사 길장이 그가 번역한 승만경소를 인용한 것을 보면 승만경 연구가였던 것 같고, 달마의 2입4행론도 이 스님이 정리하고 앞에 서문을 썼습니다.

도육과 니총지의 생몰연대는 알 수 없습니다. 달마에게 법을 받고는 인연따라 유행하였기 때문입니다.

부처님도 '이미 익은 업과 무지한 중생은 다 제도하지 못한다' 하였는데 같은 불법을 하면서도 계율과 경론에 집착한 반야다라와 광통율사 권속들이 가만 두지 않아 달마대사의 제자들은 거의 100년 동안 숨을 제대로 쉬지 못하고 살았습니다.

칠불성자경(七佛姓字經)은 장·중·잡(十別譯本)·증일 4아함에 나오며, 한 가지 계(戒)와 율문(律文)은 따로 없으므로 제악막작(諸惡莫作) 중선봉행(衆善奉行)이 그것입니다. 고려 천책에서는 선문보장론과 서산대사 선교석에서는 "석가부처님이

6년 고행 중 임오년에 진귀조사를 만나 지극한 이치를 전해 받았는데, 이것이 교외별전의 시초다" 하였습니다.

〈達磨秘錄·梵日國師集〉

능가경(楞伽經)은
① 433년 능가발다라역(능가다발타라보경) 4권,
② 513년 보리유지역 10권,
③ 실차난타가 번역한 대승입능가경 7권본이 있으며,
④ 700~704년 일본의 난조분유(難條文雄)가 편집한 범본이 있는데, 이것이 티베트역에 가장 가까운 것으로 이해되고 있습니다. 여기서 능가종이 생겼습니다.

내용은 삼계유심(三界唯心) 만법유식(萬法唯識)의 도리가 기록되어 있습니다. 부처님께서 능가산에서 진망·인연·정사·인과 5법을 설하고 명·상·망상·정지·여여(名·相·妄想·正智·如如)를 설하고, 변계소집성(遍計所執性)·의타기성(依他起性)·원성실성(圓成實性)의 3성과 8식(八識), 2무아(人無我·法無我)의 사상으로 법신상주(法身常住)를 밝혔습니다. 대승에서는 이를 우부소행선(愚夫所行禪), 관찰의선(觀察義禪), 반연선(攀緣禪), 여래선(如來禪)이라 부릅니다.

이 같은 역사는 전등록에 잘 정리되어 있습니다. 전등록(傳燈錄)은 중국 송(宋)·원(元)·명(明) 3대에 걸쳐 정리되었는데,

① 경덕전등록 30권은 영안도원(永安道原)이 찬하고,
② 옥영집 15권은 왕수(王隨)가 찬하고,
③ 광등록 30권은 이준욱(李遵勗)이 찬하고,

④ 속등록 30권은 불국유백(佛國惟白)이 찬하고,
⑤ 연등회요 30권은 회붕오명(晦崩悟明)이 찬하고
⑥ 보등록 30권은 뇌암정수(雷庵正受)가 찬하였습니다.

이를 총 5등록이라 부르는데, 원나라 때 남석문수(南石文秀)의 보유판(補遺版)이 나오고 명나라 때 다시 원문정주(遠門淨住)가 오등회원속략 4권을 내어 모든 전법어 내용을 기록했습니다.

그 이후에도 송나라 때 불일계숭의 전법정종기 9권, 전법전종록 2권, 종문분등집 25권, 조원통목 1권, 원 명복의 불조정법직전 1권, 명 원주 거정의 속전등록 36권, 명 남석의 증집 속전등록 6권, 지원록 32권, 교외별전 11권, 보등록, 계등록, 5등엄통 30권, 속등전고 12권, 조등대통 100권, 청 5등전서 120권, 청 속등정통 42권, 정원보유 16권, 암흑두집 1권, 고금첩록 1권 등이 있습니다.

2조 혜가(487~593)는 위진남북조(魏晉南北朝)시대 스님으로 어려서는 신광(神光) 승가(僧可)라 불렀는데, 속성을 희(姬)씨 입니다. 하남성 낙양출신으로 어려서 노장과 불교를 공부하고 나중에 낙양 용문 향산에 왔다가 보정(寶淨)스님께 출가 공부, 영목사에서 수계한 뒤 여러 곳으로 다니다가 다시 32세에 향산으로 돌아와 8년 동안 수행하였습니다.

북위 정광 원년(520) 40세에 숭산 소림사에 가 보리달마를 만나 6년간 수행정진 하였습니다. 첫 번째 방문 때 눈이 허리까지 차서 있는데도 달마가 제자로 받아들이지 않자 팔을 잘라 그 신심을 증명하고 '나의 골수'라는 말을 듣게 되었습니다.

북제 천보 3년(550) 3조 승찬에게 법을 전하고 하남성 법도에 가서 43년간 설법하다가 북주 파불(574~578)을 만나 환공산에 은둔했다가 수 개항 13년 계축 3월 16일에 입적하니 정종이 보각대사 대조선사라 시호하였습니다.

〈고승전. 능가사자기. 석씨개고락. 전등록〉

3조 승찬(?~606)은 수(隋)나라 때 사람입니다. 어려서부터 중병에 걸려있는데, 2조를 만나 공불가득(空不可得)의 이치를 깨닫고 출가, 혜가의 법을 받고는 서주(안위성) 사공산에 은거, 북주 무제의 파불(574)때는 환공산에서 10년을 지냈습니다.

이어 나부산에 들어가 큰 재(齋)를 열고 심요를 설한 뒤 수 대업 2년에 입적하였는데, 개향 12년(592) 도신을 제자로 맞아 두타정진을 하면서 도신에게 선법을 전했습니다. 당 헌종이 감지(鑑智·鏡智)라 시호하였는데, 독고급이 쓴 비문이 서주에 남아있습니다.

스님이 남긴 신심명(信心銘)은 불후의 명작으로 알려져 있습니다. 다음 시간에 소개하겠습니다.

제 9 강
3조 승찬대사의 신심명

지극한 도는 어렵지 않다. 오직 간택함을 꺼릴 뿐이다.
미워하고 사랑하는 것만 없으며 툭 터져 분명하게 된다.

사람들은 불교를 어렵게 생각하고 있는데,
실은 그렇지 않다. 애증 간택이 문제다.

털끝만큼이라도 틈이 생기면 하늘과 땅과 같이 벌어진다.
도가 앞에 나타나길 바라거든 순역을 따르지 말라.

위순상쟁이 마음의 병이니 깊은 뜻은 알지 못하면서
공연히 생각만 가라 앉히려 하지 말라.
문제는 순역 다툼이다.

우리 마음은 둥글기가 큰 허공과 같아서 모자람도 없고
남음도 없는데 괜히 취하고 버려
그와 같이 되지 못하고 있구나.

그러니 세간의 인연도 따르지 말고 출세간의 법에도 머물지
말라. 한 마음을 평등하게 쓰면 저절로 잦아들 것이다.

법성은 원융하여 두 모습이 아니다. 그러기 때문에
세출세간의 법에도 머물지 말고 오직 하나를 지키라.

움직임을 그치면 그침이 다시 움직인다.
다만 양변에 머물지 말라.

한 가지에 통하지 못하면 양쪽 다 공덕을 잃을 것이니
유에도 빠지지 말고 공에도 머무르지 말라.

사람들은 번뇌를 쉬고 진여를 취하려 하는데
번뇌가 번뇌인 줄 알면 그 무엇에 끄달릴 것 있겠는가.

말이 많고 생각이 많으면 더욱더 상응치 못한다.
말이 끊어지고 생각이 끊어지면 통하지 않는 곳이 없다.

근본으로 돌아가면 뜻을 얻고 빛을 따라가 종취를 잃는다.
잠깐 사이에 돌이켜 비춰보면 앞의 공보다 훨씬 뛰어날 것이다.

문제는 말과 생각
말을 여의고 생각이 끊이지면 저절로 드러난다.

앞의 공도 망견이고
뒤의 참도 망상이다.

두 견해에 머물지 말고 쫓아가지 말아라.
잠깐이라도 시비를 일으키면 어지러이 본 마음을 잃게 된다.

보고 분별하는 것이 망견이고,
듣고 사량하는 것이 번뇌이기 때문이다.

둘은 하나로 말미암아 있으니 하나마저도 지키지 말라.
한 마음이 나지 않으면 만법이 다 허물이 없게 된다.

허물이 없으면 법도 없고 나지 않으면 마음이랄 것도 없다.
주관은 객관을 따라 소멸하고 객관은 주관을 따라 잠겨서
둘이 둘이 아닌 줄 알면 법에 무슨 허물이 있겠는가.

객은 주인으로 말미암아 객이 되고,
주인은 객으로 말미암아 객이 된다.

양단을 알고자 하면 원래 하나의 공을 알라.
하나의 공은 양단이 같아서 삼라만상을 다 포함하여
세밀하고 거칠음을 보지 못하거니 어찌 치우침이 있겠는가.

대도는 본체가 넓어서 쉬움도 없고 어려움도 없다.
좁은 견해로 여우같은 의심을 내어 서둘수록 더욱 더디어진다.
집착하면 법도를 잃어 반드시 삿된 길로 들어갈 것이다.

놓아버리면 자연히 본래대로 가거나
머무름에 걸림이 없게 된다.

대도는 툭 터져 어느 곳에도 걸림이 없기 때문이다.

자성에 맡기면 도에 합하고 소요하면 번뇌가 끊기고
생각에 얽매이면 참에 얽매어서 혼침하게 된다.

좋지 않으면 신기를 괴롭힐 것인데
무엇 때문에 성기고 친할 필요가 있겠는가.
일승으로 나가고자 하거든 육진을 미워하지 말라.

육진을 미워하지 않으면 도리어 바른 깨달음이 온다.
지혜로운 이는 함이 없거늘
어리석은 사람들이 스스로 얽매인다.

법에는 다른 법이 없다. 망령되이 스스로 애착하여
마음을 가지고 마음을 쓰니 스스로 그른 길에 빠진다.

미혹하면 고요적난이 생기고, 깨치면 오호가 없다.
모든 상대적인 개념은 잘못된 집착에서 온다.

꿈속의 허깨비와 헛꽃을 어찌 애써 잡으려 하는가.
얻고 잃음과 옳고 그름이 본래 없는 것인데.

눈에 졸음이 없으면 모든 꿈이 저절로 없어지고
마음이 다르지 않으면 만법이 한결같아진다.

한결같으면 본체가 훤히 드러나 모든 인연을 잊을 것이다.

만법이 다 눈앞에서 본래 상태로 돌아가기 때문이다.

깨달으신 부처님께서는 꿈이 없나니
꿈이 있는 사람은 희노애락에 죄우된다.

그 까닭이 무엇인가.
그치면 움직이고, 움직이면 그치는데….

둘이 이미 이루어지지 않으면 하나인들 어찌 있겠는가.
구경궁극에는 일정한 법칙이 없다.

둘 없으면 하나도 없나니
자본, 공산주의가 해체되면 오직 민주주의만 남는다.

마음에 계합하면 모두가 평등케 되어
짓고 짓는 바가 없게 된다.
여우같은 의심만 없으면 천지가 맑아진다.

일체가 머물지 아니하여 기억할 것 없도다.
훤히 밝아오면 무슨 안경이 필요하겠는가.

생각으로 헤아릴 것 아니다. 깨달음의 경지는 식정이
이르지 못한 곳이기 때문이다.

재빨리 상응코자 하거든 둘 아닌 경계에 들라.
둘 아니면 모두가 하나 되기 때문이다.

시방의 지혜로운 이들은 모두 근본으로 돌아간다.
근본은 짧거나 긴 것이 아니니 만년 가게 써라.

있거나 있지 않음이 없어서 시방이 바로 눈앞이로다.
옛과 지금이 아니니 삼세가 다만 한 생각이로다.

지극히 작은 것이 큰 것과 같아서
상대적인 경계 모두 끊어지고
지극히 큰 것은 작은 것과 같아서 그 끝과 겉을 볼 수 없다.

있는 것이 곧 없는 것이오. 없는 것이 곧 있는 것이다.
만약 이와 같지 않다면 반드시 지킬 것이 없느니라.

하나가 곧 일체요 일체가 곧 하나이니
다만 능히 이렇게만 된다면 마치지 못할까 걱정할 것 없다.

믿는 마음은 둘 아니요 둘 아님이 믿는 마음이니
언어의 길이 끊어져서 과거가 미래가 현재가 아니로다.

그러니 확신을 가지고 믿음을 형성한 사람은
말에 끄달리지 않고 좌우에 두리번거리지 않는다.

제 10 강

지공(誌公)스님과 부대사(傅大士)

그런데 이렇게 정통법맥을 계승하여 선불교를 편 사람도 있지만 전혀 그런 것과 관계 없이 인도의 성경(禪經)들을 의지하여 자연스럽게 도를 깨달은 사람들도 많았습니다. 특히 금릉의 지공스님과 부대사 같은 분은 한 경계를 넘어서 그 시대의 선지식으로 크게 존경을 받으신 분입니다.

지공스님(418~514)은 위진남북조시대에 태어났습니다. 금릉출신으로 성은 주(朱)씨로 어려서 강소성 건강 도림사에 출가하여 선정을 닦았습니다. 태시 초년(465~471) 불시에 일어나 거처를 정하지 않고 음식도 때 없이 먹으며 머리도 깎지 아니 했습니다. 냄비를 손에 들고 행각하면서 대승찬 10수를 지어 부르며 각종 이적(異跡)으로 대중을 교화하였습니다. 이제 그 대승찬을 들어보면 다음과 같습니다.

거룩한 도는 항상 눈 앞에 있어
허망한 몸이 그림자와 다르지 않다.
법성은 항상 고요하기 때문이다.

그러므로 그대들은 중생들에게 바른 도를 말하라.

불법의 견해와 외도의 견해가 다 같이 나쁘다.
가소롭다 고물고물한 중생들이여,
세상의 많고 많은 어리석은 중생들
깨달아 아는 것이 곧 보리니
괜한 허튼 소리로 거짓말 하지 말라.

스님은 매일 인시(寅時)에 일어나
이튿날 닭 우는 축시(丑時)까지는
성성역력하게 지냈다.

보리와 번뇌가 둘이 아니고
가지고 범하는 것이 둘이 아니며
부처와 중생, 현실과 이치, 고요함과 시끄러움,
선과 악, 물질과 정신, 나고 죽음,
끊음과 제함, 참과 거짓, 해탈과 속박,
경계와 비침이 둘 아닌 도리를 알라.

이렇게 스님은 운용과 자재, 미혹과 깨달음에 속지 않고 살았습니다. 그의 제자에 부대사가 있는데, 이 또한 가족과 재산을 부인에게 맡겨 필요한 사람들에게 나누어 주도록 하고 호미 하나 낫 하나로 농촌에 돌아다니며 손이 부족한 사람들에 손이 되고 발이 부족한 사람들에게 발이 되었습니다.

일하면 밥 먹여주고 재워주면 그것으로 만족하였으며 눈비

오는 날 일이 없으면 사랑방에 모여온 사람들과 법담을 나누며 살았습니다. 양무제가 지공스님에게 금강경을 설해달라고 하자 부대사를 천거하여 법상에 올라갔는데, 호미자루로 법상을 치면서 노래 불렀습니다.

"중생을 어떻게 제도할 것인가?
중생상을 일으키면 4상에 집착하니
제도하고도 제도했다는 생각을 갖지 말라.

입을 닫고 머리를 하늘로 쳐들고 사는 놈은
한 사람도 부처 아닌 사람이 없기 때문이다."

이렇게 금강경 32분을 48수의 시로 노래하고 심왕명(心王銘)을 지어 노래불렀습니다.

"부처님 마음은 현묘하여 헤아리기 어려우니
이리 따지고 저리 따지고 망상을 피우지 말라."

이렇게 천태지자대사, 4주 승가스님, 법운공, 천태풍간선사, 한산습득, 포대화상 등 옛 스님들의 법문을 들어 스스로 묻고 스스로 답하고, 별도로 행을 지어 세상을 깨닫게 하신 분들이 한두 분이 아닙니다.

전등록에는 이와 같은 분들 1400명 이상을 들고, 그들의 법문을 1700공안으로 설명하고 있으니 이 세상 아는 사람이 몇 사람이나 되겠습니까? 끝으로 명주 포대화상의 임종게를 들어

보면 알 수 있습니다.

    발우 하나로 천 집의 밥을 먹고
    외로운 몸 만 리를 걸어다녔다
    푸른 눈 가진 사람 보는 일 없어
    어디 가냐 묻는다면 흰 구름을 가르키노라

    미륵 미륵 진짜 미륵이
    천 가지 꿈을 나누어 활용해도
    요새 사람 아는 이 없으니
    누구를 원망하랴!

제 11 강

혜가스님의 문도들

4조 도신스님 밑에는 5조 홍인과 서주 법장, 형주 법현, 현석, 형악 선복, 신라 법랑, 우두 법융스님이 있었습니다.

5조 홍인(弘仁 : 514~674)은 당나라 때 스님입니다. 속성은 주씨이고, 호북성 기주 황매현 출신입니다. 4조 도신의 제자가 되어 오랫동안 수행하며 법을 받았습니다.

쌍봉산 동쪽에 있다가 동쪽 빙무산으로 건너가 설법하였는데, 심성의 근원을 깨닫도록 가르쳤습니다. 제자에는 친조카 대통신수와 6조 혜능이 있었는데, 그 외에도 안주현색(安住玄賾), 자주지선(資州智詵), 혜장(慧藏), 현약(玄約), 숭산법여(崇山法如) 등이 있었으나 특히 혜능의 법이 남쪽으로 감으로써 동산법문이 크게 퍼지게 되었습니다.

숙종 상원2년 74세로 입적하였는데, 대종이 대만(大滿)선사라 시호하였습니다. 저서로는 해탈종수요론(解脫宗修要論) 1권이 있는데, 최상승론, 일승현자심론이라고도 부릅니다. 14

단의 문답으로 마음닦는 요령을 설명하였는데, 4조 도신의 수일정신(守一精神)을 계승하였습니다. 스타인과 페리오도 최상승론이란 이름으로 된 책을 가지고 있습니다.

법장스님은 서주에서 산 사람입니다. 안휘성 안경부, 회향현이 곧 서주인데, 서북쪽에 금릉 공지(寶誌)선사가 살던 암자가 있고, 3조 승찬이 주지로 살던 환공산 산곡사도 거기 있으며, 백운수단의 해회사, 투자대등과 의청이 살던 투자산도 모두 그 주변에 있습니다. 형주는 호남성 중부 현양현에 있는데, 북쪽에 상수(湘水), 소수(瀟水)가 연접해 있어 대혜종고가 귀양 갔던 철강사, 개복사도 바로 거기 있으며, 방거사가 머물렀던 방산사도 거기 있는데 법현, 선복, 현석 등이 그곳에서 공부하였습니다.

법현은(577~653)은 진말(陳末) 당초(唐初)에 살았던 스님으로 남군, 강릉 사람입니다. 성이 정(丁)씨로, 12세에 4층사 보영에게 출가하여 4조 도신에게 사사하였는데 77세로 입적하였습니다.

신라 법랑스님은 선덕여왕 당시 당나라에 들어가 4조 도신의 법을 전해 받고 한국에 최초로 선법을 선양한 스님입니다. 호거산에 숨어 지냈는데, 최치원이 비명을 지었습니다. 시호가 지중입니다.

우두법융(584~657)은 수말당초(隋末唐初) 우두산에 산 스님인데, 우두종의 개조입니다. 속성은 위(韋)씨이고, 강소성

윤주 연흥 출신입니다. 처음 유교를 공부하다가 정관 17년 (643) 우두산 유서사에 들어가 21년 동안 법화경을 강설하였습니다. 영취 3년(652) 읍재(邑宰)의 청으로 강소성 건업 건초사에 가서 대품반야경을 설하고 강령령(江寧令) 이수본의 청으로 다시 대집경을 설하였으며, 656년에는 숙원선(肅元善)의 초청으로 건초사로 가서 현경 26년 윤정월 23일에 입적하였습니다. 세수는 64세이고, 저서로는 절관론(絕觀論) 1권이 있습니다. 우두산은 소머리와 같았으므로 우두산 쌍봉(파두산)이라고도 불렀는데, 우두법융이 유서사 북쪽에 선실을 짓고 살았습니다.

5조의 법을 이어 받은 사람은 신수 혜능 이외에도 지선, 혜장, 현약, 법여, 도명, 선집, 법조, 담광, 유극부, 법현, 선조, 의방, 승달, 현기, 지덕, 도준, 혜안 등이 있습니다.

지선(609~702)은 하남성 사람으로 성이 주(朱)씨입니다. 5조 홍인에게 참학한 다음 자주 덕순사에 머물렀고 만세통천 2년(697)에는 칙령으로 서경으로 가 자주 건남에 머물고 있었으므로 건남이라 부르기도 하였습니다. 저서로는 허융관(虛融觀) 3권이 있습니다.

석공 혜장도 당대 출신으로 원래 수렵인이었습니다. 어느 날 사슴을 쫓다가 마조도일을 만나 제도된 사람인데, 법을 받고는 무주 석공산에 머물면서 선풍을 폈습니다.

현약 또한 홍인 문하인으로 수주 대운사에 머물다가 구시 원년(700) 측천무후의 부름으로 신수와 함께 3명이 대도량에 들어가 공양을 받았습니다.

도명(道明)은 동산도명입니다. 강소성 파양사람으로 성이 진(陳)씨입니다. 진나라 선제의 자손으로 4품장군으로 있었는데, 어려서 영창사에서 출가 황매산 5조 홍인에게 참학하였는데, 오군의 가사가 6조 혜능에게 전해졌다는 소식을 듣고 대유령으로 쫓아 갔다가 6조의 법문을 듣고 깨달았습니다. 혜능과 헤어져 여산의 포수대(혹 봉정사)로 가서 3년 있다가 원주 몽산으로 가서 머물렀기 때문에 몽산화상이라 부르기도 합니다. 혜능과 '혜'자가 같으므로 이름을 도명으로 바꾸었습니다.

숭악혜안(崇嶽慧安 : 642~709)은 당나라 때 스님입니다. 행주 지강 사람으로 성은 위(衛)씨입니다. 홍인에게 심요를 받고 숭악산에 들어가 죽을 때까지 출입을 하지 아니 했으므로 중종(中宗)이 자의(紫衣)를 내렸습니다. 입적 후 시호는 노안(老安)입니다.

여기까지를 능가종(보리달마), 숭산종(4조도신), 우두종(우두법융), 북종(대통신수), 남종(6조혜능)으로 불러 왔으나 사실상 직지인심 견성성불의 달마정신을 계승해 왔으므로 산이름, 경이름, 돈점(頓漸) 양면으로 이해되는 것은 있었으나, 모두가 부처님의 일심법을 계승한 점은 틀림없습니다. 그런데 이 다음부터서는 문도들을 통해 여러 가지 종파가 분립되므로 분등선, 부촉선이라 부릅니다.

제 12 강
육조대사의 깨달음

　육조혜능스님은 중국이 배출한 제2 석가부처님으로 추앙받고 있습니다.
　첫째는 그의 깨달음이 철저하고,
　둘째는 심성이 곱기가 부처님과 같았으며,
　셋째는 후배들을 가르치는 교육정신이 철저하였고,
　넷째는 생사를 자유자재 하였으며,
　다섯째는 그의 제자들이 다른 종단이나 단체에서 볼 수 없는 독특한 점이 있었기 때문입니다.

　육조대사는 어려서 누구에게 글을 배우지 못해 문자를 해독하는 능력은 없었지만 남이 읽는 글을 듣고 즉시 깨달음을 얻었습니다.
　그의 제자들이 번성하여 5가7종을 이루었으니 말하자면 당말 송초 중국의 선종이 다섯 파로 나누어졌다가 거기서 다시 임제종에서 두 파가 갈라져 모두 7종이 되었다는 말입니다.

　5가는,

① 위앙종(潙仰宗)
② 임제종(臨濟宗)
③ 조동종(曹洞宗)
④ 운문종(雲門宗)
⑤ 법안종(法眼宗) 이고,

두 파는 송대에 임제종에서 갈라진
⑥ 청룡파와
⑦ 양기파를 말합니다.

6조혜능은 서기 638년 중국 광동성 신주 백성으로 어려운 환경속에서 나무를 팔아 늙은 어머니를 봉양하고 있었습니다. 하루는 시장에 나무를 팔고 나오다가 한 여인숙에서 금강경을 읽는 소리를 듣고 가슴이 열려 기주 황매현으로 찾아가 5조 홍인스님을 뵙고 방아지기로 8개월 동안 열심히 일했습니다.

한 동자가,

身是菩提樹 心如明鏡台
時時勤拂拭 勿使惹塵埃

라는 글을 외우고 가자 물으니,

"이 바보야, 이 글은 우리 절 대강사이신 신수큰스님께서 제6대 조사되는 시험글이 지금 조실방 벽에 붙어 있어 학인들이 분향예배하고 있는데 그것도 모르고 있느냐?"

"그럼 나 같은 사람도 가서 볼 수 있느냐?"
"그럼, 누구나 가서 향 사루고 절하면 큰 공덕이 있다고 했어!"
하고는 혜능을 데리고 벽보가 있는 곳으로 갔습니다.
"나는 글을 잘 모르니 나를 위해 누가 한번 읽어 주시오."
그때 주위에 있던 한 스님이 읽어 주었습니다.

"이 몸은 깨달은 나무요. 마음은 밝은 거울과 같다.
때때로 털고 닦아 때가 끼지 않도록 하라."

혜능이 듣고,
"나도 시 한 수를 지을 것이니 글을 좀 써주시오." 하니,
"글자도 모르는 것이 시는 무슨 시냐?"
하고 누군가 핀잔을 주었으나, 이에 혜능은 기가 죽지 않고
"말은 글의 형님이니 글자는 모른다 하더라도 말은 할 수 있지 않겠는가?"
하니 한 사람이 땅바닥에 글을 받아 썼습니다.

菩提本無樹 明鏡亦非臺
本來無一物 何處惹塵埃

"깨달음에는 본래 나무가 없고, 마음 또한 바닥이 없다.
본래 한 물건도 없는데 어느 곳에 티끌이 앉을 수 있겠는가!"

사람들은 모두 놀라 눈이 휘둥그레지니 5조스님이 보고 뛰어나와,

"이것도 아직 깨닫지 못한 글이다."
하여 모든 사람들이 흩어지게 되었습니다.

그날 밤 5조스님은 방아를 찧고 있는 혜능에게 나아가 물었습니다.
"방아를 다 찧었느냐?"
"예. 방아는 다 찧었으나 아직 택미를 못했습니다."
하니 스님께서 짚고 간 지팡이로 방아획을 세 번 내려치고 뒷짐을 지고 방으로 돌아갔습니다. 저녁이 되어 혜능이 큰스님의 뜻을 이해하고 방에 이르니 앞문을 병풍으로 가리고 뒷문이 열려져 있었습니다.

"스님 계십니까?"
"어서 들어오너라. 처음 내가 '어디서 왔느냐?' 물으니, '영남에서 왔습니다' 하여 '영남사람들은 영리하여 장사는 잘해도 도는 닦을 수 없다' 하니, 네가 '사람은 영·호남이 있으나 마음이야 주소가 있겠습니까?' 하여 이미 도를 깨달은 줄 알고 방아지기를 시킨 것이다. 그런데 네가 내 말을 잘 알아 듣고 8개월 동안 게으름 없이 방아를 찧었으므로 후계자를 결정코자 대중스님들께 깨달은 바가 있으면 누구고 시 한 수를 지어 보라 하였더니 신수스님이 시를 지어 내 방 벽에 붙여 놓았던 것이다. 내가 보니 깨닫기는 깨달았으나 방안까지는 들어오지 못하고 문밖에 이르렀으므로 다시 한 수를 더 지어보라 하였는데, 네가 그 시를 지어 제6대 조사가 되었으니 이 가사와 발우를 받으라. 이 가사와 발우는 부처님 이후로 대대로 전해 내려온 것이니 전하는 것은 너에서 그치고 다음부터는 단지 등불만 나누어

주고 부촉하라. 부처님의 혜명이 끊어지지 않도록 열심히 포교하라."

이렇게 해서 혜능행자는 그 자리에서 가사와 발우를 받고 스님이 시키는대로 남방으로 내려가 사냥꾼들 틈에 끼어 16년 동안 시중을 들다가 드디어 677년 광동성 남해 법성사 인종스님께 계를 받고 이듬해 조계 보림사로 옮겨 선풍을 크게 진작하였습니다. 신종 원년 705년 보림사로 옮겨 법을 펴다가 713년 8월 3일 국은사에서 입적하였습니다.

신수스님은 혜능보다는 30세 손위로 측천무후의 존경을 받고 지냈으나 그는 주로 북쪽에서 점수(漸修)의 불교를 펴 북신수·북점수라 부르고, 혜능스님은 주로 남쪽에 있으면서 전법하였으므로 남혜능·남돈오(南頓悟)라 불렀습니다.

제13강

육조대사의 제자들

6조의 문하에는 ①청원행사 ②남악회향 ③하택신회 ④영가진각 ⑤남양혜충이 있어 각각 일가견을 가지고 열심히 포교하였으므로 그의 문화에서 5가 7종이란 선종이 만들어졌습니다.

청원행사는 길주 안성출신으로 남악회양과 함께 6조대사의 2대제자로 불렀습니다.

청원산 정거사에 살 때 석두희천을 중심으로 많은 제자들이 모여 들었는데, 그 가운데 약산유엄과 천황도오가 가장 뛰어났습니다. 약산 밑에 운암이 나오고, 운암담성 밑에서는 동산양개-운거도응-동안도배-관지-연관-경현-법원-의청-부용-단하로 이어져 무려 200여 문도가 나왔습니다.

남악회향 문하에서는 마조도일이 나와 백장회해-황벽희운-임제의현-존징-혜우-선오-성념 선소 존원-혜난-도신-유청-수탁-개심-담분-종근-허암-명암으로 이어졌다가 일본으로 전파되었습니다.

하택신회에게서는 자주법여-유충-수주도원-규봉종밀-배휴 등으로 이어졌고 영가진각과 남양혜충도 일가견을 가졌습니다.

특히 청원 아래서는 조동·운문·법안종이 생겼고, 남악회양 아래서는 임제의 위앙종이 생겨 5가가 되고, 임제 밑에서는 양기파·황룡 2파가 생겨 5가 7종이 된 것입니다.

조동종은 양개스님이 동산에서 도를 넓혔으므로 2조동산과 이름을 같이하여 조동종이라 불렀고, 12대 법손 도원이 일본의 여정에게 법을 전한 뒤 중국의 조동종은 쇠퇴하고 일본의 조동종이 흥하게 되었습니다.

운문종은 소주 운문산 문언을 중심으로 하여 광동성에서 일어났으나 930년 후당 이후에 쇠퇴하고,

법안종은 법안선사(청량문익)가 건강 청량사에 있으면서 운동을 펼치다가 천태덕소, 영은, 귀종 등 43인을 연이어 배출하였습니다. 덕소문하에 영명연수가 나타나 오월왕의 청으로 영은사의 신사에서 종경록 100권을 지었는데, 이에 고려왕이 그의 덕을 사모하여 학승 36명을 보내니 중국 법안종은 점점 쇠퇴하였으나 고려 법안종은 크게 성하였습니다.

임제종은 남악의 4세 임제의현이 남악의 법을 잇고 당 성종 때 진주 임제원에 있었습니다. 뒤에 흥화사의 동부에 옮겨 유독 준엄한 수단으로 학인들을 제접 종풍을 크게 떨쳤습니다. 그의 6대 법손 석상 초원 아래서 황룡 혜림과 양기 방회가 나

타나 송나라 불교를 크게 일으켰으며, 황룡파와 양기 두 파가 생겨 원나라와 명나라에 이르기까지 큰 세력을 펼쳤습니다.

우리나라 선종은 대개 임제 선풍이 들어왔으나 특히 태고·나옹에 의하여 법맥이 계승되었습니다. 단지 일제하 해인사 주지 회광스님이 일본의 조동종과 연립하려하므로 1910년 석린, 나운, 성월 국내파가 이를 반대하였으므로 유야무야되고 말았습니다.

조동종은 돈오무생을 근본으로 하고 운문종은 주장자법문을 했으며, 선교합일 염불정토선은 이 파로부터 발전한 것입니다. 이 또한 인도불교에는 없는 중국 특유의 주장자법문인 것입니다.

임제의 종지는 3현·3요·십지동지·4빈주 등으로 무위진인(無爲眞人)의 도리를 드러내 보였습니다. "서 있는 자리가 모두 참된 자리다. 가는 곳마다 주인이 되라" 한 것은 이 종의 특징입니다.

3현은 체중현(體中玄), 구중현(句中玄), 현중현(玄中玄)으로 깊은 불법의 이치를 드러내 보이는 방편이고,

3요는 대선근, 대분지, 대의정으로 불법수행의 요지를 설명한 것이며,

10지동진은 동일질(同一質), 동대사(同大事), 총동참(總同參),

동진지(同眞智), 동변지(同徧智), 동구족(同具足), 동득실(同得失), 동생살(同生殺), 동음후(同音吼), 동득입(同得入)으로 동일한 수행자들의 언행일체를 선언한 분양실소의 가르침입니다.

사빈주는 주객회견(主客會見)의 모습을 나타내 보인 것으로 여기 임제의 4빈주가 있고 조동의 4빈주가 있는데,
첫째는 객간주(客看主)는 선사가 범용(凡庸)하고 학인이 뛰어난 경우에 사용하는 방법이고,
둘째는 주간객(主看客)이니, 선사가 뛰어나고 학인이 범용한 경우에 사용하는 방법이며,
셋째는 주간주(主看主)는 둘 다 비범한 경우 사용하는 방법이고,
넷째는 간객객은 주객이 둘 다 범용한 경우에 사용하는 방법인데 조동종의 방법도 비슷합니다. 이는 ①빈중빈(賓中賓) ②빈중주(賓中主) ③주중빈(主中賓) ④주중주(主中主)이기 때문입니다. 다시 말하면 주는 정(正)이고, 빈은 편(偏)이므로 정중편(正中偏), 편중정(偏中正), 정중래(正中來), 편중지(偏中至), 겸중도(兼中到)라 하기도 합니다.

그런데 임제는 할(喝)을 주로 쓰고, 덕산은 방(棒)을 주로 썼기 때문에 '임제할 덕산방'이라는 말이 생기게 되었습니다.
임제는 어떤 때는 금강왕보검과 같은 할로 양단을 구분해 주었고 금모사지와 같은 할로 그 당당한 모습을 보여 주었으며, 어떤 때는 탐간영초와 같은 할로 어부가 고기잡는 것같이 하고, 어떤 때는 한 할의 작용도 하지 아니 하였습니다.

덕산은 말을 해도 때리고 말을 하지 아니 하여도 때렸는데, 그 방망이 끝에서 용이 나타나 하늘로 올라갔습니다. 이것이 옳은지 그른지는 누구나 알 바가 아니지만 선을 배우고 도를 깨닫고자 하는 자는 마땅히 자기 근기를 알아 스승을 찾고 찾아오는 손님을 맞을 준비가 되어야 후배를 제도할 수 있다는 말씀입니다.

후대의 불교는 지나친 방편을 통하여 진실을 망각함으로써 아이들 장난처럼 사자상승이 유희처럼 흘러갔으니 공부하는 사람들은 깨닫지 아니 하지 못할 것입니다.

제 14 강

천태종과 삼론종

갖가지 역경 속에서 가장 성세를 이루었던 종파는 선과 염불종이었지만 학문적으로 체계를 잡은 종파는 천태종을 으뜸으로 칩니다.

나집의 공사상 가운데서도 공사상의 중점을 잡은 것은 반야경이고 그것을 배경으로하여 남쪽에서 크게 번성했던 불교는 선종이며, 중도사상을 배경으로 북방에서 이루어진 것은 천태종으로 물론 그것은 법화경 하나 가지고 이루어진 것이 아니라 중론, 백론, 12문론, 대지도론 등의 힘을 입었지만 남쪽에서는 무량수 무량광을 배경으로 한 염불종이 크게 성했습니다.

한편 북쪽에서는

因緣所生法 我說卽是空
亦名爲假名 亦是中道義

인연에서 난 모든 법을
나는 즉시 공이라 한다.

또한 모든 것이 가짜 이름뿐이므로
그것이 바로 중도의 뜻이다.

이것이 지론의 3제게(三諦偈)로 인도 용수계의 3론불교입니다.

그러니까 중국 천태종은 남지에서 발생하였으나 북제의 혜문에게서 비롯하여 그의 제자 혜사에게 전해져 마침내 천태지자에 의해서 발복하게 된 것입니다. 그래서 북지에서 발생된 것처럼 말하는 것입니다.

혜문은 사실 전기도 없고 이력도 없습니다. 단지 대승현론에 '섭산 고려 남해대사'로 적혀 있는 것으로 보아 요동땅의 고구려 사람임을 알 수 있습니다. 멀리 나집에게 사사하였다 한 것으로 보면 고구려 사람이 틀림없습니다.

승전의 제자에는 법랑이 있고, 길장에게 법을 전했는데 법랑의 제자에 25철이 나왔다고 합니다.

법랑은 양 대통 2년 청주에서 출가하여 양도에 유학 지공대사의 제자가 되었습니다. 여기서 선과 3론의 불법을 하는데 법랑은 거기에 율과 비담까지도 연구하여 용수의 교종을 이어 받습니다.
길장의 부친 도량이 법랑의 강석에 맡겨 사미서 부터 강사가 되었다가 진(陳)나라가 망하자 월주 가상사로 피난하여 명성을 떨쳤으므로 그의 별명이 가상대사라 부르게 되었습니다.

3론종의 종장 가운데는 고구려의 실법사 전인법사가 있었는데 서방의 촉나라로 들어가 대성을 이루었습니다.
가상의 제자 중에 혜선이 있고 또 지개, 지명, 지신이 있어 3론종이 크게 성행하였습니다.

천태대사는 법화경을 중심으로 불교교리를 간단히 공(空), 무상(無相)의 도리로 똘똘 뭉쳐 설법하였습니다.
"실상(實相)은 무상(無相)이고 진짜 공한 것이다. 묘유(妙有)는 실상인데 실제로 보면 상이 없는 것도 아니다. 진공묘유가 반야이므로 실상은 상이 아니나 상이 없는 것도 아니다."

노자 도덕경의 무(無)를 이렇게 간단히 풀어서 설명해 유불선에 빠져있던 사람들이 상과 실상에 집착을 갖지 않게 되었습니다. 또 그것을 더 쉽게 소승불교인들도 깨달을 수 있도록,

제행무상이 그대로 연기다.
제법무아는 성품이 곧 공한 것이고
열반적정은 실상을 밝힌 것이니
상, 무상에 걸리지 말라.

이렇게 3법인을 쉽게 풀어 놓고

그러므로 연기는 일을 만들어 내지만 이치에 걸림없고
성품 가운데서 인연따라 모든 법을 만들어 내어서
빈 마음 이치에 걸리지 말라.
성품없는 마음이 곧 인연따라 만물이 만들어내니

그 이름이 곧 실상이다.

법화경의 제법실상법문을 이렇게 알기 쉽게 설명하니 1념3천의 10여시가 푸른 하늘의 별처럼 또렷또렷 드러났습니다.

여시상(如是相)
여시성(如是性)
여시체(如是體)
여시력(如是力)
여시작(如是作)
여시인(如是因)
여시연(如是緣)
여시과(如是果)
여시보(如是報)
여시본말구경(如是本末究竟)이 꼭 맞아 떨어졌습니다.

여시상은 외형적인 형상이고
여시성은 내용적인 이치이고
여시체는 본래 갖추어져 있는 것이고
여시력은 여러 상의 힘이고
여시작은 여러 상의 작용이고
여시인은 인연 속에서 만들어진 종자이고
여시연은 그 종자를 싹티우는 밭이고
여시과는 새로 태어난 씨앗입니다.

아, 이 얼마나 간단명료한 철학입니까?

그러나 천태대사의 가르침은 후양, 후당, 후진(後晉), 후한, 후주 등 5대와 후주 세종의 난리 속에 다 불타 없어졌습니다.

오월왕 전숙이 천태사상을 부흥코자 4방으로 사람을 보냈으나 찾을 수 없어 고민하다가 급기야 고려에 이르러 광종의 후원으로 제관법사 입적지에서 여러 저서를 발견하였는데, 그 책이 곧 천태4교의로 제관법사가 그것을 가지고 중국에 들어가 의적법사에게 전하고 거기서 입적한 것입니다.

내용은 주로 5시8교의 학설을 간추려 정리하고 다음에 관심의 방편으로 각 방편과 10관법을 주로 해설한 것입니다.

5시란 부처님께서 45년 동안 설법하신 내용을,
① 화엄시 : 성도 후 21일 동안 해인삼매 속에서 설한 화엄경
② 녹원시 : 녹야원에 이르러 교진여 등 5비구에게 설한 것 (아함경)
③ 방등시 : 아함 후 유마, 사익, 금광명경 등 소승을 대승으로 이끌어가기 위해 설한 것,
④ 반야시 : 방등 후 21년 동안 600부 반야경을 설해 순수 대승으로 이끈 시기
⑤ 법화 · 열반시 : 반야 후 8년 동안 수수한 대승불교를 설한 시기

여기서 '화엄 21일, 아함 12년, 방등 8년, 반야 21년, 법화열반 8년'이란 말이 생긴 것입니다. 만약 이것을 다섯 가지 소젖에 비유해 말한다면,

① 원유인 유미(乳味)는 화엄과 같고

② 낙미(酪味)은 아함과 같으며
③ 생소미(生酥味)는 방등와 같고
④ 숙소미(熟酥味)는 반야와 같으며
⑤ 제호미(醍醐味)는 법화·열반과 같다 하여,
5미불교(五味佛敎)라 하게 되었습니다.
그러니까 5시는 부처님께서 일생동안 법을 계단식으로 설한 시기를 다섯으로 나누어 말한 것입니다.

다음 화의사교(化儀四敎)는 설법하신 내용을 장·통·별·원으로 나누어 설법한 것입니다.
① 장교(藏敎)는 3장교로서 소승근기를 위해 설한 것이고,
② 통교(通敎)는 장·통·별·원 모두 통하게 설한 방편이고
③ 별교(別敎)는 앞의 장교와 원교와는 달리 따로 설한 것이고
④ 원교(圓敎)는 성문, 연각, 보살이 다 같이 알아들을 수 있는 법문을 말합니다.

왜냐하면 사람의 근기가 각기 달라 한번 들어 당장 깨닫는 돈교(頓敎)도 있고, 여러 번 들어 차차 깨닫는 별교(別敎)도 있기 때문입니다.
그래서 뒤에 화엄학을 전공한 지엄스님과 청량법사 징관은 부처님의 일대시교를
① 대승돈교 ② 대승시교 ③ 대승종교 ④ 대승원교
네 가지로 징리하였는데, 482년 여러 사람이 번역한 책들이 이같은 책 분류에 따라 각각 도서관에 들어가 정리될 수 있었던 것은 불교학 사상 일대혁명이었습니다.

그러므로 천태교의는 천태사상에서 뿐 아니라 불교 일대의 장경을 일목요연하게 정리할 수 있게 되어 장차 8종이나 되는 중국 대장경이 모두 이 방법에 의해서 정리되고 고려, 일본에 유입된 것도 모두 그러하여 고려대장경, 신수대장경도 이 방법에 의하여 정리하게 되었던 것입니다. 그래서 이 책은 천태종의 입문서로 뿐 아니라 모든 종파의 필독서가 되었고, 송나라 불교학이 이로 인해 새로운 경지를 개척하게 되었던 것입니다.

제 15 강

천태의 소지관(小止觀)

나는 이 책을 정리하면서 그 넓은 중국천하에서도 소멸되어 없어진 서적이 고려인 제관스님에 의해 정리되어 다시 중국불교를 살릴 수 있는 계기로 사용했으니 제관스님이야말로 한중 불교의 중흥조사일뿐 아니라 전세계 불교의 표본이라 칭찬하지 아니 할 수 없었습니다.

그런데 천태4교의의 소지관법에는 우리 초심자들이 필수적으로 알아야 할 25방편과 10승관법이 있습니다. 그러므로 마땅히 불법을 닦는 자는 다섯 가지 인연을 갖추어야 한다고 하였습니다.

첫째는 계행을 청정히 지키고,
둘째는 의식을 갖추고,
셋째는 한가한 곳을 가리는 것이니 번거로운 일과 시끄러운 것을 경계히고,
넷째는 반연을 쉬는 것이니 지나친 업무와 대인관계, 기능활동을 경계하는 것이며,
다섯째는 선지식을 가까이 모셔야 한다는 것입니다.

선지식에는
① 밖으로 외호해주는 자
② 동행하는 자
③ 교수자가 있고,

반연을 쉬는 것은
① 생활
② 대인관계
③ 기능행을 쉬는 것이며

고요한 것은
① 번거로움을 피하고
② 한가히 하고
③ 시끄럽지 않는 곳에 나아가는 것이며

옷을 가린 것은
① 찬란한 옷
② 사치하는 옷
③ 자랑을 일삼는 옷을 삼가하는 것입니다.

계를 갖는 것은 신·구·의 3업을 항상 평온하게 단정하게 가지는 것입니다.

아울러 수행자는
① 남녀의 색에 지나치게 빠지면 아니 되고
② 연극, 음악, 악기 등에 지나치게 빠져도 아니 되며

③ 먹는 음식
④ 향기
⑤ 촉감에 빠지면 공부가 잘 아니 된다고 하였습니다.

특히 탐욕, 성냄, 어리석음, 거만, 수면, 의심을 조심하고 들뜨지않게 몸과 호흡, 신체운동에 조심하고 전도망상에 떨어지지 않게 하라 하였습니다.

이렇게 정진하면 누구나 생각이 바로 잡혀 신심이 안정되므로 저절로 보름달 같은 지혜가 나타나 이 세상 모든 것이 보이지 않는 것이 없다고 합니다.
옳고 그름을 판단하지 못함으로 바른 길을 의심하고 그른 길에서 망설이다 생사의 대해에 빠지게 되는 것입니다. 이것이 장방편입니다. 근기가 뛰어나고 성숙한 사람은 원래 방편을 쓸 필요가 없지만 그렇지 못한 사람은 한번 거두어 써 볼 필요가 있습니다.
그러므로 수행자는 마땅히 10승관법을 겪어야 할 필요가 있습니다.

첫째는 부처님의 부사의한 경계를 보고
둘째는 진정한 보리심을 일으켰는지 반성해 보고
셋째는 평온히 마음을 가라앉히고 있는지 보고
넷째는 번뇌망상에 끄달리고 있는지 보고
다섯째는 통하고 막히는데 걸림이 없는지 보고
여섯째는 여러 가지 도품에 걸리지 않는지 보고
일곱째는 갖가지 방편을 잘 다스리고 있는지 보고

여덟째는 어느 정도 수행에 이르렀는지 보고
아홉째는 안연부동하는지 보고
열째는 모든 법애에서 다 떨어졌는지 살펴보아야 할 필요가 있다고 하였습니다.

① 부처님의 부사의한 경계를 잘 살펴야 한다는 것은 공·가·중(空·假·中) 세 가지로 이루어져 있는데, 하나의 수레가 갖가지 인연법에 의해서 조립되어 높고 큰 수레를 형성함으로써 성문, 연각, 보살, 부처님들을 실어나르는 일을 생각해 보는 것이고,

② 진정한 보리심을 발한다는 것은 부처님의 10대원과 4홍서원에 의해 상구보리하고 하화중생할 것을 생각하는 것이고,

③ 평온한 마음을 갖는다는 것은 마음이 평화스럽게 안정되어 있는가, 주위의 모든 사물을 지혜롭게 판단하고 있는지를 살피는 것이고,

④ 번뇌망상에 끄달리지 않는다는 것은 근본무명으로 인하여 자기만 사랑하고 잘난 척하여 거만하거나 고집하지 않는 것입니다.

⑤ 통하고 막히는데 걸림이 없어야 한다는 것은 고·집·멸·도 4제 법문과 6도 4섭법에 의하여 올바른 도를 닦고 있는가를 보살피는 것입니다.

⑥ 갖가지 도품에 걸리지 말아야 한다는 것은 4념처, 4정근, 5근, 5력, 7각지, 8정도 등 37조도품을 빠짐없이 닦고 있는가를 살피는 것이고,

⑦ 그것이 비록 수행이 방편이기는 하지만 자신의 근기에 어느 정도 적응하고 있는 지를 갖가지 방편으로 잘 다스리는 것입니다.

⑧ 또 자신이 어느 정도 수행에 이르렀는가를 정사(正邪) 두 면에서 꿰뚫어 보는 것입니다. 비록 정진을 잘하고 있다 하더라도 견성성불하지 못하면 아뇩다라삼먁삼보리를 성취할 수 없기 때문입니다.

⑨ 안연부동은 현재의 대중생활 가운데서 전후, 좌우, 상하에 흔들림없이 살아가고 있는지를 점검하는 것이고,

⑩ 마지막 법에는 살피는 것도 오히려 애착하면 깊은 진리를 터득할 수 없기 때문입니다.

천태지자대사는 이같은 원리에 의하여 4부대중을 수행시켰기 때문에 40여년 동안 3천대중을 거느리고 공부시켰으나 한 사람의 낙오자도 없었다고 합니다.

우리나라에서 천태사상을 배경으로 공부시키는 천태종은 1년에 한 번씩이라도 안거를 하고나면 사람들의 마음이 180도로 달라지기 때문에 다른 종단에 비하여 흔들림없는 포교를 성

공적으로 이끌어가고 있다고 생각합니다.

똑같은 짐승이 도강을 하는데도 작은 토끼는 몸부림치고 가는데 소와 말, 코끼리는 거침없이 건너가니 이것은 역시 근기의 차이라 생각합니다.

누구나 자기의 근기는 자기가 잘 알고 있습니다. 갖가지 방편과 10승 관법을 보시고 나는 지금 어느 곳에 이르렀는지 시험해 보시기 바랍니다.

제 16 강

중국 불자들과 금강경

　금강경은 600부 반야경 가운데 577번째에 해당하는 경전입니다. 소승 아함부나 방등부에는 없는 경전입니다. 무상, 무아를 중심으로 소승불교의 상(相)을 파하기 위해 만들어진 경전인데, 나라를 위해서는 호국경, 임금님들을 위해서는 인왕경 등 자그마치 10부 반야경이 있습니다.

① 당나라 현장이 번역한 대품반야경 600권
② 서진 법호가 번역한 광찬반야경 10권
③ 서진 우라차, 축법란이 번역한 방광반야경 20권
④ 요진 구마라집이 번역한 대품반야경 27권, 승천반야경, 금강반야경 1권
⑤ 후한 지루가참이 번역한 도행반야경 10권
⑥ 오나라 지겸이 번역한 대명도경
⑦ 양나라 월수나가 번역한 문수반야경 7권
⑧ 양나라 반다라선이 번역한 유식반야경 2권
⑨ 당나라 보리유지가 번역한 실상반야경 1권
⑩ 이들 모든 반야경을 268자로 축소시킨 반야심경 1권 등

이 그것입니다.

그 가운데 현장법사가 실크로드를 지나다 사악한 임금님께 붙잡혀 꼭 죽게 되었을 때 비몽사몽 중에 부처님께서 일러주셔서 외웠던 반야심경이 신비의 주문으로 알려졌습니다. 제4조 도신스님께서 3무일종 때 5백여 명의 문도들이 절 안에 감금되어 다 죽게 되자 부처님 사리탑을 의지하여 반야심경을 독송하니 온 탑속에서 하늘을 뚫는 불길이 솟아 적들이 도망한 일이 있었으므로 중국사람들은 그 뒤부터 반야심경을 주문처럼 외웠다고 합니다.

그런데 육조대사가 금강경 외우는 소리를 듣고 도를 깨쳐 그때부터 중국사람들은 남녀노소를 가리지 않고 널리 금강경을 읽었습니다. 사실 금강경은 무상(無相), 무주(無住), 무착(無着)으로 아공(我空), 법공(法空), 구공(俱空)을 설한 지혜의 학문이었습니다. 그런데 사람들이 이러한 독경, 서사, 영험 속에서 깊은 신앙이 생기다 보니 승속간에 대부분 금강경을 읽지 않는 사람이 없었습니다.

나라를 보호하는데는 금강신장이 도와야 한다고 생각하였고, 천당에 태어나려면 승천반야경을 읽어야 한다고 생각하였습니다. 어진 임금님이 되려면 인왕반야경을 읽고 나라를 보호하는데는 호국인왕경을 가져야 한다고 했는데 여기 100가지 임금 되는 방법이 나오기 때문입니다.

코살라국 바사익왕이 조상대대로 매년 천 마리 소와 말, 양,

돼지, 닭 등 짐승 각 천 마리씩을 잡아 하나님께 희생제를 올렸습니다. 아난존자가 탁발 나갔다가 그날 죽을 짐승들을 보고 불쌍히 여겨 부처님께 말씀드리니 부처님께서 말씀하셨습니다.

"참으로 미련한 임금님이로다. 나라가 잘되고 못되는 것은 제왕과 대신 백성들의 마음에 달려있는 것인데 어찌 짐승들을 잡아 천제를 지낸다고 비가 오고 풍년이 들 수 있겠느냐?"
 이 말을 들은 임금님께서 화가 나서 달려와 말했습니다.
 "조상 대대로 지내오던 제를 지내지 않고 수해나 한재가 나면 누가 그 책임을 질 것입니까?"
 "하나님은 털 달린 짐승들을 좋아하지 않습니다."
 "그러면 무엇을 잡수십니까?"
 "감로(甘露)를 드십니다. 털달린 짐승들의 머리를 하느님께 올리고 귀신들에게 피를 뿌린다고 비가 오는 것이 아닙니다. 사람들의 마음이 착하고 아름다우면 천지의 기운이 한 데 모여 비가 와 풍년을 일으킬 수 있습니다."
 "그러면 저 짐승들을 어찌 해야 합니까?"
 "국가적인 대사로 계획한 것이니 나이들고 쇠약한 짐승들은 잡아 경로잔치를 하고 허기진 백성들을 배부르게 먹이며 나머지는 동네마다 나누어 기르게 하여 새끼를 냄으로써 젖을 짜 먹게 하고 학생들의 장학금을 만들면 좋을 것입니다."
 "이, 부처님은 참으로 꽉 막힌 사람들의 마음을 뚫고 구부러진 것을 펴주고, 거꾸로 된 것을 바로 세워주시는 분입니다."
 하고 크게 칭찬하였습니다.

이것이 반야입니다. 막힌 것을 뚫고, 굽은 것을 펴고, 거꾸러져 잘못된 것을 세워주는 것, 이것이 진짜 지혜이고 어진 마음입니다.

금강경은 600부 반야경 577권에 해당하는 경전으로 상·하 양권 5149자로 중생의 상(相)과 견(見)을 없애주는 경전입니다. 그래서 중국에서는 금강반야 한 가지에 대해서만도 논문이 800여 가지나 나왔습니다.

① 보리유지가 천친론 3권을 번역하였고,
② 진궤스님은 금강신론 4권
③ 달마굽다는 무착론 양권
④ 현장과 일조스님은 공덕시론 2권
⑤ 의정삼장은 천친론 3권을 거듭 번역하였습니다.

처음 인도의 무착이 일광정에 들어 미륵에게 80행게를 얻은 뒤 18주위를 내니 그것을 천친은 다시 27단의로 해설하였습니다.

중국에서는
① 규봉종밀의 소론찬요(疏論纂要)
② 육조혜능의 구결(口訣)
③ 부대사의 제강송(提綱頌)
④ 야부스님의 착어(着語)
⑤ 종경스님의 전체의 요강이 유명하였는데, 한국에서는 조선조때 함허득통선사가 설의를 내서 더욱더 유명해졌습니다.

대만에서도 대승총서로서 편집된 하금주의 수월집을 보면,
'일체법이 모두 불법이나, 실도 허도 없고 있는 법도 없다. 말하자면 일체법이 일체법이 아니니 불법은 불법이 아니기 때문이다.'
'일체법에 법상을 내지 말라. 법을 취하면 곧 법이 아니다. 여러 설법은 떼배와 같다. 법도 도리어 버리는데 하물며 비법이겠는가.'

앞의 글은 금강경 제17 구경무아분, 제7 무득무설분에서 나온 것이고, 뒤의 글은 제31 지견불생분, 제6 정신회유분에서 따온 것입니다.

'어떻게 그 마음을 항복받을 것인가. 일체 선법을 닦되 4상을 떠나야 한다. 상을 떠나고 중생을 제도하면 나와 법도 없나니 그러므로 법에 대해 단멸상을 짓지말라.'
'어떻게 그 마음을 항복받을 것인가? 주착없이 보시를 행하라. 일체중생을 멸도하고 나면 중생도 없고 멸도도 없다.'

앞의 시는 금강경 제2 선현기청분과 제23 행선분, 제3 대승정종분, 제17 무아분, 제27 단무멸분에 나오고, 뒤에 글은 제4 묘행무주분, 제3 대승정종분에 나오는 말입니다.

'부처님께서 실하신 마음은 마음이 아니라 이름이 마음이다. 3세심은 구해도 얻지 못하리라. 허망은 인연이 없는 곳을 없에서 그대로 깨달음을 이룬 것이다.'
'어떤 법이 청정심인가? 6진에 집착하지 않고 선행하는 것이

다. 반야의 뜻은 말로는 설명할 수 없나니 머무를 바가 없이 마음이 나기 때문이다.'

앞의 시는 제18 통관분 중 부대사의 송에 나오는 말이고, 뒤의 시는 제10 정토분을 우익대사가 해설한 가운데 나오는 말입니다.

제 17 강
중국사람들이 즐겨 읽는 천지팔양신주경

인도에서는 무슨 일이 생기면 아침 저녁으로 예불한 뒤 보호경, 대염처경을 읽어 상대방을 축복하고 애민 보호하는 경향이 있는데, 중국에서는 천지팔양신주경 같은 것을 읽어 백 가지 재앙을 물리쳤습니다.

말하자면 오랜 세월 인도사람들은 진짜 축복이 무엇이냐에 따라 보고, 듣고, 깨닫고, 아는 것이 진짜 축복이라 생각해 왔는데, 부처님은 망갈라 숫다(행복경)를 들려주며 서른 여섯 가지 행복의 조건을 설명해 주었습니다.

"와세-와나-짜발라낭, 빤디따-나 짜세-와나-………."
하고 말입니다. 번역하면

① 어리석은 사람과 어울리지 않고,
② 지혜로운 사람과 가까이 하며,
③ 존경할만한 분을 존경하고,
④ 분수에 맞추어 살며,
⑤ 널리 공덕을 닦고,

⑥ 스스로 바른 서원을 세워

⑦ 널리 솜씨를 익히며,

⑧ 배우고,

⑨ 계율을 잘 지키고,

⑩ 선한 대화를 나누고,

⑪ 공손히 부모님을 모시고,

⑫ 아내와 자식을 돌보며,

⑬ 안정되게 생업을 꾸려 나가고,

⑭ 베풀고,

⑮ 바르게 살며,

⑯ 친지를 살피고,

⑰ 비난받지 않게 행동하고,

⑱ 악업을 삼가고,

⑲ 악업을 멀리 하며,

⑳ 공손하고,

㉑ 술을 절제하고,

㉒ 겸손하며,

㉓ 만족하고,

㉔ 감사하는 마음으로

㉕ 적절한 시간에 가르침을 받는다.

㉖ 인내와

㉗ 겸양으로

㉘ 수행자를 만나

㉙ 공손히 법담을 나누고,

㉚ 마음을 다스려

㉛ 청정하게 살고,

㉜ 성스러운 진리로 살며,
㉝ 니바나를 얻는 것이다.
㉞ 세상사에 부딪쳐도
㉟ 허물없이
㊱ 안온하니,
이것이 세상을 행복하게 하는 것입니다.

그런데 중국사람들은 이같은 행복을 초래하고 재앙을 면하는 것이 신의 조화라 믿고 점을 치고 굿을 하는 것으로 하였기 때문에 곳곳에 저포를 던져 하루의 일과를 점치고 기뻐하고 괴로워하는 습관을 가지고 있었습니다.

그래서 "세상은 세속적인 것이지만 그 속에 부처님 말씀을 넣게 되면 어리석은 자가 지혜롭게 되고 화 잘내는 자가 사랑스럽게 되며, 인색한 자가 넉넉하게 되므로 천지팔양경을 읽고 그대로 행하면 굿하고 점치지 아니 해도 누구나 평온하게 잘 살 수 있다" 하였습니다.

"일과 이치에 걸림이 없는 것이 부처님 말씀이고 천지의 이치로 깨닫는 것이 팔양이며 신통변화를 일으키는 것이 주문입니다. 하늘과 땅, 사람의 이치를 초월한 것이 하늘이고, 덕을 베푸는 것이 땅이며, 이치를 머금은 것이 8양이니 말하자면 눈, 귀, 코, 혀, 몸, 뜻이 빛, 소리, 냄새, 맛, 감촉, 법을 헤아릴 때 내 속에 갈무려져 있는 생각을 잘 헤아려 거기 사(邪)와 마(魔)가 없게 하면 하늘과 땅이 모두 밝아질 것입니다. 그러므로 이 경을 한번 읽으면 일체 경을 다 읽은 것 같고, 한번 쓰면 일체 경을 다 쓴 것과 같은 공덕이 나타난다."
하여 이 경을 읽고 쓰는 자는 누구나

'날마다 좋을 날이 되고
달마다 착한 달이 되고
해마다 좋은 해가 된다.'

하였습니다. 하물며 세상의 재앙과 귀신의 난, 5역죄이겠습니까.

'천신들을 섬겨 공덕을 짓고
지신들을 받들어 공경하고
성현들께 간증을 구해
스스로 어리석은 마음을 깨달으면
누구나 밝고 맑은 세상을 만나게 된다.
신랑을 구하는 사람은 튼튼한 남편을 만나게 되고
신부를 구하는 사람은 예쁜 여인을 만나고
가난한 사람은 부자가 되고
부자는 더욱더 큰 부자가 되며
명예와 수명이 늘어나게 된다.'

하였습니다.
말만 들어도 시원하고 복과 덕이 하늘에서 비가 쏟아지는 것 같습니다. 그런데 어떻게 그럴 수가 있겠습니까? 옛사람들은 캄캄한 곳에서도 빛을 구하고, 답답한 곳에서도 선지식을 찾았는데, 선지식을 만나면 어리석은 것이 밝아졌습니다.

사람이 사는 이치는 지·수·화·풍 4대로 만들어진 이 몸뚱이를 가지고 세상의 빛, 소리, 냄새, 맛, 촉감, 법을 생각하는데, 거기에 무지가 들면 색, 성, 향, 미, 촉, 법이 나를 노예로 만들어 일생을 부려먹기만 하지 성현되게 만드는 법이 없습니다.

그러나 불법은 바로 4대5온의 법을 깨달아 지혜로운 사람을 만드는 것입니다. 나만을 생각하고 살던 사람이 소아를 버리고 대아를 깨달으면 평등성지를 이루고, 평등성지로 보면 큰 거울과 같은 마음이 나타나 대원경지를 이룸으로써 눈에 보이지 않는 것이 없고 보이지 않는 것이 없으면 묘관찰지가 되어 세상의 온갖 이치를 바르게 판단하므로 상대방이 하고 싶은 대로 모든 소원을 이루어 주어 안팎 상하에 걸림이 없게 된다 하였습니다.

그러므로 이 경은 전8식을 밝아지게 한다 하여 '8양경'이다 하고, 하늘과 땅, 자연의 이치를 깨닫게 하므로 '천지'라 하였습니다. 원래 경에는 진경과 위경이 있는데, 진경은 부처님께서 직접 설한 것이고, 위경은 진경의 이치를 모아 사람들이 이해하기 좋게 재편집함으로서 시대와 근기에 맞추어 만든 것입니다.

그런데 생각이 그른 사람은 자기의 이익과 공덕만 생각하고 남을 생각하지 않는데, 해와 달, 하늘과 땅, 산과 물처럼 사(邪)가 없는 것은 자연 그대로 복이 되므로 당나라 삼장법사 의정 스님이 이 책을 번역하여 널리 펴게 되었는데, 중국과 한국 사람들의 근기에 맞아 고려 이후 조선조 때는 맹인독경과의 필수 과목으로까지 지정된 바 있으니 한때 식자들이 가려보는 베스트셀러였다고 할 수 있습니다.

　무조건 몇 번 읽었으니 무슨 좋은 일이 일어날 것이라고 기대하지만 말고 그 글 속에 들어있는 뜻을 알아 전식성지(轉識成智)하시기 바랍니다.

제18강
현수대사와 화엄종

승화엄경은 불타반다라가 처음으로 60권 화엄을 번역하고, 그 번역을 옆에서 도왔던 법업이 화엄지체 2권을 저술한 것이 중국화엄의 시초라 불 수 있습니다.

그 뒤 법원의 제자 법안이 10지교류의 저술을 쓰고 불타발다라의 제자 현창이 화엄경강해를 써 중국불교에 일대 센세이션을 일으켰던 것입니다.

화엄경은 부처님께서 처음으로 깨달은 내용이고 일승원교의 대화엄이었기 때문입니다. 그런데 한편 북쪽에서는 위나라 효문제 때 오대산에서 살고 있던 유겸지가 화엄론 600권을 썼고, 그의 제자 연변이 효명제의 초청을 받아 화엄경 강의를 한 일이 있습니다.

이렇게 화엄경이 십지론을 중심으로 유행하고 있을 때 륵나마제와 보리유지의 영향을 받은 불타선다가 혜광과 함께 현수법장시대를 연결해 줍니다.

현수대사는 원래 강거인입니다. 그의 조부가 중국에 귀화하여 정관 17년 장안에서 탄생하였습니다. 그가 성장하였을 때는 이미 현장법사가 인도유학 후 크게 번성하고 있을 때 였습니다. 현장은 궁중의 옥화전에서 경·율·론 3장을 번역 총 75부 1330권을 출판하였습니다. 문인 2000명 가운데 경전에 통달한 사람이 70여인이나 되었다고 하니 그 성세는 능히 짐작할 수 있는 것입니다. 그 가운데는 신라의 원측법사가 들어 있고, 성유식론에 밝은 규기스님도 들어있습니다.

태종이 현장에게 무엇이 희망인가 묻자
"법을 펴는 데는 인재가 필요하고 그들이 머무는 데는 절이 필요하니 옛 절을 새롭게 중수하고 스님들을 양성할 수 있도록 도첩을 내려 주십시오."
하여 3,716개의 사찰을 보수하고 18,500명을 출가시켰다 합니다.

의상대사는 당나라 불교가 번성하다는 이야기를 듣고 650년 원효와 같이 유학 가다가 원효는 중도에서 도를 깨닫고 포교하고, 622년 자신은 종남산 지상사 지엄에게 수학하여 60화엄경을 중심으로 화엄경 법성도를 지어 세계적인 불교학자가 되었으니 그의 명성은 말로 다할 수 없습니다.

지엄이 법성도를 보고,
"이것을 게송으로 충당할 수 있겠느냐?"
하니 30구의 게송으로 읊은 것이 법성게입니다.
'법성원융무이상 제법부동본래적 무명무상절일체 증지소지 비여경'은 부처님께서 깨달은 내용을 보이신 것이고,

'진성심심극미묘'로부터 '십불보현대인경'까지는 다라니의 작용과 현상세계의 법을 시간적으로 공간적으로 설명하여 수도의 단계를 구분한 것이며,

'능인해인삼매경'로부터 '중생수기득이익'까지는 이타행으로 중생과 세계를 복되게 한 것입니다.

그리고 '시고행자환본제'로부터 '구래부동명위불'까지는 수행의 이익들을 설명한 것입니다.

세계 어느 나라에서도 이 짧은 글 속에 인과 이치를 한꺼번에 다 말한 것은 법성게 밖에 없고 그 도표는 우주의 법계상(法界相)으로서 벽에 붙이거나 수첩에 가지고만 다녀도 성불의 씨가 된다 칭찬하고 있습니다.

80권 화엄은 당나라 실차난타가 측천무후의 후원으로 번역한 것으로,
① 문수가 신앙의 본질을 밝히고,
② 법혜가 삶의 지혜를 설하며,
③ 공덕림이 행의 규범을 설하고,
④ 금강당이 부사의한 이치를 설하며,
⑤ 금강장이 부처님의 지혜를 설하여,

일체 중생이 다 같이 성불하여 삶의 보람과 영광을 얻도록 설한 것입니다. 나라 임금님이 듣고 "아, 속이 시원하다" 하여 징관스님의 호가 청량국사가 되었다고 합니다.

인도에서는 용수보살이 약찬게를 지어 화엄경을 설한 장소와 청법대중을 상세히 설명하고, 누구나 그대로 공부하면 선재

동자처럼 선지식을 만나 성불할 수 있다고 가르쳤는데, 우리나라 탄허스님은 신화엄 6종을 한 데 모아 종합적으로 화엄철학을 가르침으로써 한국화엄의 중흥조사가 되어있습니다.

80화엄에는 이통현장자의 40권 화엄론, 청량국사가 지은 150권의 소초가 있는데, 이것을 종횡으로 엮어 48권의 방대한 논문을 썼으니 이 책이야말로 불교우주인생을 밝히는 철학이요, 인과이치를 바르게 이해하여 국가사회를 안녕하게 하고 세계평화를 실천하는 보감으로 삼게 되었습니다.

이 세상 모든 것은 혼자 잘나 잘사는 것이 아니라, 하나의 집이 기둥, 서까래, 기와, 지붕… 수백 가지의 재료가 한 데 모여 세워지듯 위로는 해와 달, 산과 물, 나라와 백성이 있어 한 국가가 운영되듯 모든 것이 인연 속에서 중중무진하게 이루어져 있으니 자기의 위치를 분명히 보고 상하 전후 좌우에 원만한 삶을 살아갈 수 있도록 가르치고 있는 것이 화엄경입니다.

제19강

정토염불종 사람들

　남북조시대까지 대개 중요한 경전은 번역을 마쳤습니다. 그러나 수당시대에 접어들면서 부터서는 "어떻게 해야 이 고통의 세계에서 완전히 벗어날까? 하는 것이 하나의 과제였습니다. 선을 하여 도를 깨닫는 방법이 좋기는 하지만 범부중생으로서는 가히 엄두를 낼 수 없었기 때문입니다.

　자민스님은 중종황제 때 의정스님이 인도에 다녀온 것을 보고 사성 19년 남해로부터 배를 타고 3년만에 인도에 가서 13년 동안 여러 선지식들을 찾아뵙고 "고통 없는 세계로 갈려면 어떻게 해야 합니까?" 물으니 "염불로서 극락세계에 가는 것이 제일 좋다." 하였습니다.

　그래서 건타나국에 이르러 관세음보살상 앞에서 100일 동안 기도하니 관세음보살께서
　"유무식을 막론하고 쉽게 성불하여 왕생극락하는 방법은 염불법이 제일이다."
　하는 선몽을 받았습니다. 그로부터 그는 밤낮없이 "관세음보

살 아미타불"을 부모님처럼 외우며 따랐습니다. 사실 이 스님 이전에 중국에서 염불법을 지극히 주장하신 분은 선도스님이 었습니다.

"사바세계는 더럽고 욕심 많으며 투쟁 견고한 곳이니 항상 즐겁고 자유로운 극락세계에 가서 태어나야 한다."

하여 아미타불을 부르다가 장안 광명사에서 30년 동안 염불하다가 높은 버드나무에 올라가 떨어져 죽은 일이 있습니다. 그러나 그는 30년 동안 누워 자지 않고 미타경 10만권을 쓰고 정토변상도 300여편을 그렸으며, 곳곳의 폐사와 낡은 절을 중수하고 누구나 보면 '왕생극락하라' 발원하였습니다.

비록 나무에서 떨어져 죽기는 하였지만 그 몸이 어느 곳도 상처 난 곳을 찾아볼 수 없고 산 사람처럼 편안하게 갔기 때문에 사람들은 그 모습을 보고 발심하여 염불정진 하였습니다.

그런데 후대에는 염불만 하는 것이 아니라 관무량수경의 16관을 겸해 닦는 사람이 많이 생겼습니다.

정토종의 기본성전은 무량수경, 관무량수경, 아미타경 3부 경 이었기 때문입니다.

耶舍劉宋譯觀經　유송의 강양 야사가 관경을 번역하였는데
觀佛三昧以爲宗　관불삼매로 근본을 삼았네.
若論所觀依正報　관정의 대상은 의보와 정보
於心緣事十六觀　마음에 반연한 바를 16관으로 보았다.

觀經教育善導云　선도스님이 관경의 교지를
一經二宗攝凡愚　한 경을 두 가지로 어리석은 이들에게 설했는데
觀佛三昧前十三　관불삼매전에 13관을 하고

念佛三昧後三觀　염불삼매에 3관을 하라고 하였다.

　관경을 처음 번역한 사람이 누구인지 확실히 모르지만 승우 다음에 서역인 강양야사가 3장으로 기록되어 있습니다.
　"관경상에 나타난 사물을 의보라 하고 신체상에 나타난 과보를 정보라 한다."

　16관은 ①해관 ②물관 ③땅관 ④나무관 ⑤연못관 ⑥총관 이상은 의보관이고, ⑦꽃자리관 ⑧불보살관 ⑨불신관 ⑩관음관 ⑪세지관 ⑫왕생관 ⑬잡불보살관, 이상은 정보관이며, ⑭상품상생관 ⑮중품중생관 ⑯하품하생관 3관입니다.

　이상은 세 종류의 인생이 9품으로 극락세계를 관찰한 것입니다. 1경 2종은 관불삼매와 염불삼매 두 가지로 범부중생을 포섭한 것인데 범부는 먼저 13가지로 부처님을 보고 다음에 염불로서 후 3관을 해야 한다고 하였습니다 이 또한 선도대사의 논리입니다.

　또 다른 사람이 노래 불렀습니다.

淨土三心在觀經　관경에 정토는 세 가지 마음이 있어야 가니
至誠深心廻向心　지극한 마음과 깊은 마음, 회향심이 그것이다.
願生彼國修三福　저 나라에 나려면 세가지 복이 있어야 하나니
九品含靈登彼岸　구품 속에 함령이 피안에 오를 수 있기 때문이다.

五逆十惡諸不善　5역10악은 모두 착하지 못한 것이기 때문에

觀經大悲徧救攝　관경에 대비심으로 구제하게 하였으니
臨終至心俱十念　임종에 이르러 10념만 하여도
下品帶業亦下生　하품 업종자도 하생은 할 수 있다.

　삼종심은 ①지성심 ②심심 ③회향심이니 3업으로 저 세계를 지극정성 바라는 것이 지성심이고, 진실로 믿는 것이 심심이며, 모든 선근을 왕생극락에 회향하는 것이 회향심입니다.

　세 가지 복은 ①부모님께 효양하고 ②스승을 섬기며 ③자비심으로 중생을 구호하는 것입니다.

　5역의 ①②는 부모를 죽이고 ③아라한을 죽이고 ④부처님 몸에서 피를 내고 ⑤스님들의 화합을 깨뜨리는 것이며,
　10악은 ①살 ②도 ③음 ④망 ⑤기어 ⑥양설 ⑦악구 ⑧탐 ⑨진 ⑩치입니다.
　그런데 어떤 악인들도 임종에 지극정성으로 나무아미타불 열 번만 부를 수 있으면 바로 극락세계에 날 수 있다 하였습니다. 죄는 자성으로부터 나므로 마음이 멸하면 죄 또한 사라지기 때문입니다.

　이렇게 극락과 사바세계가 둘이 아니고 중생과 부처가 둘이 아닌 것을 안 사람들은 염불 속에서 자성미타를 찾게 됩니다.

十六觀經有門入　관경에 16관으로 사실적으로 들게 하였으니
依性起修心作佛　믿음 일으켜 마음 닦으면 누구나 부처가 되고
華開見佛悟無生　꽃이 피면 부처를 보고 무생을 깨달아

全修在性心是佛　온전히 닦아 성품대로 마음이 부처가 되기 때문입니다.

是心作佛卽熏習　그 마음 부처대로 훈습하면
是心是佛人本具　본래 갖추어 있는 부처와 마음이 들어난다.
以是彌陀顯自性　그러면 바로 미타를 보는 순간 자성이 들어나
依熏習成證本具　훈습에 의해 본래 마음을 깨닫기 때문입니다.

　유심(唯心)이 정토이고
　자성(自性)이 미타라는 말입니다.

　이렇게 두 파의 스님들이 노래 부르고 춤추는 사이에 완전히 중국법당은 염불소리로 꽉 찼습니다.

橫遍十方無量光　온 세상이 무량광이고
堅窮三際無量壽　과·현·미가 무량수다.
橫竪交徹法界體　횡변 수궁이 교철하여 법계를 이루고 있으니
本覺自性心是佛　본래 자성을 깨달으면 그대로 부처다.

一念相應一念佛　한 생각 상응하면 그대로 부처이고
念念相應念念佛　생각 생각이 상응하면 염염불이다.
持名念佛今始覺　이름 가지고 염불하면 비로소 깨닫게 되니
是本不二心作佛　이것이 본래 둘 아닌 부처이나.

　인간은 누구나 시간과 공간 속에 살고 있는데, 시공이 본래 한 마음 속에 나타난 그림자이기 때문에 그대로 미타이고 무량

광이 된 것입니다.

　우리나라에서도 고려 때 나옹스님의 누님이 절에 와 빈들빈들 놀기만 하니 그 소리를 들은 나옹스님이
　"오늘 저녁에는 우리 누님께 저녁을 드리지 말라."
　하였습니다.
　그래서 저녁 밥쇠가 울렸는데도 밥상이 오지 않자 천천히 식당으로 내려왔습니다. 먼저 밥을 드신 나옹스님이 누님 앞에 가서 물었습니다.
　"누님, 배부르십니까?"
　"아니 밥은 자네가 먹고 왜 내 배가 부른가?"
　"허, 염불은 내가 하는데 누님이 어떻게 극락세계에 갑니까?"
　"그럼 어떻게 염불해야지?"
　"아미타불이 어디 계신지 꽉 잡아 생각해 보십시오. 생각이 생각 없는데 이르면 눈, 귀, 코, 혀, 몸, 뜻에서 황금부처님이 막 쏟아져 나올 것입니다."
　이 소리를 들은 누님이,
　"알았네, 알았어. 이 생이 어디서부터 왔는가 생각해 보았더니 나고 죽는 것이 한 떨기 뜬 구름과 같구먼. 생사거래는 이렇게 왔다 갔다 하더라도 내 마음은 단 이슬과 같아 담연하여 가고 옴이 없네 그려."
　하니 누님을 업고 가서 저녁공양을 대접하고 함께 춤을 주고 노래 불렀다 합니다.

제 20 강

무상(無相)스님의 염불선

무상스님은 신라의 왕자입니다. 성은 김씨로 호가 송계(松溪)입니다. 성덕왕 때 군남사로 출가하여 728년 당나라로 들어갔습니다. 변경에 이르러 선종임금님이 선정사에 머물도록 하였으나 번잡한 서울을 피하여 촉나라 자중(資中)으로 가서 지선(智詵)스님 밑에서 선을 닦았습니다.

40년 동안 마을에 들어가지 않고 수도한 이승(異僧) 처적(處寂)을 따라 선과 두타행을 익혔는데 처적이 그에게 무상이라는 이름을 지어주고 측천무후로부터 하사받은 마랍가사 한 벌을 물려 주었습니다.

한번 앉아 좌선하면 5,6일 동안 계속하여 눈이 오나 비가 오나 돌아보지 아니 했습니다. 추운 겨울에도 바위에 앉아 자지 아니했고, 사리를 옮겨 가서나 잠자는 일이 있으므로 사람들이 따라다니며 그 이상한 행동을 지켜보았습니다.

하루는 눈 속에서 커다란 호랑이가 가까이 지키고 앉았으므로 배가 고파 그런 줄 알고 목욕하고 알몸으로 그의 앞에 가 누웠으나 맹수가 먹지 않고 온몸을 핥기만 하고 지나가 버렸습니다.

그 뒤부터 호랑이 두 마리가 시봉이 되어 따라다녔는데 무덤가에 가면 무덤가에 따라와 앉았고, 마을에 들어가면 개처럼 따라 다녔습니다. 그때부터 스님은 그들을 위해서 게송을 읊었습니다.

산당정야좌무언(山堂靜夜坐無言)
적적요요본자연(寂寂寥寥本自然)
하사서풍동림야(何事西風動林野)
일성한안여장천(一聲寒雁唳長天)

하고 "나무아미타불"을 큰 소리로 외치니 호랑이들도 따라서 "나무아미타불"를 불렀습니다. 사실 이 시는 서쪽만 바라보고 참선하는 불자들을 꾸짖는 글입니다.

절집 고요한 밤, 앉아 좌선을 하니
산도 고요하고 물도 잔잔한데 말까지 없구나.
그런데 무슨 일로 샛바람에 나뭇가지가 움직이는가
찬 기러기 하늘을 날으며 끼욱하고 지나가는데….

불자가 자기 공부는 하지 않고 석가, 달마, 6조만 노래하고 있으니 서쪽에서 태어난 부처님을 보고 왜 흔들리고 있느냐 하고 물은 시입니다. 보잘 것 없는 기러기도 하늘을 날으며 끼욱거리면서 천지의 봄과 가을을 알려주고 있는데….

참으로 부끄러운 일입니다. 이 시를 읽어보면 세상에 사람으로 태어나 부모처자도 거느리지 않고 산속에 홀로 들어와 용맹정진하는 스님들을 한번 더 돌아보게 하고 있습니다.

명성이 높아지자 당나라 황실에서 청하였으나 이를 시기한 현령 양익이 무뢰한 20여 명을 보내 잡아가려 하였으나 갑자기 회오리바람이 불어 그들이 은거하던 천막을 뒤집고 모래와 자갈을 뿌려 그만 놀라 도망쳤습니다. 이에 양익이 뉘우치고 사죄하자 바람이 멈추었습니다.

보리사, 영주사 등을 짓고, 절마다 다니면서 거처하기를 바랬으나 정중사에 머물렀습니다. 정중사에는 부목 한 사람이 스님의 좌우를 늘 살폈는데, 하루 저녁은 갑자기 천정이 무너지면서 신라에서 보낸 자객이 스스로 자기 칼에 찔려 죽었습니다.

가사정대경진겁(假使頂戴經塵劫)
신위상좌변삼천(身爲上座徧三千)
약불전법도중생(若不傳法度衆生)
필경무능보은자(畢竟無能報恩者)

라 큰 소리로 게송을 읊고 '나무아미타불'을 부르니 부목 또한 농음으로 '나무아미타불'을 불렀습니다.

하루는 마을 사람들이 와서 물었습니다.
"유마경에 보적이 '어떤 것이 정토행입니까?' 물었는데, 어떤 것이 정토행입니까?"

"중생이 그대로 불국토이니 보살이 따라 교화하면 바로 그 자리가 불국토가 된다."

"극락세계가 서방에 있다 하였는데요?"

"그대의 서방에게 이익을 주면 기쁜 마음이 그대로 정토다. 마음따라 불토가 다 깨끗해지기 때문이다."

"세존은 그럼 마음이 부정하여 이 세상이 이렇게 더럽습니까?"

"중생이 죄를 지으므로 깨끗한 옷에 때가 묻는 것과 같다."

"유마힐은 백의를 입었는데요?"

"사문은 계를 지키기 때문에 스님들이 사는 절이 깨끗하게 보인다."

"그렇다면 가고 올 것이 없겠네요?"

"3계에 살되 집착하지 아니하면 처자권속이 모두 관음, 세지가 될 것이다."

"유마힐은 방편으로 병을 앓았는데요?"

"병없는 병, 중생들은 감히 그런 병을 앓을 수 없다."

"청정법신은 이 몸을 싫어합니까?"

"본래 취(取)하지도 않는데 무엇을 싫어할 것이 있겠느냐!"

이렇게 보리사, 영주사에서 법문을 하다가 티베트로 넘어가는 길목에 앉아 있었는데, 티베트 사신이 당나라 임금님께 받은 대장경을 짊어지고 땀을 뻘뻘 흘리면서 올라왔습니다.

"어디 가십니까?"

"티베트로 가는 길입니다."

"지금 가면 다 죽습니다. 본국의 왕이 혁명을 일으켜 42년 동안 정치할 것이니 본교를 믿지 않는 사람은 모조리 죽일 것입니다."

"어찌하면 좋겠습니까?"

"대공아, 소공아, 이리 오너라. 너희들이 이분들에게 좋은 일을 조금 해야 하겠다. 너희들 방을 40년 동안 이분들이 사용하게 할 터이니 너희들은 나를 따라 가자."

"가기는 어디로 가십니까? 저희들에게 불법을 가르쳐 주십시오."

"무엇이 궁금한가?"

"아미타대원왕은 9품대상을 만들어 시방중생을 다같이 받아들임으로써 시방제불이 칭찬하는데, 어찌하여 우리나라는 본교와 불교를 달리 생각합니까?"

"애초부터 신은 신이고 사람은 사람인데, 사람이 만든 꼭두각시에다가 불보살의 탈을 씌워 놓았으니 탈이 날 수 밖에 더 있겠는가. 중생은 나를 중생으로 생각하지만 불보살은 중생을 중생으로 생각하기 때문이다."

"아미타불 한 생각에 시방제불이 다 들어있다."

"저희들은 40년을 어떻게 이 산중에서 지내오리까?"

"짊어진 대장경을 한번 보고 쓰고 나면 40년이 지나가리라."

이리하여 티베트 사신들은 아무 말 하지 않고 40년을 지냈는데, 들리는 소문에 본교왕이 서거하여 새로운 왕을 추대코자 한다는 말을 듣고 무상스님이 서기 있던 왕자 한 사람에게 호랑이 두 마리를 딸려 보내니 산에서 산신님이 내려왔다 하고 받들어 모셔 티베트 왕이 됨으로써 다시 불법이 새롭게 이룩되게 되었다 합니다.

이와 같은 내용은 스님이 적어 놓아 안 것이 아니고 티베트 사신들이 동굴생활을 기록하면서 스님에게서 배운대로 일기를 써 티베트 대장경에 기록되게 되었으므로 오늘날 이 일을 알게 된 것입니다.

　스님은 절 마당 앞에 서있는 커다란 떡갈나무를 가르키면서,
"저 나무도 머지 않아 변하겠지!"
　예언하였는데, 과연 당나라 무종이 일어나 폐불을 함으로써 나무와 탑이 쓰러졌습니다. 그 탑 앞에는 좌우에 작은 연못이 있었는데, 두레박으로 푸기만 하면 왼쪽에서는 국이 나오고 바른쪽에서는 밥이 나와 시주가 없어도 걱정 없이 살게 되었습니다.

　850년 무종이 사망하자,
"이제 내가 없어도 너희들이 사는 데는 걱정이 없을 것이니 나는 가야겠다."
　하고 77세로 돌아가셨는데 사람들은 그 자리에 "동해대사 탑"을 세우고 지금도 제사를 지내고 있습니다. 우리나라 스님들이 수 없이 중국에 들어가 불법을 배워가지고 나와 신라, 백제, 고구려 사람들을 가르쳤으나 신라 사람으로는 중국에 들어가 불법을 통해 중국사람들을 교화한 예는 그리 많지 않습니다. 우리 큰스님들께서 그런 모범을 보였기 때문에 왜정 때 중국에 들어가 항일운동을 하던 청하스님이 그 본을 따라 1일 1식으로 만중생을 제도하면서 정토염불로 선행을 닦았습니다.

　한 생각 한 마음으로 무량겁을 비추어보니

가는 것도 없고 오는 것도 없고 또한 머무는 것도 없네.
이렇게 3세의 일을 알고 보니
모든 방편을 떠나 십력(十力)을 이루었도다.

한 생각 분명히 하여 몸까지도 잊어버리면
아미타불이 딴 곳에 계시지 않습니다.
이 몸이 법당이요, 이 마음이 부처이기 때문입니다.

청하스님이 어느 곳에 계시는가
염불하는 사람이 줄어드니
푸른 호수가 메말라 간다.
마른 고기 살리려면 감로의 염불소리
그치지 않게 하라.

청하스님 말씀입니다.

제 21 강

티베트성자 미라래빠

　미라래빠는 원래 티베트본교 신자였습니다. 일찍 아버지께서 돌아가셔서 어머니가 삼촌을 의지하여 가정을 꾸려갔는데, 20년 이상 삼촌이 살림을 하다 보니 자신의 재산은 하나도 남지 않고 모두가 삼촌네 가족 이름으로 되었고 자신들은 노예와 같은 살림을 하게 되었습니다. 15세부터 그 내용을 안 미라래빠는,
　"사람의 힘으로는 될 일이 아니고 귀신들을 동원하여야 하겠다."
　생각하고 귀신 부리는 경전을 수만 번 독송하였습니다.

　하루는 귀신 대장이 물었습니다.
　"어떻게 하였으면 좋겠는가?"
　"종자를 완전히 없애버려야 하겠습니다."
　"나중에 후회하지 아니 하겠는가?"
　"후회는 무슨 후회입니까. 씨를 말려버려야 합니다."
　"그렇다면 그대는 건너편 높은 산 중턱에 올라가 있어라."
　하여 올라갔는데, 그날 밤 갑자기 천둥번개가 치더니 주먹

만큼씩한 돌멩이들이 수없이 날아와 미라래빠의 본래 집은 말할 것도 없지만 삼촌네, 4촌, 5촌, 6촌 할 것 없이 집 한 채 남겨놓지 않고 한 마을을 싹 쓸어 버렸습니다.

미라래빠는 만세를 부르며 통쾌해 하였지만 그 다음부터는 무섭고 쓸쓸하여 그곳에서 더 이상 살 수가 없어 마르빠스님이 살고 있는 절로 들어와 참회기도를 하였습니다.

원한이 맺혔을 때는 원수들만 없애버리면 편안하게 될 줄 알았는데 밤이면 밤마다 삼촌네 가족들이 나타나 울고 불고 죄없는 동네 사람들까지 생매장을 하여 하얀 보자기를 쓴 귀신들이 수 없이 몰려와 잠을 잘 수가 없었습니다.

미라래빠는 스승 마르빠의 지도를 받아 원심이 풀어지는 해원결진언을 계속 염송하였습니다. 3년쯤 진언을 염송하고 나니 귀신들이 나타나지 아니 했습니다.

그의 정진력이 세상에 알려져 멀고 가까운데서 남녀노소가 몰려들어 살 수 없었습니다. 그래서 그는 그때부터 설산에 들어가 명상을 하기도 하고 절의 동굴에서 짝신모를 만나기도 하였습니다.

짝신모는 스승 마르빠가 보낸 시봉이었습니다. 그런데 그자가 온 이후로 바위틈 속에서 이상한 소리가 나더니 눈부신 한 줄기의 빛이 쏟아져 나왔습니다. 그런데 그 빛 속에서 이 세상에서는 처음 보는 아름다운 여인들이 나와 그를 유혹했습니다. 미라래빠가 오른쪽 팔꿈치로 내려치니 그 여인은 미라래빠의 발목을 잡고 몸부림 쳤습니다. 미라래빠는 큰 소리로 노래 불렀습니다.

기회를 엿보는 마녀여,
그대는 링와작의 짝신모로구나
푸른 하늘에 해와 달 축복이 넘치는데
라후별이 어찌하여 삿된 기운을 나타내는가.

그는 스스로 아직까지 자기 마음 가운데 사심이 있음을 직감하였습니다. 그래서 링와작을 떠나 리위뺀와르로 간다고 하니 라마의 신도들이 울면서 사정하였습니다.
"여기 조용한 절이 있으니 걱정 마시고 안주하십시오."

"나의 안내자는 어두움을 몰아내는 영광스런 스승
추위와 더위를 멀리 여읜 무명베 옷
중유세계의 미망을 부신 기원과 행
그리고 자아를 소멸시킨 공덕의 몸
깨달음을 인도하는 명상이
모두가 나의 스승이요 도반입니다."

이렇게 노래하며 미라래빠는 짱팬남카종 동굴, 생개쫑의 호랑이 동굴, 금강성의 안장굴… 히말라야 주위에 있는 동굴이란 동굴은 모두 다 다니며 명상을 하였습니다. 어떤 때는 신도들이 여우 털로 옷을 해 입고 호랑이 털로 모자를 만들어 쓰고 가면 차디찬 동굴에서 팬티 하나만 입고 발가벗은 채 눈 속을 거닐고 있었습니다.
"춥지 않습니까?"
"속에서 전기가 일어나 뜨거워서 견딜 수 없습니다."
"무엇을 먹고 사십니까?"

"공기를 마시고 살지…. 사람들은 옷을 입고 음식을 먹어야 한다고 하는데 나는 4대 색신 중에서 불기운으로 대기를 덥히고 공기 속 질소를 마십니다."
"공기 속에 무슨 영양분이 있습니까?"
"풀과 나무가 바로 햇빛과 물, 공기를 마시고 살고 있지 않습니까?"

할 말이 없었습니다. 그러나 실제 이러한 모습을 두 달, 석 달씩 보고 함께 살아온 래충빠와 기라래빠가 마음의 아들이 되고 짜푸래빠와 목동 쌍계깝은 친밀한 아들이 되어 시봉하기도 하고 친아들처럼 가까운 샤까구나, 진리의 소녀 빼다붐이 스님의 뜻을 따라 옛성에 황금사찰을 짓기도 하였습니다.

의사 약루탕빠와 산적 두목 지공래빠는 바로 그곳에 나아가 의료봉사를 하기도 하고 길 잃은 사람들의 길잡이가 되기도 하였습니다. 부잣집 아들 래충빠가 기필코 스님을 따라 제자가 된다고 하자,
"너는 인도에 가서 빨리어와 산스크리트어를 배워 오는 것이 좋겠다."
하여 인도로 유학 보냈습니다. 티베트 사람으로서는 드문 일인데 인도 나란다대학에 가서 티베트에 없는 문학, 철학, 천문, 지리, 의학까지 골고루 배워가지고 오게 되었습니다. 7년 동안 공부하고 여러 교수들과 학생들의 환송을 받으며 인도를 떠난 래충빠가 속으로 생각하였습니다.
"우리 스님은 신통력이 제1이라 하는데, 내가 공부를 마치고 돌아가는 길을 알고나 계실까? 알고 계시다면 나의 유학기념

으로 무슨 선물을 주실까!"
생각하며 걸음을 걸었습니다.

보름을 넘게 걸어 총령제를 막 넘어오려 하는데 뜻밖에 스님이 나타나,
"래충빠야?"
하고 불렀습니다. 어렵게 책을 한 짐 짊어지고 오는데 그것은 받을 생각은 하지 않고 쇠뿔 하나를 주면서,
"멀리서 공부하고 오느라고 애썼다. 선물로 받아라."
실망한 래충빠는 그것을 받아 길거리에 버리고 스님 뒤를 따랐습니다. 그런데 그 뒤 30분도 안 되어 바람이 불더니 주먹같은 우박이 쏟아져 고개를 들 수가 없었습니다. 책으로 머리를 감싸고 한참 있다 생각해 보니 스님은 맨몸으로 우박에 맞아 돌아가셨을 것 같아 큰 소리로 불렀습니다.
"스님! 스님! 스님!"
하고 세 번 부르니 저 뒤에서
"나 여기 있다. 걱정하지 말라."
하고 소리가 나서 돌아다 보니 스님은 축지법을 써 쇠뿔 속에 들어가 있었습니다.
"스님, 괜찮으세요?"
"나는 괜찮다만은 너도 괜찮으냐?"
"예, 그런데 스님은요?"
"뿔 속에 들어앉아 있는데 무슨 풍뇌(風雷)가 있겠느냐."
그때서야 '스님께서 우박이 쏟아질 줄 알고 이것을 선물로 주셨는데, 나는 무겁다하여 버렸으니 참으로 미련한 놈이로다'
하고 생각하였습니다.

저녁때가 되어 밥을 얻어 먹게 되니 스승께서 물었습니다.

"어떻게 하면 좋겠느냐?"

"인도에서 7가식을 했으니 순서대로 일곱 집에서 음식을 얻으면 될 것 같습니다."

"그래. 알아서 해라. 저기 저 연기 나는 집으로 가는 것이 좋겠는데…."

그러나 상좌는 초입부터 일곱 집을 찾았으나 밥을 해 먹는 집이 없어 쫄쫄 굶고 어느 집 헛간에 자리잡고 앉았습니다.

"스님, 여기 감자가 쌓여 있는데, 주인에게 이야기 할까요?"

"일곱집 허탕쳤으면 그만 두어라."

그런데도 가서 물으니,

"나도 아까워 먹지 못하고 있습니다."

하고 거절하였습니다. 초저녁부터 스님과 함께 삼매에 들어 있는데, 새벽녘에 안에서 "꽥!"하는 소리가 들려 가보니 주인마님이 마적들의 칼에 찔려 죽고, 감자는 물론 가지고 있던 돈과 보물도 모두 빼앗아 갔습니다.

"불쌍한 친구, 짊어져라."

배에서는 쫄쫄 소리가 나는데도 할머니를 업고 개울가에 이르니 스님이 지팡이로 흙을 파고는 말했습니다.

"하늘을 보고 눕혀라."

엎어 놓았던 시체를 다시 뒤집어 뉘이니 스님께서 갑자기 지팡이를 가지고 여지없이 가슴팍을 콱 치며 말했습니다.

"이 요망한 마나님, 자신도 아까워서 먹지 못했던 감자를 도적에게 다 빼앗기고 목숨까지 잃었으니 저 하늘을 보고 뉘우치시오."

하고 초상을 친 뒤 히말라야를 넘어왔습니다.

"너는 이제 공부가 넉넉히 되었으니 라사에 가서 빨리어 경전과 산스크리트어를 사람들에게 가르쳐라."

하고 스님은 마나사라 봉우리 밑 동굴로 들어갔는데, 그 뒤 소식이 없습니다.

마나스라 수미산 봉우리 밑에 미라래빠의 동굴이 지금도 있습니다. 그곳이 바로 미라래빠의 열반지입니다. 3천 미터만 올라가면 산소가 부족해 숨도 제대로 쉬지 못하는 동굴 속에서 지금도 미라래빠는 옷을 벗고 공기를 마시는 자연인으로 살고 있을 것입니다.

제 22 강
중국불교의 혁명가 도안스님

　도안스님은 중국불교의 개척자입니다. 인도에서 받아드린 불교가 중국의 기후풍토와 맞지 않기 때문에 나름대로 불교에 혁명을 가하여 중국불교에 맞는 불교를 개척한 분입니다.

　도안스님은 중국 상산 무주출신으로 일찍이 부모를 여의고 12세 때 출가하였으나 얼굴이 검고 용모가 너무 못생겨 스승에게 귀염도 받지 못한 채 논밭에서 일만 하였습니다.
　하루는 스님에게 글배우기를 원하니,
　"너 같은 게 글은 배워 무엇 하느냐. 잔소리 말고 밭에 나가 풀이나 매라."
　그때 스님의 책상 위에 변의경 한 권이 놓여있었으므로,
　"스님, 다 보셨으면 책을 저에게 주십시오. 일하는 여가에 책이나 한번 구경하고 오겠습니다."
　그래서 책을 가지고 가서 쉬는 시간에 쭈욱 한번 넘겨보고는 그날 저녁에 스님께 갖다 드렸습니다.
　"벌써 다 보았느냐?"
　"예, 다른 책 있으면 한 권 더 주십시오."

"이놈아, 눈 뜬 사람도 사흘 나흘 공부하야 되는 책인데 벌써 다 봐…."

"미심쩍으면 스님께서 한번 점검해 보십시오."

"날이 어두운데…."

"스님은 아랫목에 등불을 켜고 보시고 저는 돌아앉아 한번 읽어 보겠습니다."

전혀 이치에 닿지 않는 말이지만 등불을 켜고 한 장 한 장 넘기니 그대로 책 한 권을 물 흘러가듯 읽었습니다. 스승이 놀라,

"누구의 가르침을 받았느냐?"

"하얀 종이에 검정글씨를 누구에게 배웁니까? 저기 성구광명경이 있으니 한 권 더 보겠습니다."

하고 이튿날 가지고 갔다 와서도 모두 외워 버렸습니다. 스승은 너무도 놀라 이튿날 아침 대중스님들께 선포하였습니다.

"도안을 저희 상좌로 삼고 멀리 불도징스님 계신 곳으로 보내겠습니다."

불도징스님은 서역 쿠자국 사람으로 성이 백(帛)씨였습니다. 어려서 출가하여 불경 수백만 언을 외우고 글 뜻도 잘 통달하여 310년 중국 낙양에 와 있었습니다. 후조의 석륵이 스님에게 귀의하여 대화상으로 모시고 그의 아들들을 양육하도록 한 스님입니다.

도안이 이에 이르자 불도징스님이 보고 외쳤습니다.

"아깝다. 하루에 천 리 가는 말이 주인을 잘못 만나 소금구루마를 끄느라 고생이 많았구나."

하고 글을 가르쳤는데, 도안이 하루에 천 게를 읽고 천 송을

외웠습니다. 법제, 지담 등의 교수와 함께 대법을 널리 펴기 위하여 문인들을 양주, 촉 나부산 등에 보내고 혜원 등 400인을 거느리고 양양에 내려가 전도하였습니다.

이미 번역된 여러 경전 가운데 잘못된 것을 보고 개탄하며 반야경, 도행경, 밀적경, 안반경 등 문구를 비교 연구, 교정을 보았고, 경전의 번역자들이 이름이 없는 것을 바로잡아 삽입시키니 사방의 식자들이 다투어 모여들었습니다.

인기있는 백마사에 사람이 꽉 차 지낼 수 없으므로 단계사를 새로 지어 학승들을 포용하였습니다. 진왕 부견이 그의 학식을 사모하여 양양을 포위하고 장안으로 초청 5중사에서 경전을 번역 강론하였습니다.

그의 학설은 주로 반야 공론을 중심으로 중국 초기불교를 인도와 서역에서 온 스님들에게 맡겨 번역하고 해석하게 하였는데 모든 경전에는 반드시 서분과 정종분, 유통분이 있는 것을 보고 3분과로서 모든 경전을 재편집하였습니다. 그리고 스님들의 생활규범을 중국에 맞도록 하여 평상복 위에 도포를 입고 그 위에 장삼을 입게 하였으니 의제도 새롭게 정립된 것입니다.

뿐만 아니라 모든 스님들의 성을 석씨로 통일하여 각성받이로 쓰던 것을 통일하게 되었으니 중국불교의 대혁명가로 불렸습니다.

고소 경덕사 운법사는 스님의 학문정신을 본받아 후배들을 열 가지 방법으로 가르쳤는데,

첫째는 계정혜 3학을 가르치고,
둘째는 자만을 꺾고,
셋째는 스승을 선택하게 하고,
넷째는 외워 익히게 하고,
다섯째는 쓰게 하고,
여섯째는 시를 배우게 하고,
일곱째는 널리 배우게 하고,
여덟째는 일을 겪도록 하고,
아홉째는 벗을 구하게 하고,
열째는 마음을 관하게 하였습니다.

계를 배우지 아니하면 행할 줄 모르고, 정(定)이 없으면 마음이 안정되지 못하고, 지혜가 없으면 옳고 그름을 판단할 수 없기 때문입니다. 구마라집이 처음 소승불교를 배울 때는 반두달다에게 배웠는데, 반두달다가 늦게 대승불교를 배울 때에는 구마라집에게서 배웠으니 거만한 마음을 버리지 아니했다면 어떻게 이렇게 될 수 있었겠습니까. 그러므로 유교에서도 벼슬이 높은 사람은 더욱 뜻을 낮추고 관이 큰 사람은 마음을 작게 하여 그 녹을 베푼다 하였습니다.

도안스님이 처음 얼굴이 못생겼다 업신여겼지만 뜻을 굽히지 않고 배움으로 불도징을 만나 대성한 것과 같이 공부하는 사람은 정성껏 능력을 아끼지 말고 가르치는 사람은 제자의 성품을 잘 보아 가르쳐야 할 것입니다.

가섭 아난과 축불도징, 불타발다라도 불경 수 100만언을 기억하였기 때문에 일촉직발 8만법장을 정리하게 되었고, 반두 달다와 장안스님은 하루에 천 게를 썼기 때문에 지자대사의 변재를 정리하고 교풍을 널리 펴게 되었던 것입니다.

시에는 칭찬해서 말하는 법과 나쁘게 말하는 법이 5음6율로 잘 정리되어 있기 때문에 국풍을 돈후하게 하고 궁중의 음악을 예답게 하는 데는 시를 모르고는 잘되지 않습니다.

습착지가 "내가 4해 습착지다" 하니 도안스님은 "나는 미천석 도안이다" 하여 그의 기풍을 하늘과 땅에 비교하여 누구도 따라올 수 없게 하였으니 지순이 북전에 글을 올리고 도안이 동산에 논 것도 알고 보면 모두가 다 시와 문학에 능통한 까닭입니다.

인도와 중국의 명예와 3장6경의 사림을 구경한 사람은 자연 그 말이 고상하고 생각이 깊어 사람들의 마음을 즐겁게 하고 깨끗하게 합니다.

진종황제가 이시독과 술을 마시는데,
황제가 시독에게 술을 따르는데, "관가께서는 그릇에 철철 넘치게 하소서." 하니
"나는 처음 듣는 소리인데, 임금님을 어찌하여 관가라 하는가?" 하니
"장세의 만기론에 보니 3횡5제의 덕을 갖추었으므로 관가라 한다 하였습니다." 하니
"천 년에 한번 만나기 어려운 친구로다." 하면서 밤새도록 마셨다 합니다.

나한이 비록 성현이나 붉은 소금을 알지 못하였고, 동방삭이 비록 현인이나 겁회를 알지 못했습니다. 널리 보고 일을 겪지 아니하면 이렇게 차질이 생길 수 있는 것이니 무엇이고 보고, 일을 겪어야 알 수 있다 하였습니다.

도안스님은 이렇게 반야3론 중경목록에 능하고 더 나아가서는 서역의 역사지리를 꿰뚫어 알게 되었으므로 비록 인물은 못났지만 천재일우의 대도사가 된 것입니다.

옛사람들은 글로서 사람들을 모으고 선정으로서 마음을 골랐으며, 지혜로서 옳고 그름을 판단하였으니 갈고 닦고 쓰지 아니하면 어찌 그 인품이 그렇게 될 수 있겠습니까.

도안은 일찌기 사미승 광을 여관에서 만나
"만약 함께 커지거든 같이 놀기를 잊지 말자."
하였는데, 뒤에 승광이 경론에 능통하여 비룡산에 숨었을 때 찾아가 서로 만나 기뻐하는데,
"옛사람의 격의가 맞지 않다." 하자
"글과 뜻을 볼지언정 문장은 시비하지 말자." 하니
"법고경명(法鼓競鳴)이 어찌 선후가 있겠느냐."
하여 더욱더 그 마음을 통하여 행위를 돈독히 하였다 합니다.

모든 경론에 3분과를 내고, 출가스님들의 성씨를 석씨로 바꾸고, 선배를 존경하고 후배를 이끌어 준 도안스님의 덕이야말로 이 시대 사람들이 본받아야 교훈이 아닌가 생각합니다.

제 23 강
예수재와 영산재

예수재는 부처님께서 열반에 드시기 전 '예수시왕생칠재'의 식을 설명해 주신데서 근거하는데, 마가다국 빔비사라 임금님은 15세에 보위에 올라 25년 동안 49회나 예수재를 지냈다고 기록하고 있습니다.

그런데 갑자년 12월 1일 경신(庚申) 7시 반에 푸른 옷과 노랑 옷을 입은 지옥사자 두 사람이 9명의 사자를 데리고 와 임금님 이름을 부르므로 뛰어나갔더니 길가에 하얀 산이 있어 물으니,
"남섬부제 중생들이 이 자연의 은혜를 저버리고 제 나름대로 먹고 살다 죽은 뒤에 제사를 지내는데 바른 돈이 아닌 가짜 돈을 만들어 염라대왕께 바쳤으므로 염라국에서 받지 않아 버려진 것이다."
하었습니다.

그리고 안으로 들어가니 지장대성을 위시한 6천조(曹), 도명, 무독귀왕과 명부시왕, 26판관, 3원장군, 선악2부동자, 39

위귀왕, 감제, 직부사자 57위 등 시왕의 권속 162위가 앉아 계시고, 거기에 따른 종관들이 수백 명씩 왔다갔다 하였습니다.

이 광경을 본 빔비사라 임금님이 부처님께 사뢰니
"그것은 이 세상에서 인과업보를 믿지 않고 죄악을 지은 사람들을 판단하여 6도 세계에 배치하는 곳이라 하는데, 임금님은 생전에 지은 죄를 생각하면서 49회나 대대적인 공양의식을 베풀고, 인과경 법문을 들었습니다."

"살생한 사람은 도산지옥에 떨어지고,
도둑질 한 사람은 한빙지옥에 떨어지고,
거짓말 한 자는 발설지옥에 떨어지고,
우치한 자는 똥통지옥에 떨어지고,
탐음한 자는 불톱지옥에 떨어지고,
오판한 검사, 판사는 통곡지옥에 떨어지며,
부정관리는 철창지옥에 떨어지고,
부정한 방백은 철상지옥에 떨어진다."
하고, 8만4천 지옥에 아귀, 축생, 인, 천인들의 과보를 구체적으로 설명하면서 "3보4중의 은혜를 갚고 좋은 일을 하면서 열심히 수행하면 그러한 과보를 면할 수 있다" 하였습니다.

그런데 중국의 양무제는 두 번째 결혼한 황후와 신방을 꾸려 막 족두리를 벗기려 하는데 천정에서 갑자기 큰 구렁이가 떨어져 또래를 틀고 그들의 모습을 우러러 바라보고 있으니 임금님은 놀라 도망가 버리고 부인은 벌벌 떨면서도 용서를 구하니 스스로 사라졌습니다.

황후는 놀라 잠을 이루지 못하고 있다가 새벽녘에 잠이 들었는데, 첫 번째 황후가 나타나서 꾸짖었습니다.

"여기가 감히 어떤 곳이라고 남의 집에 들어와 부정한 짓을 하려 하느냐?"

"저는 아무것도 모르는 일이고, 단지 임금님을 따라 시키는 대로 하였을 뿐입니다."

"네 남편 양무제는 무지한 사람이다. 내가 시집와 초야에 옷을 벗겼는데 온몸이 뱀허물처럼 부풀어 있었으므로 나를 동굴에 가두어 죽여 나 또한 한이 되어 이 원한을 갚기 위해 구렁이가 되어 이 집을 지키고 있었다. 그런데 감히 네가 내 집을 차지해 살려 하니 가만히 두겠느냐."

"사실 저는 일찍이 비구니 수도원에 들어가 오랫동안 공양주 생활을 하였는데 임금님께서 비오는 날 사냥을 왔다가 저희 절에 들려 장국찌개를 맛있게 잡수시고 나를 불렀습니다. 그리고 말했습니다.

'내 평생 여인을 가까이 하지 않고 수도인의 자세로 세상을 끝내려 하였으나 그대의 모습이 국모가 됨직하니 나라의 살림을 보살펴 주는 것이 어떻겠는가?'

하여 사주(寺主)의 명령을 따라 국모가 되었습니다."

"그래. 나도 알고 있다. 내가 모시지 못한 임금님을 그대가 대신 모셔준다 하니 가상하긴 하지만 내가 죽어 6도 세계를 돌아다녀 보니 나와 같은 업보를 받고 있는 사람들이 너무도 많으니 죽기 전에 예수재를 지내 그 업보를 풀어준다면 좋겠다."

그리하여 그 해부터 매 4년마다 한 번씩 이 재를 거국적으로 지냈는데, 인도에서는 부모, 처자, 권속과 맺은 한을 푸는 재로 생각했던 예수재가 중국에 와서는 천지자연의 은혜를 갚는 거국적인 재로 성장하였습니다.

사실 이 재 때는 태어나면서부터 지금까지 사용했던 해와 달, 산과 물, 공기의 값을 계산하여 자연보호운동의 일환으로 세금을 내고 거기 또 상(相)이 많은 사람들은 금강경을 쓰고 읽고, 보시케하며 세상의 법을 잘 모르는 사람은 법화경, 화엄경을 사서 보시하며, 조상들의 극락왕생을 희망하는 분들은 미타정토3부경을 써서 불살라 드리고 특별히 보시하였으며, 조상천도를 못한 사람들은 조상천도를 하여 상세선망부모의 은혜를 갚도록 하였습니다.

그런데 이것이 차차 시간이 지나면서 세금의 액수가 년령을 따라 먹여지고 또 그것을 바치는 대왕님들까지도 10대 명왕에 배정하여 장엄한 의식으로 발전하게 되었습니다.

이 재를 지낼 때는 누구나,
① 몸을 깨끗하게 하고
② 복장을 단정히 한 뒤
③ 이름난 향을 사르고
④ 번개를 달고
⑤ 3보를 칭송하면서
⑥ 불경을 외우고
⑦ 무상한 몸속에 들어있는 법신을 생각하면서
⑧ 인과업보를 청소하도록 되어 있습니다.

그러니까 불교에서 거국적 행사로서 실시해온 재로
① 3보를 찬탄하면서 3보께 공양을 올리는 영산재가 있고,
② 땅이나 물속에서 비명횡사하여 무주고혼이 된 영가들을 천도하는 수륙재가 있으며,
③ 자기의 업을 청산하고 복업을 짓는 예수재가 있는데,

예수재를 지낼 때는 비용이 적지 않게 들므로 4년에 한 번씩 오는 윤년 공달에 달달이 한 톨씩 모았던 돈과 곡식을 가지고 병든 걸인들과 무의탁 노인들, 청소년, 장애인들을 살피는 재로, 중국, 한국, 일본에서 크게 성행했던 것이니 요즈음 말로 하면 대대적인 자선법회라 볼 수 있습니다.

실로 불교에서는 이런 재를 통하여
① 인과를 믿지 않는 사람들에게 인과를 깨닫게 하고
② 인연의 도리를 모르는 사람에게 인연법을 깨우쳐주고
③ 살 줄만 알고 죽을 줄을 모르는 중생들에게 생사의 길을 일깨워주는 교육으로서 크게 응용되고 있습니다.

사실 사람들은 이 우주를 하루 저녁 쉬어가는 여관집으로 알고 그 속에서 임자없는 물건들을 제 마음대로 쓰면서도 자연에 대한 고마움을 느끼지 못하며 살고 있습니다.
그런데 이러한 의식을 통해 인연법을 알게 됩니다. 그런데 많은 사람들이 스스로 가지고 지키는 재산에 대한 집착과 계속 쌓여가는 업보 때문에 다음 생에 갚아야 할 과보를 생각지 못하니 생각하면 가련한 일입니다.
설사 억천 겁이 지나도 지은 바 업은 소멸되지 않고 있으니

가벼운 것은 소멸되고 무거운 것은 가벼워질 수 있도록 수양하여야 할 것입니다.

전라북도 전주에 덕진이란 아가씨가 어느 주막에서 밥을 해주고 있었는데, 배고픈 사람들이 오면 밥을 꼭꼭 눌러 한 그릇씩 퍼주고, 부자양반이 오면 우선 술상 먼저 챙겨드리고 나중 밥을 조금씩 퍼드리는데, 그것도 남으면 알뜰하게 말려 그나마 밥 한 그릇도 사먹지 못하는 사람들께 주었습니다.

그리고 신을 신고 가던 사람들이 덜 떨어진 신을 벗어놓고 가면 맨발로 가는 사람들에게 주어 신게 하였습니다. 그렇게 근 10여 년을 좋은 일을 하고 살았는데 하루는 새로 온 전주 감사가 비오는 날 찾아와서 땅에 엎드려 큰절을 하였습니다. 깜짝 놀라 물으니,

"나는 새로 온 전주 감사요. 그제 저녁 취임식을 마치고 지쳐 벽에 기대 졸고 있는데 갑자기 밖에서 부르는 소리가 나서 나가보니 염라국의 사자가 와서 가자고 하였습니다. 염라국에 가니 조사를 하던 사람이

"당신은 큰 죄는 없으나 남에게 쌀 700석을 꾸어 쓰고 갚지 않아 소나 말, 개가 되어 그 집에 가서 일을 해주어야 하겠소."

"아닙니다. 나는 절대로 남의 돈을 쓴 일이 없습니다."

"그렇다면 감옥에 들어가 7년 징역을 받아야 되겠소."

"그렇지만 내가 취임 후 바로 와 아무것도 가진 게 없는데 어떻게 내겠습니까?"

"당신 고을에 덕진이라는 아가씨가 저축해 놓은 것이 있으니 빌려쓰고 나중에 갚으면 됩니다."

"감사합니다."

하고 나와 바로 쌀을 가지고 주막으로 왔던 것입니다.

"저는 이 세상에 태어난 이후로 누구에게 장이쌀을 준 일이 없습니다."

"당신이 배고픈 사람들에게 밥을 먹이고 헐벗은 사람들에게 옷과 신을 주어 그 공덕으로 염라국에 1천 석이 넘는 쌀이 저축되어 있었습니다. 만일 받지 아니 하면 나는 또 잡혀가 죽게 될 것이니 받아 주십시오."

그리하여 그 쌀을 받아 그 것으로 앞 개울에 다리를 놓으니 그 다리 이름이 덕진다리입니다.

지은 바 업은 결코 소멸되지 아니합니다. 선인선과이고 악인악과이니 마땅히 복을 짓고 덕을 닦아야 할 것입니다. 그리고 이 세상, 해와 달, 산과 물, 공기는 설사 주인이 없다 하더라도 내 것이 아니면 함부로 쓰면 아니 될 것이니 감사한 마음으로 아껴 쓰고 그 보답을 위해 4년만에 한 번씩 예수재를 지내서라도 그 은혜를 갚아야 할 것입니다.

사람은 혼자 잘나 사는 것이 아니고 천지자연 부모처자 권속이 있고 국가 사회가 있어 살아지고 있는 것이니 그 은혜를 알고 갚도록 노력하여야 할 것입니다.

제 24 강

대장경(大藏經)의 편집

대장경은 불교관계 서적을 모아 총 정리한 책입니다. 모든 경론을 한데 모아 정리하였다 하여 일체경(一切經), 경·율·론 3장을 한데 모은 광주리라 하여 삼장경(三藏經)이라고도 합니다. 장경(藏經)이란 경의 광주리라는 말입니다.

그의 필요성은 부처님께서 서거하신 뒤 부처님의 가르침을 남겨야 할 필요를 느껴 제1회 결집은 기원전 544년 왕사성 칠엽굴(七葉窟)에서 대가섭(大迦葉)이 상수가 되어 뛰어난 제자 500명과 함께 경·율(經·律) 2장을 결집, 구전(口傳)으로 독송하였습니다.

그래서 이 결집을 상좌결집(上座結集), 오백결집(五百結集)이라 합니다. 그런데 그때 멀리서 늦게야 도착한 바가바(婆伽婆) 상좌들은 우리들은 우리들이 알고 있는 경전을 다음과 같이 결집하겠다 하여 굴밖에서 결집하였으므로 이로 인하여 굴외결집(窟外結集)과 굴내결집(窟內結集)으로 나누어지게 되었습니다.

제2회 결집은 베살리성에서 이루어졌고,

제3회 결집은 파탈리푸트라에서 이루어졌으며,

제4회 결집은 북인도 가습미라국 카니시카왕이 주관해서 이루어졌으며,

제5회, 제6회 결집은 미얀마에서 이루어졌습니다.

언어는 당시 대중적으로 사용하던 팔리어(Pali)와 산스크리트어(梵語)를 사용하였습니다.

내용은 3장 12부로 발전하였습니다. 3장은 경·율·론 세 가지를 하나의 광주리에 담아놓은 그릇이라는 뜻이고, 12부는 대장경 문체를 말합니다.

첫째, 수다라(修多羅)는 경(契經), 법본(法本)으로 산문체의 경전을 말하고,

둘째, 기야(祇夜)는 중송(重頌), 응송(應頌)으로 산문체의 경문을 운문체로 노래한 것이며,

셋째, 수기(授記)는 제자들과의 문답을 예언식으로 풀이한 것이고,

넷째, 가타(伽陀)는 풍송(諷頌), 또는 고기송(孤起頌)으로 홀로 읊은 노래이고,

다섯째, 우타나(優陀那)는 묻지 않는데 스스로 설한 경전이므로 무문자설(無問自說)이라 합니다.

여섯째, 니타나(尼陀那)는 부처님을 만나 듣게 된 인연을 기록한 인연담(因緣譚)이고,

일곱째, 아파타나(阿波陀那)는 어려운 내용을 비유로서 풀이한 것이고,

여덟째, 이제왈다가(伊帝曰多迦)는 제자들이 부처님의 본래 있었던 일을 정리한 본사(本事)이고,

아홉째, 사다가(奢多迦)는 부처님과 제자들의 본생담(本生譚)입니다.

원래의 대장경은 이 9부로 구성되어 있었으나 후세에 넓고 넓은 세계의 내용을 구체적으로 설명하여 이를 비불략(毘佛略), 방등(方等)이라 말하고, 깨달은 사람이 아니면 중생들이 말하기 힘든 아부다다르마(阿浮多達磨), 미증유(未曾有), 희유법(稀有法)이 보태지고 널리 논의(論議)한 우바제사(優婆提舍)가 보태져 대승불교에서는 12부로서 정리하고 있습니다.

이것이 장차 중국과 티베트, 몽골 등에서 전역되어 한문대장경과 티베트 대장경, 몽골대장경이 만들어지고, 그것을 다시 자국말로 번역한 백화문(白話文)대장경, 한글대장경, 일본의 신수대장경이 되기도 하였습니다.

그러므로 이 대장경 속에는 인도, 중국, 한국, 일본 등 각국의 언어와 풍습, 문자가 기록되어 있어 세계적인 문화유산으로 널리 보호되고 있습니다.

그것도 처음 인도에서는 나무 잎사귀에 써 기록되어 폐엽경(貝葉經)이라 부르다가 장차 나무나 돌에 새기어 길이길이 보존코자 하여 목판(木版), 석경(石經) 등이 만들어져 세계문화유산으로 보배처럼 보호를 받고 있습니다.

특히 청주에서 만들어진 금속활자는 세계 최초의 금속활자로 그 내용 또한 국제적으로 연구되고 있습니다. 단지 한국과

일본은 아직 가나문자나 한글이 나오기 이전 한문으로 기록되어 있기 때문에 중국 대장경과 혼동하는 경우가 많았습니다. 그 체제와 뿐 문자는 중국식으로 되었다 하더라도 거기 보태진 여러 논소는 다른 나라에 없는 것이 많습니다.

바로 이것이 1377년에 간행된 "백운화상초록불조직지심체요절(약칭 직지)"이며, 이를 바탕으로 동국역경원에서는 한국불교전서를 펴 내놓았습니다.

제 25 강
중국 대장경

중국 대장경은 그 종류가 많습니다.
① 산스크리트 대장경을 일괄적으로 번역한 개보대장경(開寶大藏經)
② 요나라에서 만든 거란대장경(契丹大藏經)
③ 각 장경에 제목을 붙인 숭덕대장경(崇德大藏經)
④ 송나라 때 만든 비로대장경(毘蘆大藏經)
⑤ 왕영종의 형제가 만든 사계대장경(思溪大藏經)
⑥ 적사 연성사에서 만든 남송 적사대장경(蹟沙大藏經)
⑦ 원나라 때 만든 보령대장경(普寧大藏經)
⑧ 개보판과 걸안장을 바탕으로 만든 조성금장(趙城金藏)
⑨ 명나라 때 만든 영락대장경(永樂大藏經)
⑩ 청나라 때 만든 건융대장경(乾隆大藏經)
등 자그마치 열 종류나 됩니다.

개보칙판대장경은 북송관판 촉본대장경이라고도 부릅니다. 23행 14, 15자로 구성되어 있고 송 태조가 개보 4년(471) 처음 조조하게 하여 태평 흥국 8년(983) 13만여 판을 만들었습니다. 이후 수정과 증보를 거듭하여 거란, 서하, 고려, 일본 등 여러 나라에 전파하여 여러 나라 대장경의 기초가 되었습니다.

다음 거란대장경은 개보칙판을 보고 만든 것으로 거란장, 혹은 요판대장경이라 불렀습니다. 흥종(興宗)의 명령에 따라 1030년부터 1054년까지 불전의 교감(校勘)과 조조(雕造)를 진행하였습니다.

금나라 여진족 대정 2년 1162년 대금국 서경 대화엄사 중수부가교장기에 의하면 요나라 중희 연간(1032-1054) 거란판 대장경 579질이 박가교장 안에 안치되어 있었다는 기록이 있으나 지금은 전해지지 않고 있습니다.

이 거란대장경은 1974년 9월 산서 용현 목탑의 석가불상 복장에서 처음으로 실물이 다소 발견되어 목판불경 47권 중 원자문의 번호가 부여된 12권이 확인되었습니다.

이 중에서 칭찬대승공덕경의 1권에 통화 21년의 제기가 있고 또 도종(道宗)의 피휘(避輝)가 보이지 않는 것으로 보아 그 시기는 성종조(聖宗祖)로 추정됩니다.

이에 대하여 1983년 나소(羅炤)는 이 경이 단간의 불경으로 거란장이 아니라고 주장하였으나 일본의 축사아장(竺沙雅章)은 한 스님이 관판대장경이 만들어지기 이전 함가순(㘞架順)을 부여하여 경전을 간행하기란 어려우므로 관판대장경보다 앞선 시기에 번각되었다고 보는 것이 타당하다고 주장하였습니다.

그 근거로 방산석경의 행수와 글자 수 및 글자체까지 거의 같은 것을 들고 있습니다. 거란장은 장차 고려에 여러 번 유입

되어 고려사경 혹은 출판의 저본 혹은 교정의 기준본으로 활용 되었을 뿐만 아니라 대각국사 의천의 교장본 즉 속장경의 교정 본으로 사용하였던 것으로 보다 후 대 불교계에 커다란 영향을 미쳤다고 생각됩니다.

이 거란장의 또 다른 판종의 형식은 동문선 제112권에 수록된 고려 원감국사의 단본대장경 경판소에서 "부피가 작고 가벼우며 전체가 2백함이 되지않고 종이 또한 얇고 글자는 빽빽하였다. 총 1천책이 되지 않아 사람이 만든 것 같이 느껴지지 않했다"는 것을 보면 작은 글씨로 빽빽하게 기록된 책도 있었던 것 같습니다.

세 번째 숭덕대장경은 권수(卷首)의 3,4행에 간기(刊記)에 해당되는 장경제기를 기록하였는데, 그 년대에 따라 차이는 있으나 최초의 각인 시기는 원풍 3년(1080)이며 위종 순녕 2년(1103)에 완성된 것으로 되어 있습니다.

본문은 한 행이 17자로 된 경장이 모두 497함으로 되어 있고, 남송 일희 2년(1175)에 많이 늘어나 580함이 1140부 6108권으로 기록되어 있습니다.

그러나 대반야경 600권만은 권두에 간기가 없고 권안에 전체의 권수, 주지 혜공대사 충진(沖眞)과 청주(請主) 참지정사 원강(元絳)의 이름이 새겨져 있는 것으로 보아 상식을 벗어난 경우도 없지 아니했다는 것을 알 수가 있습니다.

네 번째 비로대장경은 송나라 휘종 선화 2년(1122)에 시작하여 소흥 21년(1151)에 완성된 것으로 모두 596함 1451부 6132권으로 개원사 주지 본명(本明)이 각인을 주관하고 채준신, 갈기연, 장주, 임소, 진방, 작원추, 조권여 등 25인이 참여하여 자료를 수집하고 출판비용을 초달하였다고 기록하고 있습니다.

판식은 30행 17자며 권수의 제기나 권안의 제호 아래 천자문 및 그 절청장정 등은 모두 중선사 등각원본과 동일하나 판면이 조금씩 작을 뿐입니다.

이 대장경은 남송말 함순 4년(1218)에 주지 문적(文迪)이 판본을 보각하였으며 연대는 원나라의 대덕 년간까지 계속하였습니다.

다섯 번째 사계대장경은 남송 호주 대장경과 안길주의 복선 대장경 두 가지가 있는데, 호주본은 일국 광찬사 왕영종 등이 발원하고 승려 정범, 회친 등이 권하여 길주 원각사에서 각인하였으며 북송 말기 시작하여 남송 소흥 2년에 완성하였는데 총 1459부 5940권이 되었습니다.

사계장의 특징은 경론의 앞뒤에 모두 기록이 없다는 것이고 다만 전장의 한두 곳에 2연 크기의 소흥 2년 4월 각장의 소기와 부주가 있는 것으로 보아 왕씨 일족이 가재를 희사하여 만든 것을 알 수 있습니다.

또 경론은 말미에 모두 자유석이 들어있는 것으로 보아 동선원판과는 다소 다른 점이 있다 하겠습니다.

안길주본은 원각선원에서 새로 만들어진 신조대장경 목록 2권과 자복사에서 만들어진 목록 2권이 있어 서로 다른 것 같이 느껴지지만 실상은 선후의 차이가 있을 뿐입니다.

법보 자복사의 대장경은 대반야경으로부터 548함에 해당되는 경전은 원각선원에서 만들고 뒤의 24부 4백 50함은 법보원에서 축조 보각한 것으로 이해되고 있습니다.

여섯 번째 적사대장경은 적사 연성사 조안국 스님들이 각인을 주관하여 원 대덕 10년(1306)에 완성한 것입니다. 591함 1532부 6362권으로 구성되어 있습니다.

또 소정 5년(1232)에 조안국 일족이 주관하여 널리 강절 각지까지 권선을 권하여 만든 것으로 보면 600부 대반야경과 30권 마하반야경에 대한 신앙이 지극하였던 것으로 생각됩니다.

대보적경(大寶積經)의 소정 4년(1231) 7월 기록으로 보아 대강 이 무렵에 조조작업이 최초로 시작된 것이 아닌가 생각됩니다.

일곱 번째 보령대장경은 원장(元藏)입니다. 남송 말 덕우 2년(1296) 오흥사계의 법보 자복사 전당이 원병에 의하여 소실되자 그 다음 해 원나라 지원 14년(1277) 원조의 군정통치하에 임안에서 대명경사가 여러 지역의 선교양승의 선지식들을 모아 자문하고 대장경 재조계획을 세웠습니다.

이 사업의 완성을 위해 고산 도안스님 문도들과 백운의 종도들이 협조를 요청하여 허락을 얻었습니다. 이후 도안, 여일,

여거, 여현 등이 모여 사계, 복극 대장경을 대조, 교감하여 원세조 지원 14년(1277)에 시작 지원 27년(1290)에 완료하게 되었습니다.

판식, 권말의 유석, 장정, 목록 등은 사계장의 장점을 채용하고, 복주의 것도 참고하여 완성하였습니다. 판식은 매 판엽 6행 17자이며 새김이 매우 정교하였습니다. 판식은 송본에 비하면 작고 표지는 당책을 사용하였으며 전장은 모두 558함 1437권이었습니다.

여덟 번째 조성(趙城)에서 만들어진 금장(金藏)은 개보칙판대장경과 거란대장경을 바탕으로 금대(여진) 보간에서 만들어진 대장경입니다. 1149년 노주 장고자현 법진이 시작하여 1173년까지 30년 동안 산서, 섬서에서 168,103판 6980권을 간행하였습니다.

아홉 번째 영락 남장은 명대에 제작된 관판대장경으로 명 성조가 돌아가신 어머니를 위해 만들었는데, 이미 소실된 홍무 남장(洪武南藏)을 저본(底本)으로 만든 것입니다. 총 636함 1610부 6331권으로 경판만도 57,160매가 됩니다.

열 번째 건륭대장경은 청나라 때 만든 관판대장경으로 용장 혹은 청장이라고도 부릅니다. 청 황실의 인물들이 주도하여 초 724함 1,669부 7,168권인데, 정장 485함에 속징 239함이 보태진 것입니다. 중국 대장경 가운데 유일하게 경판이 남아있습니다.

이렇게 중국 대장경은 기원전 2, 3세기까지 완성된 인도의 팔리어 대장경과 산스크리트 대장경을 바탕으로,

 931~983년   개보칙판대장경을 완성하고
 1031~1054년 거란대장경
 1080~1103년 숭녕장
 1122~1151년 비로장
 1132년경   사계장
 1149~1173년 조성금장
 1232년경   적사장
 1277~1290년 보령장
 1277~1294년 홍법장
 1412~1417년 영락남장
 1410~1440년 영락북장
 1735~1738년 건륭대장경이 만들어졌으며

한국의 초조대장경(1011~1029, 1087) 재조대장경(1236~1251)의 자료를 제공하였습니다.

참으로 고마우신 분들입니다.

제 26 강

티베트 대장경

　티베트는 중국 서남지역에 있는 서장지역을 말합니다. 인도, 네팔, 부탄 등과 국경을 접하여 세계 최대 최고의 고원에 위치하며, 표고 4000m가 넘는 고원으로 형성되어 있습니다.
　파미르고원과 습곡산맥을 의지하고 있는 히말라야는 전장 2400m, 평균 표고 6000m를 넘는 에베레스트 봉을 중심으로 7000m급 봉우리만도 40개를 헤아립니다.
　인구는 약 200만, 약간의 한족과 회족, 몽골족이 섞여 있을 뿐 티베트족이 중심입니다.

　주식은 라이보리를 빻아 버터차하고 반죽하여 먹습니다. 약간의 유목민을 제외하고는 반농방목의 정착생활로 기후가 한냉건조하기 때문에 조생종 라이보리, 밀, 원두콩 등이 재배되며, 양과 야크를 사육하여 가죽, 털, 그리고 내장 등을 귀하게 쓰고 있습니다.
　한나라 때는 산시(陜西), 간수, 수완쪽에 주로 살았으며 저(氐), 강(羌)이라 불리우는 유목민들은 중국 서부 일대에서 살았습니다.

7세기 초 티베트족을 중심으로 토번(吐蕃)이 일어나 감포왕이 전 티베트족을 통일하고 당 태종의 문선공주가 감포왕에게 시집가서 주조, 제지 등 중국 문물이 성하게 되었습니다.

그러나 842년 다르마왕이 죽은 뒤 봉건제후들이 창궐하여 400년 동안 혼란을 거듭하였는데, 1253년 원나라 몬케임금님이 티베트 전역을 정복하고 선위사를 두어 다스렸습니다.

세조 쿠빌라이가 라마교의 고승 파스파를 중용, 황제의 스승으로 제정일치를 시작하였는데, 명, 청 시대 중국의 종주권 아래 라마교의 지배자가 정치적 지배권을 가지게 되어 청조 때는 달라이 라마란 칭호를 사용하게 되었습니다.

건융황제가 달라이 라마 권력기관으로 지방정부를 수립하였으나 쿠루카족이 침략하여 이를 물리치고 나니 18세기 영국이 침범하여 신해혁명으로 중국에게 종주권을 빼앗기게 되었습니다.

중국은 1950년 티베트 자치권을 인정하는 평화협정을 맺었으나 59년 대규모 반란으로 달라이 라마가 인도로 망명하고 61~62년 대기근으로 민중봉기가 일어나자 65년 중공정부는 티베트자치구를 만들어 운영하고 있습니다.

티베트불교는 서기 6-7세기에 인도로부터 들어왔으나 토속적인 샤머니즘 본교(本敎)와 겹치면서 한때 쇠퇴하기도 하였으나 11세기 다시 밀교로부터 일어나 15세기 종까파가 나옴으로써 대대로 달라이 라마가 나와 정치와 종교를 함께 실천하였습니다.

티베트불교를 라마교라고도 하는데, 이것은 일본사람들이 티베트식으로 본교 또는 불승이라고 부르게 되면서 유행한 이름이기 때문에 티베트 사람들 자체는 좋아하지 않습니다. 만주, 몽골, 서금, 부탄, 네팔에서도 마찬가지입니다. 주로 이것은 북인도 명승 연화상좌를 부른 이름에서 유래된 것입니다.

이 스님은 인도 나란타사에서 티베트왕의 초청으로 747년 티베트에 들어가 전통적인 본교 신도들을 불교의 불, 보살, 신장으로 흡수하여 삼야사를 짓고 선혜대사를 초대 주지로 모셔 라마승단을 조직, 범·한 경전을 번역하기 시작하였습니다.
 그러나 100년뒤 담달마왕이 절을 파괴하고 스님들을 죽이고 경전을 불살라 한때 쇠퇴하기도 하였지만 1038년 동인도 명승 아통초가 와서 종문을 새롭게 하고 계율 불교로서 부흥하였습니다.

13세기 후반에 이르러서는 몽골왕 홀필열의 보호를 받고 몽골 대제국의 국교가 되기도 하였습니다.
 15세기 종객파가 대개혁을 시행하여 황모파로 개혁하고 전통적인 본교를 홍모파로 이름하였습니다.
 달라이 라마란 바다와 같이 큰 지혜를 가진 선생님이란 뜻인데, 반첸 라마에 국한하여 쓰던 것이 일반대중화 되면서 3보의 한 이름으로 큰 숭배의 대상이 되었습니다.

인도 경전은 원래 언어 이전의 언어를 사용하여 원음으로 읽기 때문에 다른 말로 풀이를 한다든지 문자로 엮으면 진리의 참뜻을 어기게 되어 있습니다.

따라서 현교에서는 경·율·론 3장은 엄밀히 구분하지만 밀교에서는 입으로 외우고, 몸으로 행하고, 뜻으로 증하기 때문에 따로 구분하지 않습니다.

그러나 대비로자나성불신변가지경을 중심으로 문수사리발보리심논에 이르기까지 203경 73권이 인도, 중국, 한국, 일본, 티베트에 흩어진 것들을 합하면 대장경에 수록된 것만 1천 여 종 2,000여권이 넘으므로 모두 합하면 밀교경전이 3천여 종에 달합니다.

그 가운데서도 우리에게 가장 널리 알려진 경전이 대일경, 금강정경, 천수경, 능엄경, 능가경, 금광명경 등입니다. 내용은 주로 재앙을 소멸하고 복을 비는 것이 중심인데,

① 대일경은 가지성불경으로 부처님의 가지를 입고 성불하는 경전이고,
② 금강정경은 요가만다라로 3보를 증득하는 방법이고,
③ 금광명경은 법신, 반야, 해탈을 낱낱이 설하고,
④ 천수경은 손을 잘써 잘사는 방법을 가르치고,
⑤ 능엄경은 항마성도의 내용이 중심입니다.

이들 모든 경전은 티베트에서는 두 가지 광주리에 포장하고 있습니다.
하나는 칸규르(甘珠累)이고, 다른 하나는 텐규르(丹珠累)입니다. 칸규르는 부처님 말씀으로 경장과 율장이 중심이고, 텐규르는 스님들 말씀으로 논부가 중심입니다.

그런데 이러한 경전을 시대에 따라 지역에 따라 목판본을 만들어 주위에 널리 보급하였으니,

1932년에는 나르당판이 나와 유명하였고,

1933년에는 델게판이 나왔으며,

1973년에는 쪼네판, 라싸판, 리탕판이 나왔는데

명대에는 영락판과

청대에는 건륭판 등이 있습니다.

이를 총칭하여 티베트 대장경, 또는 서장 대장경이라 부릅니다.

티베트 사람들은 위와 같이 험준한 산악지대에서 농목을 중심으로 살면서 불법을 중심으로 해서 재해를 물리쳐 왔는데 그렇기 때문에 그들의 신앙은 바로 육체의 의식주처럼 정신일도경에 이르고, 그를 몸소 실천할 때는 죽음을 초월한 신앙이 한냉속에서 이루어져 왔기 때문에 어느 다른 나라의 신행보다도 견고하고 투철합니다.

현재 그 일부가 인도에 피난해 있으면서도 불법을 철저히 닦고 실천하여 세계포교를 제패하고 있습니다. 돈을 벌어도 3보를 위해서 쓰고, 나라를 구해도 3보를 배경으로 하고 있기 때문에 그들의 신앙은 모든 공덕의 본이 되고 있습니다.

어렵게 어렵게 피난생활을 하면서도 불교를 적극적으로 펴고 있는 티베드 불자들을 도와야 할 것입니다.

제 27 강
한·일 대장경과 기타 대장경

한국대장경의 시초는 북송 태조가 971년에 판각한 개보장을 고려에 보내옴으로서 시작되었습니다. 또 거란이 1010년 개경에 침입하여 현종이 피난길에 오르면서 1011년 청주 행궁에서 연등회를 개최하고 대장경 판각을 발원하였습니다.

이에 개보장을 바탕으로 현종 2년(1011) 대장경을 판각하기 시작하여 1029년 1차본이 완성되었습니다. 그 후 요나라에서 1031~1054년에 완성된 거란본을 도입하여 개보장과 대조해 가면서 누락된 부분과 오류된 글자를 교정하여 1087년에 완성한 것이 초조대장경입니다.

처음에는 개성 홍왕사에 보존하였다가 대구 팔공산 부인사로 옮겨 보관하던 중 1232년(고종 19) 살리타가 이끄는 몽골군에 의하여 소실되었습니다.

현재 남아있는 초조대장경은 국내 400여권, 일본 남상사에 1800여권, 대마도에 600권 뿐입니다.

이규보가 찬한 대장경기고문에 보면,
첫째는 문화국민으로서 긍지를 살리고자 하였고,
둘째는 불력으로 나라를 지키기 위해서였다고 했습니다.

그 가운데서도 교장총록은 의천대각국사가 편찬한(1059~1101) 불교장소록인데 한국뿐 아니라 중국, 일본, 인도의 장소를 종합적으로 총정리 한 것입니다.
상권은 경소 561부 2586권,
중권은 율소로 142부 467권이며,
하본은 논소로서 307부 1687권이니
총 1010부 4740권입니다.

이것은 의천이 입송직전부터 혜덕왕사 등이 추진한 것입니다. 의천은 흥왕사에서 교감도감을 두고 혜덕은 금산사에서 판각시설을 갖추어 선종 증위년 1083년부터 숙종 2년 (1097)까지 32부 353권을 간행하였습니다.

교장의 대부분은 수, 당 시대의 학승들의 것이며 신라, 고려 학승들의 것을 최초로 정리하였습니다.
경부는 모두 대승불교 장소만 기록되어 있으며, 율부는 대, 소승 율부가 섞여 있고, 논부는 대, 소승, 삼론, 법상, 천태, 화엄의 논소가 집중적으로 정리되어 있습니다. 그 외에도 목록, 음의, 승사, 전기류기 중심입니다.

고려시대 건초부터 거란족과 여진족의 외침에 이어 고종 때는 몽골국의 침략이 끊임없이 이루어졌습니다. 해인 19년

(1232) 강화로 피난가 초조대장경이 불타자 현종이 호국의 목적으로 재조대장경을 제조하였는데 법상종과 화엄 계통에서 크게 협조하였습다.

사실 초조대장경 제조시 거란군이 저절로 물러간 것을 거울 삼아 재조대장경을 만드니 그 이름이 진병대장경이었습니다. 이것이 해인사 8만대장경입니다.

고려때는 목판으로 새긴 대장경 이외도 실담자를 중심으로 130여권의 밀교대장경이 만들어져 조선 초기까지 왕실을 중심으로 보존되어 왔습니다.

그 외에도 왕실에서 발원한 은자, 금자 대장경이 사경되었으며, 그 체제는 1행 14자의 형식을 본받았습니다.

일본대장경은 초기에는 필사본으로 전해졌으나 한, 중의 영향으로 에도시대에는 종존판(宗存版), 천해판(天海版), 황벽판(黃蘗版) 등으로 전개되었으며, 17세기 이후 천태 종존에 의해서 두 종류의 목청자본이 고려대장경을 모방하여 만들어지게 되었습니다.

철안의 황백판이 중국의 만력판을 배경으로 조각되고 천해판 또한 완성되었으나 19~20세기 이후에는 축제장경본, 1단 자장경자본이 고려판을 바탕으로 대정신수대장경이 이루어졌습니다.

이 중 속만자본은 만자장경을 중심으로 보완한 것인데 총 10문으로 구성되었습니다. 거기에는 인도찬술 1660부 6957권이 수록되어 있습니다.

고려 목판대장경에는 실담문자를 중심으로 한 밀교대장경도 130권이나 수록되어 있는데, 특히 왕실에서 금자로 사경한 것이 많습니다.

1732년에는 나르탕판, 1733년에는 델개판, 1773년에는 쪼네판, 1773년에는 자싸판, 1733년에는 리탕판이 나왔으나 명대에 제작한 영락본, 청대에 제작된 강희판 등이 중심이었습니다.

티베트 대장경은 칸규르(甘珠累), 텐규르(丹珠累)로 나누는데, 칸규르는 불어판(佛語版)으로 경과 율이 중심이고, 텐규르는 논소부로 논장에 해당합니다.

일본사람들은 빨리어로 기록된 불교원전을 남전대장경이라 하여 일본말로 다시 번역하였는데 그 양이 65권 70책입니다.

이 외에도 몽골어로 기록된 몽골대장경이 있으나 거의 다 소실되고 존재하지 않으며, 몽골사람들이 손수 쓴 사경본이 여기저기 유행하고 있습니다.

대장경은 이와 같이 중국, 티베트, 한국, 일본 등 여러 나라 말로 번역되었으나 최근 들어서는 영국 옥스퍼드 대학 팔리어 연구소가 만들어져 영어로 번역된 남전대장경이 세계각국에 유포되고 있으며, 독일어본, 프랑스본 등 여러 대장경이 나타나 세계문화사에 많은 영향을 끼치고 있습니다.

제 28 강

중단불교(中壇佛敎)

 인도에서는 오직 3보를 통한 불교신앙이 이루어졌는데, 중국, 한국에 들어오면서는 중단, 하단의 불교가 싹이 트게 되었습니다. 이것은 티베트의 민속신앙에서부터 시작된 것인데, 중국에 들어와서는 산신, 칠성, 용왕, 조왕은 말할 것도 없지만 비가 많이 오거나 가뭄이 들면 우사, 풍백까지도 따로 모셔 제사를 지냈습니다.

(1) 양재불교와 산신, 조왕

 옛날 베살리성에서 전염병이 유행하여 농작물이 모두 말라 버리고 사람들은 병들어 죽고 해서 절망과 슬픔에 젖어 있을 때에 부처님은 보배경을 읽도록 하여 사람과 귀신의 마음을 항복받은 바 있습니다.

'빠니다-나도-빠타-야….'
하고 말입니다.

그런데 이 말은 중국이나 티베트 사람들처럼 무서운 귀신이나 이름 있는 신의 이름을 불러 칭호하는 것이 아니라 스스로 바라밀다를 생각하게 하면서 깨달음을 얻게 하였습니다.

말하자면 일본에서는 애들이 울면 "이비야" 하여 울음을 그치게 하고, 한국에서는 "곶감" 또는 "호랑이 온다" 하여 울음을 그치게 하는 것과 같습니다. 이제 그 내용을 간단히 살펴보면 다음과 같습니다.

부처님의 공덕 생각해 보면 아니 되는 것이 없고 모든 것이 다 이루어진다고 생각했기 때문입니다.

여래께서는 상·중·하 세 가지 바라밀을 말씀하셨으니
신이여, 사람이여,
① 세상의 평화를 위하여
② 혈족과 가족의 평화를 위하여
③ 깨달음의 성취를 위해서
④ 마지막 생에는 어머니의 뱃속에 수태되었다.
⑤ 그렇게 하여 마침내 부처님은 세상의 욕망에 물들지 않고
⑥ 온갖 고행을 겪어가면서
⑦ 보리수 아래서 성불하셨다.
⑧ 이렇게 얻은 일체지를 조금도 인색함이 없이 세상에 널리 다 폈으니
⑨ 우리도 이 정신을 본받아 베살리 성을 돌면서 이 경을 외우노라.
⑩ 신이여, 사람이여, 깨달음을 얻어라.

이렇게 하여

① 베살리성에 존재하는 모든 신들과
② 꼭꼭 잠겨졌던 사람들의 마음을 활짝 열었습니다.
③ 이렇게 해서 바로 베살리의 전염병, 악귀, 굶주림이 바로 사라졌으니,
④ 땅에 살던, 하늘에 있던, 허공에 있던 모든 존재들을 행복하게 하였습니다.
⑤ 그러니 다시 여기 모인 모든 존재들은 귀를 기울이고 밤낮 없이 헌공하는 사람들께 자비를 베풀고 방일하지 말고 그들을 보호해주시기 바랍니다.
⑥ 온 세상의 어떤 보물도 보배도 여래와 비교할 것은 없습니다.
⑦ 샤카족의 성자가 증득한 이욕, 멸진, 불사는 최고의 경지입니다.
⑧ 담마는 으뜸가는 보배, 이러한 진리로 그대들 행복하고
⑨ 죽지 못해 사는 중생들을 사랑해 주십시오.
⑩ 그러면 누구나 삼매를 얻어 평온할 것입니다.

① 여래를 칭찬하신 4쌍 8배의 성인들
② 모두 세상의 욕심을 여의고 출가하여 도과를 얻고 있습니다.
③ 수다원 · 사다함 · 아나함 · 아라한 - 풍부한 공덕을 지으신 성현들은 공양을 받을 만한 자격이 있습니다.
④ 확고한 마음으로 갈애에서 벗어나 불법의 굴레를 벗은 성인들
⑤ 죽음을 초월한 지복을 누리고 있사오니 귀의하십시오.
⑥ 땅속에 뿌리 박은 나무가 비가 때려도 흔들리지 않듯

⑦ 권속을 버리고 출가한 스님들은 오직 세상의 복락을 위해 수행하고 있습니다.
⑧ 부처님의 깊은 지혜로 깨달음을 얻으신 분들이 통찰된 지혜로 삿된 견해를 소멸했으니
⑨ 신이여, 병이여, 3악도에서 헤매지 말고
⑩ 3보에 귀의하여 깨달음을 얻으소서.

이렇게 서른 가지 3보의 공덕을 외우니,
하늘에서는 무량수, 무량광이 나타났고, 그의 좌우에 섰던 관음, 세지가 버드나무 가지로 물을 뿌려 세상을 시원하게 함으로써 3년 동안 질병과 한해로 시달리던 베살리성이 살아나게 되었던 것입니다. 그런데 티베트, 중국, 한국, 사람들은 물에서 나타난 재앙은 용왕님께 기도 드리고, 산에서 난 일은 산신님께 기도 드리며, 비바람 속에서 나타는 일들은 풍백, 우사에게 기도 드렸습니다.

산신에 대해서는
① 만덕고승 성개한적 산왕대신
② 차산국에 항주대성 산왕대신
③ 시방법계 지령지성 산왕대신
에게 예배드리고 기도하였고,

조왕에 대해서는
① 8만4천 조왕대신님
② 좌보처 담시역사
③ 우보처 취모조식께 예배합니다, 두 손을 싹싹 빌면서….

사실 이것도 그렇게 잘못된 것은 아닙니다. 사람이 사는 것도 산을 의지해 살고, 조왕을 의지해 살고 있기 때문입니다. 가정과 사회가 파탄이 나는 것은 집안 살림을 주관하는 조왕에게 달렸고, 나무 해주는 일꾼들과 밥 해주는 취모에게 달렸기 때문입니다.

만 가지 덕을 거룩하게 갖추고 있는 산왕대신과 자기 지방을 지키고 있는 산왕대신, 시방세계의 산왕대신들의 협조 여하에 달려 있기 때문입니다.

그런데 이것을 인도처럼 공덕으로 해석하지 않고 무조건 일반 신도들 앞에서 뭇꾸리하고 굿함으로써 아무런 뜻을 이해하지 못하고 있었던 것입니다. 뭇꾸리하고 굿을 하는 지도자는 그 뜻을 바로 알고 설명해 주고 이해를 시킨다면 사람들이 우상과 미신에 빠지지 아니할 것입니다.

같은 산도 큰 산이 있고 작은 산이 있습니다. 그러므로 산왕경이 이런 식으로 조직되어 있습니다.

대산소산상왕대신 대악소악산왕대신
대각소각산왕대신 대축소축산왕대신
미산재처산왕대신 이십육정산왕대신
외악명산신왕대신 사해피발산왕대신
명당토산산왕대신 금궤대덕산왕대신
청룡백호산왕대신 현무주작산왕대신
동서남북산왕대신 원산근산산왕대신
상방하방산왕대신 흉산길산산왕대신

큰 산에는 큰 사람이 있고, 작은 산에는 작은 사람이 있드시 대악소악이 각기 다르니 근기따라 대접하고 그 속에 살고 있는 사람들을 살려야 한다는 말입니다. 대산소산 산왕대신이고, 대악소악 산왕대신인 것입니다.

이태조가 무학스님의 이 말씀을 듣고 8도강산에서 강산재를 잘 지내고 인심을 얻어 임금노릇을 하게 되었다는 것은 역사가 증명하고 있습니다.

산에는 눈에 보이지 않는 산의 정기도 있지만 그 산을 받들고 지키는 산감이 있으니 이가 곧 신산인 것입니다.

한 감사가 절 부엌에 들어와 조왕단을 보고,
"이것이 무엇입니까?"
"조왕신입니다."
또 다른 절에 가서 물으니,
"여기도 조왕신입니다."
"웬 조왕신이 그렇게 많습니까?"
"집집마다 있으니 8만4천 조왕대신입니다."
"조왕신 비위 맞추기 참으로 어렵겠네요?"
"조왕님께 잘못 보이면 밥도 못 얻어 먹습니다."

하여 그때부터 밥 해주는 공양주, 나무 해주는 부목을 선비 이상으로 받들어 모셨다는 말이 있습니다.

가까이서 심부름만 하는 사람을 지나치게 하인으로만 생각하는 경우가 있는데, 말없는 하늘 땅을 심기듯이 시로 잘 섬기고 사랑하여야 복이 생깁니다.

제 29 강

총림불교(叢林佛敎)

 인도불교를 속칭 "화상·아사리" 불교라 합니다. 화상은 친교사이고, 아사리는 글과 행을 가르쳐 주는 교수입니다. 그러나 중국불교는 총림불교이기 때문에 대중 숫자도 많지만 각자 맡은 임무도 적지 않습니다.

① 장로는 총림의 주지이고,
② 수좌는 총림의 우두머리이며,
③ 전좌는 대중의 상좌로서 와구를 담당한 사람,
④ 직세는 건물 관리인,
⑤ 고두는 돈, 쌀, 곡식을 담당하는 사람,
⑥ 장주는 도서관장,
⑦ 요주는 요사를 지키는 사람,
⑧ 당주는 환자를 보살피는 간호원,
⑨ 탄두는 연료담당자,
⑩ 화주는 불을 담당한 사람,
⑪ 노두는 거리에서 중생을 교화하여 절 비용을 구해오는 사람,
⑫ 마두는 방아지기,

⑬ 원주는 과일 채소를 담당한 사람,
⑭ 장주는 농사짓는 사람,
⑮ 시자는 심부름하는 사람,
⑯ 시주는 의·식·주의 보급을 담당하는 사람,

이렇게 여러 가지 직책이 있어 각기 맡은 바 임무에 충실하여야 합원대중이 똑같이 뜻을 맞추어서 평화스럽게 공부하고 각기 자기 임무에 충실할 수 있습니다.

세상 사람들은 나라의 풍흉과 미오를 논하고, 공상세무와 당파주장과 문장기예로 세상을 다스려 가지마는 불법을 믿는 사람은 부처님의 자비정신으로 국민들의 안녕과 평화를 위하여 노력하여야 할 것입니다.

옛날 화주, 시주자들은 전국 곳곳을 다니면서 신심 있는 불자들에게서 시주를 거두어 병들고 의지 없는 사람들을 구원하면서도 불도수행을 위해 헌신하는 스님들의 뒷바라지를 몸소 실천하였습니다.

대부분의 종파불교에서는 한두 가지 능을 가지고 사람들을 교화했으나 이분들은 무륜한 사람에게는 계를 가르치고, 책 좋아하는 사람에게는 경을 보시하며, 좌선하는 사람에게는 경지를 실명하고, 참신하는 사람에게는 깨달음의 경계를 설명하여 항상 부처님의 은혜에 감사하고 하심하도록 가르쳤습니다.
실제 이치에는 티끌 하나도 용납되지 않는 것이지만 불사문중에서는 한 가지도 버릴 수 없기 때문입니다.

세조대왕이 큰 죄를 짓고 밤마다 잠을 이루지 못하고 있을 때 신미스님은 손수 권선책자를 만들어 단종을 위해서 불사를 펴고 만 중생에게 참회의 길을 가르쳤습니다.

원각사를 지어 13층탑을 세우고 5대산 불사를 실천하여 선방을 만듦으로서 자신은 공부하지 못하더라도 공부하는 스님들을 도와 깨달음을 얻게 한 것이니 비록 300년이 지난 오늘에도 탑골공원 선방 및 적멸보궁에는 수행자, 여행자의 발길이 끊어지지 않고 있습니다.

인도에서는 각자 유행을 통해 자신의 수행을 점검해가고 있지만 중국불교는 총림불교로서 이렇게 갖가지 임무를 담당한 스님들이 4방8방에서 도와 후배들을 기르고 있기 때문에 2천년 불교역사 가운데서 중국불교처럼 조사가 많이 난 나라도 없습니다.

한국도 중국을 본받아 총림불교가 몇 군데서 이루어지고는 있지만 중국이나 일본불교에 비하면 아직도 멀었다고 생각됩니다.

첫째는 종파를 따지지 말고 사람을 받아 길러야 할 것이고,
둘째는 선배가 후배를 아끼고 사랑하며 공부할 수 있는 여건을 만들어주어야 합니다. 모처럼 발심하여 공부하러 왔다가도 이력을 묻고, 스승을 따지는 바람에 실망하고 떠나는 사람들이 많습니다.

그러므로 옛 사람이,

남을 위하고 나를 위하는 일
비록 작은 선은 되지만
다 알고보면
생가윤회의 빌미밖에 되지 않네.

진직 송풍 라월하(蘿月下)에 들어
조사의 무루선을 꿰뚫어야 하는데
나이 들어 갈팡질팡 생사를 헤메고 있으니
불도를 믿는 보람이 그 속에 있겠는가.

한탄했습니다.

비바람은 때없이 몰아쳐서 헐벗은 백성들을 괴롭게 하고 있습니다. 그러나 아는 사람은 비 올 때 비를 미리 피하고, 눈 올 때 눈을 피하여 하안거 동안거를 채비하고 있는데 오늘도 어리석은 사람은 동에 번쩍, 서에 번쩍 남의 절 구경만 다니고 있습니다.

옛사람들이 태풍이 오기 전에 풍백의 정체를 밝히고 장마철에 돌아다니지 않고 공부하는 방법을 가르친 것이 안거제도 아닙니까? 세속처자 권속 다 버리고 출가해서 도 닦는다 나선 사람이 독실히 암자 하나를 지키는 당지기가 되어 있으니 불쌍합니다. 생각한다면 땅 몇 평, 집 몇 채에 저당 잡힌 인생을 살아서야 되겠습니까. 중생을 교화하고 복지를 실천하여 세상을 복되게 한다는 말씀은 좋으나 출가사문의 면모가 이렇게 해도 좋은 것인지 한번 생각해 보아야 합니다.

불교신문, 교회신문, 3,4면이 온통 절 팔고 교회 파는 광고 뿐이니 어찌 아침, 저녁 부처님을 보고 예불드릴 수 있겠습니까. 혼자 사는 것 좋아하지 말고 총림의 일원으로서 불자의 한 사람으로서 부끄러움 없는 생활을 하셔야 할 것입니다.

한번 일을 저지르고 나면 후회하여도 소용이 없습니다. 애초에 머리 깎고 먹물 옷 입을 생각을 했다면 길을 잘못 들지 않도록 노력해야 할 것입니다.

세계 종교 가운데서 한국 종교처럼 망연자실한 종교가 없습니다. 그러고서도 어찌 나라가 잘못된다는 말을 할 수 있으며 백성들이 도탄에 빠져 방황하고 있다 말할 수 있겠습니까.

종교인은 명예와 돈에서 벗어나야 합니다. 개도 먹지 않는 중벼슬을 가지고 세상을 시끄럽게 한다면 진짜로 개도 웃을 일입니다. 깨닫고 깨달아야 할 일입니다.

내가 몇 년 전에 영국에 갔다가 한 국회의원의 말을 들었습니다.

"가난한 사람들을 위해서 복지사업을 한다, 무지한 사람들을 위해서 교육사업을 한다, 예수님의 사랑을 위해서 교회를 짓는다 하여 돈 빌려 주었는데, 가서 보니 집장사, 사람장사, 학교 장사를 하고 있는 것 같았습니다."

한 사회가 달라지려면 종교인부터 달라져야 한다고 하였습니다. 깊이 생각해 볼 일입니다.

제 30 강

중국의 거사불교

거사하면 인도에서는 유마거사를 치고, 중국에서는 노방거사, 한국에서는 부설거사를 칩니다.

인도의 유마거사는 몸의 병을 핑계하여 문병오는 사람들에게 몸의 병과 마음의 병을 설명하여 본래 우리의 불성에는 병이 없다는 도리를 설명합니다.

그리고 중국의 노방거사는 고시시험 치러 가다가 선불장(選佛場)에 대한 이야기를 듣고 시방이 함께 급제하는 도리를 깨달아 가정불교를 원만히 하는 선지식이 됩니다.

또한 한국의 부설거사는 출가사문으로 있다가 벙어리가 말이 터져 함께 살기를 희망하므로 "인연 없는 사람도 제도하는데 인연 있는 사람을 몰라라 하면 되겠느냐?" 하며 결혼하여 두 자식을 낳고 농사를 지으면서 생활불교를 실천한 모범적인 불자입니다.

중국에는 실로 많은 거사들이 있습니다. 그러나 오늘 이 시간에는 노방거사부터 말씀드리겠습니다.

노방거사는 성이 온(溫)이고, 이름은 도현입니다. 중국 형주 출신으로 시험치러 가다가 스님들이 선불장 이야기 하는 것을 듣고 물었습니다.
"스님들 말씀을 들으니 스님들은 스스로 문제를 내서 스스로 답한다 하시는데 사실입니까?"
"세상사람들은 남이 낸 시험문제를 가지고 시험 친 뒤 남이 채점한 것을 가지고 급제한다 하는데, 불교에서는 스스로 문제를 낸 가운데서 스스로 시험치고 스스로 합격합니다."

이 말을 듣고,
"어떻게 합격합니까?"
"마음이 곧 빈 줄 알면 즉시 급제합니다."
하였습니다. 이에 국선을 포기하고 친구와 함께 돌아와 말했습니다.
"우리 둘이 다 출가하여 도를 닦세."
"자네는 처자권속에 있으니 권속과 함께 공부하고, 나는 아직 장가들지 아니 했으니 홀로 출가하겠네."
하여 두 사람이 각각 헤어졌습니다.

뒤에 마조스님께 가서 물었습니다.
"온갖 것으로 더불어 짝하지 않는 것이 있습니까?"
"네가 서강의 물을 한 입에 다 마셔버리고 오면 가르쳐 주리라."

거사는 이 말에 깨달음을 얻고 집으로 돌아와 가족들과 함께 화로에 둘러 앉아 고구마를 먹으며 말했습니다.

"어렵고 어렵다."

"무엇이 그렇게 어렵습니까?"

"불도를 공부하기가 오동나무에 올라가 동백기름 서 말 짜기보다도 더 어렵다."

부인이 말했습니다.

"쉽고 쉽데!"

"무엇이 그리 쉬운가?"

"불도를 이루기가 세수하다 코 만지기 보다 더 쉽데."

하니 딸 영조가 있다가

"쉽지도 않고 어렵지도 않습니다."

"어떻게 쉽지도 않고 어렵지도 않더냐?"

"쉽기로 말하면 세수하다가 코 만지기보다 쉽구요, 어렵기로 말하면 잠자다가 코 만지기보다 어렵습니다."

"허허, 내 딸이 구렁이로구나."

그때부터 부인은 산 너머 빨래터에 가서 동네 부인들을 가르치고, 아들은 화전민들께 가서 산전을 팠습니다. 그리고 딸은 아버지 시중을 들면서 아버지가 하시는 행동을 유심히 보았습니다.

아버지는 친구가 오면 담배 한 대로 둘이 피웠는데, 한 사람이 대통에 담배를 꼭꼭 눌러 피우려 하면 다른 한 사람은 그의 무릎에 누워 담배통에 불을 붙였습니다. 한 사람이 쪽 빨아 누워있는 사람 코 앞에 대면 누워있는 사람은 그것을 빨아 뱃속 깊이 넣었다 뱉았습니다.

"참으로 맛있구먼."
"참으로 맛있네."
그러면 아이는 차를 달여 두 분께 드렸습니다.

그런데 하루는 포단 위에 홀로 앉았다가
"애야, 밖에 나가 일식하는가 보아라."
"예."
한참 있다 와서,
"오늘은 일식은 하지 않는데요."
"그럴 리가 없는데."
하고 밖으로 나가자 아이가 아버지 자리에 앉아 그만 열반에 들어버렸습니다. 아버지가 들어와서 말했습니다.
"참으로 영리한 아이로다."
하고 홀로 화장하여 단지에 넣어 아랫목에 놓아 두었습니다.

그런데 며칠 후 감사 친구가 와서 담배를 피우면서 물었습니다.
"아이가 보이지 않는데!"
"먼저 갔어."
하고 아랫목 단지를 가르켰습니다. 그래서 아랫목 단지를 내려다 보니 방금 자신과 담배를 피웠던 노방도 가버렸습니다.
"참 이상한 친구군. 가려면 간다고 말이나 하고 가지."
하고 화장하여 딸 단지와 함께 산 너머 부인에게 가지고 가서 주니,
"가려면 조용히 가지."
하고 받아 이고 산속으로 들어갔습니다. 화전민 촌에 이르러

밭을 파고 있는 아들에게 이르니,

"그래요."

하고 괭이를 땅에 찍으면서 그만 서서 가버렸습니다. 화전민과 함께 화장하여 머리에 이고 산봉우리를 올라갔는데, 아직도 소식이 없다고 합니다.

딸은 앉아서 가고, 아버지는 누워서 가고, 아들은 서서 가고, 어머니는 걸어서 갔습니다. 이것이 노방거사 가족이 생사에 자재한 내력입니다.

단하천연은 노방거사와 함께 마조 도일을 먼저 뵙고 다음에 석두 희천스님께 가서 3년 동안 참선하였습니다. 다시 마조에 이르러 법당에 들어가 성상의 목에 걸터앉아 있자 마조가 보고 "천연이로다" 하여 '단하천연'이라는 호가 생기게 되었습니다.

그후 천태산 화정봉에 이르러 3년 경산도흠을 만나고 다시 낙동 향산에 이르러 복우스님과 친구가 되었는데, 하루는 혜림사에 있는 불상을 쪼개 불 땔 때 사람들을 놀라게 하였습니다. 뒤에 단하산에서 300여 학도들과 함께 있을 때 여러 가지 도화를 남겼습니다.

어떤 스님이 찾아오자 물었습니다.

"어디서 왔는가?"

"산 밑에서 왔습니다."

"밥은 먹었는가?"

"먹었습니다."

"자네 같은 사람에게 밥을 주다니, 그 사람 눈이 있던가?"

"그가 장님이면 나도 장님입니다."

하루는 남양 혜충국사를 뵈러 가서 시자에게 물었습니다.
"스님 계신가?"
"계시기는 한데, 사람은 대하지 않습니다."
"너무나 깊고 멀구나…."
"부처의 눈길로도 엿보지 못합니다."
"용은 용의 새끼를 낳고 봉은 봉의 새끼를 낳는다더니 그 말이 꼭 맞구나."

국사가 낮잠에서 깨어나자 시자가 이 사실을 고하니 다짜고짜 방망이로 20방을 내리쳐 쫓아버렸습니다. 나중에 단하가 그 소식을 듣고,
"역시 국사는 국사로구나…."
하였습니다.

제 31 강

혜충국사와 숙종임금

단하 천연스님을 이야기하다 보니까 남양 혜충국사 생각이 납니다. 중국에서 혜충스님은 구양 혜충스님이 있고, 남양 혜충국사도 있으며, 우두 혜충스님도 있고, 고험 혜충스님도 있습니다. 절에는 이렇게 동명동호가 많으나 내 이름을 네가 쓴다 탓하지 않습니다.

여기서 말씀드리려 하는 분은 남양 혜충국사입니다. 절강성 소흥부 출신으로 6조문하에서 수학하고 호남성, 광동성, 절강성 일대를 돌아다니면서 남양 백애산 당자곡으로 들어가 40년간 산문을 내려오지 않았습니다.

하루는 탁발을 갔다가 한 짐 잔뜩 짊어지고 오는데 산적들이 빙 둘러 섰습니다.

"중은 욕심이 없는데 웬 먹을 것을 그리 많이 짊어지고 오느냐?"

아무 말 없이 다 내어 주었더니 주장이 큰 소리로 명령했습니다.

"옷을 벗어…."

하는 수 없이 옷을 벗어 놓으니, 다시 명령했습니다.
"저 풀밭에 누워라."
누우니 또 물었습니다.
"계를 받았어, 안 받았어?"
"받았습니다."
"첫 번째 계율이 무엇인가?"
"불살생입니다."
"알기는 잘 알고 있구나…."
두 다리와 두 팔을 풀에다 꼭꼭 묶어 놓고 말했습니다.
"가만 있으면 여덟 놈이 살 것이고, 일어나면 한 놈만 죽을 것이다. 알았지!"
하고는 도적들은 모두 싹 쓸어가지고 가버렸습니다.
"언제가는 한번은 죽게 되어 있는데, 조용히 이 산속에서 이렇게 가는 것이 좋겠다."
하고 삼매에 들었습니다. 얼마쯤 있으니 어떤 놈이 와 소리쳤습니다.
"게 누구냐?"
"사람입니다."
"웬 놈이 대낮에 발가벗고 누워 있느냐?"
"일어나면 여덟 놈이 죽을 것이고, 가만히 있으면 한 놈만 죽을 것입니다."
종자가 가서 말했다.
"머리를 깎은 것을 보니 출가사문 같은데 옷을 벗고 하늘을 향해 누워있습니다."
황제가 내려가 보니 중이 틀림없었다.
"하늘이 부끄럽지 않는가?"

"누워 있으면 한 놈만 죽을 것입니다."

임금님께서 감복하였습니다.

"우리들은 세 때 먹고도 부족하여 이렇게 짐승을 잡으러 다니는데 그대는 이 땅에서 난 풀까지도 사랑하니 진실론 성인이로다."

하고 옷을 벗어 입혀주고 가마에 태워 궁중으로 모시고 와 당장 국사로 모시게 되었습니다.

이같은 도둑이야기는 중국에만 있는 것이 아닙니다. 신라때 영재스님도 대현령에 이르러 60명의 도적을 만나 죽이려 하자 노래 불렀습니다.

"제 마음의 형상도 모르고 지내다가
이제 멀리 세상을 떠나 숨어 살고자 가고 있는데
오직 그르친 파계승은 두려워한 모습으로 다시 돌아가노니
이 칼이야 지내고 나면 좋은 날이 새리라.
아, 요만한 선행으로 새 집 자본이 되겠는가!"

하자 도적들이 놀라 비단 두 필을 주었습니다.

"만물이 지옥의 근본이 된다는 것을 알고 깊은 산에 숨어 지내려 하는데 무슨 비단이 필요하겠는가!"

도적들이 감동하여 모두 그의 제자가 되었다고 합니다.

때마침 인도에서 대이삼장이 와서 신통력으로 사람들을 교

화한다 하니 한번 시험해 보라 하였습니다.
국사가 물었습니다.

"3장께서는 타심통은 얻었습니까?"
"신통치 못합니다."
"내 마음이 지금 어디에 가서 있는지 한번 알아맞춰 보십시오."
"화상이 한 나라의 스승이신데 어찌 서쪽 개울에 가서 뱃놀이 하는 것을 구경하고 계십니까?"

잠시 있다가 다시 물었습니다.

"지금은 어디 있습니까?"
"천지교에 가 계시군요!"
"남의 마음 따라다니면 원숭이 밖에 아니 됩니다."
하고 상을 주어 보냈습니다.

처음에는 천복사 서성원에 있다가 뒤에는 대중의 청으로 광택사에 머물 때 남악 혜사를 사모하여 무당산에 연창사를 짓고 담자곡에 향엄을 위해 장수사를 지은 뒤 두 절에 각각 장경 한 부질씩을 주워 후배양성에 도움이 되게 하였습니다.

하루는 한 스님이 와서 물었습니다.
"어떤 것이 본신 노사나입니까?"
"나에게 정병을 갖다다오!"

가지고 오니 다시 제자리에 갖다 놓으라 하였습니다. 이것이 저 유명한 '남양 정병의 화두'입니다.

숙종황제가 물었습니다.
"스님께서 돌아가시면 무엇을 해드릴까요?"
"무봉탑(無縫塔)을 세워 주십시오."
"그 모양을 어떻게 하면 좋겠습니까?"
"제자 탐원에게 물어보십시오."

그래서 뒤에 탐원에게 물으니,
"소상의 남쪽 담수의 북쪽입니다."
하여 그림자 없는 나무 밑에 한 배를 타고 유리세계에서 유유자적하고 있는 이치를 깨닫게 되었다고 합니다.

제 32 강

불인선사와 동파거사

　동파거사의 아버지 순(洵)은 사천 미산 출신입니다. 일찍이 경·사·자·집·백가의 도를 공부하고 과거에 응시하였으나 합격하지 못하고 사천관리 장방평의 추천으로 성도서원의 교수가 되었습니다.
　그 후 얼마 있다가 두 아들 동파(東坡)와 소철(蘇徹)을 그에게 인선케 하니 중앙의 문단 제1인자 구양수(毆陽修)를 소개하였습니다.
　아버지 노천(老泉)은 두 아들을 데리고 서울 변양성(汴梁城)에 이르러 둘이 다 과거에 급제하게 되었습니다. 소순의 진사시험은 형상충효지론(刑賞忠孝之論)이었습니다. 동파는 당요(唐堯)와 고요(皐陶)의 대화를 들었습니다.

　은나라 고요가 일을 맡아서 할 때는 사람을 죽이려 하면 은 임금님이 "용서하라"하고, 조명덕이 원소(袁紹)를 멸하고 소의 처를 아들 비(丕)에게 주고, 무왕이 주(紂)를 정벌하고 달기를 주공에게 주었는데, 이는 진실로 사람이 할 일이 아니었습니다.

요순이 백성을 사랑한 것은 앞과 같고, 걸주가 세상을 다스린 것은 뒤와 같습니다. 착한 일이 있어 상을 주고 칭찬하면 백성들이 즐거워하고, 악한 일이 있어 벌을 주어 이를 뉘우치게 한 것은 우·하·상·주의 풍습입니다.

그래서 전(傳)에 정해지지 않은 상을 주는 것은 은혜를 베푼 것이고, 정해지지 않은 벌을 행하지 않는 것은 공을 무겁에 한 것입니다. 그러므로 상은 인(仁)의 발로이고, 벌은 의(義)를 실천하는 것입니다.

이 글은 먼저 검열에서는 빠졌으나 판관보 매요신이 견주지답(遺珠之答)들을 검열하다가 제2등으로 추천 통과한 것인데 동파는 이에 힘을 얻어 그 다음 춘추전시에 나아가 1등을 하였습니다.

그런데 갑자기 어머니가 돌아가셔서 3년거상을 하기 위해 다시 3부자는 벼슬자리도 얻기 전에 사천으로 내려갔습니다. 그런데 그때 국무총리로 있던 왕안석이 "중류수 한 통만 떠다 달라" 부탁하였습니다.

동파는 어머니의 3년 거상을 마친 뒤 그의 아버지와 함께 배를 타고 초벽 거석 급류를 거치면서 시를 지었습니다.
한 사람이,

골짜기 들어서서 처음부터 길이 없고
잇닿은 산은 갑자기 감실되네
굽이굽이 얽힌 길 아득하게 거두고

가까이는 얕지만 점점 깊어 연못이 되네.

하면 다른 한 사람이,

지나가는 바람은 숨소리 같은
피어난 구름을 끝없이 토해내네
떨어지는 벼랑에는 막힌 소리 울어대고
드리운 가지는 푸르기만 하여라.

또 한 사람이,

차거운 비취색 암죽에 포개지고
외로운 생명은 석남에 깃들었네.
날고 있는 물보라 눈처럼 흩날리고
괴석은 수레처럼 놀라서 달려가네.

이 글은 남행집으로서 뒤에 세상에 널리 알려졌습니다.

그들은 서울에 도작하자마자 구양수의 추천으로 경도의 부무(部務)와 제책(制策)에 응시하여 교시랑의 직무로 송실(宋室)의 전기를 편찬하게 되었습니다.

그런데 열 살이나 손아래인 왕안석이 삼사탁지판관에 임명되어 임금님의 사랑을 받고 있었습니다. 세수도 하지 않고 머리도 빗지 않으며, 옷도 빨아 입지 않아 냄새가 퀴퀴한데도 임금님 옆에 앉아

① 천하의 두려운 것을 모르고

② 대중의 말을 따르지 않으며
③ 조종법을 사용하지 않아

3부족이란 별명을 갖고 있으나 임금님은 그를 좋아하였습니다. 하루는 수염에서 이가 오르내리자 임금님께서 하얗게 이를 내놓고 웃으시자,

"임금님의 이(齒)가 허옇게 들어날 정도로 가가대소를 하시니 너야말로 대상을 받을 물건이로다."

하고 이를 칭찬하자 모두가 한바탕 웃었습니다.

왕안석은 어려서부터 천재라 보통 사람들이 이해하지 못하는 일을 이해하고 있어 사람들을 깜짝깜짝 놀라게 하고 있었습니다.

고향에 갔다 올 때 장강의 물을 중류에 흐르는 것으로 한 동이만 떠다 달라고 부탁한 일이 있었기 때문에 가지고 왔는데, 시를 짓다가 안방에 들어간 사람이 한 식경이 되어도 나오지 않아 그 시를 바라보니

"가을 바람에 국화가 우수수 떨어졌다."

써놓았기로,

"이렇게 미련한 사람이 있나. 국화는 죽어도 꽃이 떨어지지 않는데."

하고 그 글을 지워버리고,

"국화는 죽어도 꽃잎이 떨어지지 않는다."

써놓고 시문집을 살짝 덮어 놓았습니다.

그런데 왕안석이 나오더니,

"멀리서 가져온 물이니 그 물로 차 한 잔 잡숫고 가세요."

하고 단지에 물을 붓고 차를 끓였습니다. 그런데 차를 끓이

던 안석이, 차 단지를 들여다보면서,

"아, 이 물은 중류수가 아닌데요."

하고 차 단지를 내려놓았습니다.

"그 무슨 말입니까, 그건 틀림없이 장강의 물입니다."

"그야 상류수나 중류수나 하류수가 모두 다 장강의 물인데 무슨 차별이 있겠습니까? 내가 중환이 좋지 않아 중류수로 이 차를 달여 먹으면 낫는다 하여 부탁한 것인데 중류수가 아닙니다."

"왜, 그럴 리가 없는데요."

"보시지요. 상류수라면 차가 위에서 뜨고, 중류수는 중간에서 도는데 하류수이기 때문에 밑바닥에 가라앉지 않습니까?"

하고 직접 단지를 들고 서서 보여주었습니다. 그때서야 동파는 고백하였습니다.

"아버지, 동생과 함께 3협을 지날 때 시를 짓다가 그만 부탁한 말씀을 하류에 이르러서야 깨닫게 되어 중류를 올가가 물을 떠가지고 가자 하니 사공이 핀잔을 하며, '상·중·하 물이 모두 장강수인데 올라간다 해서 뭐 별 물이 있겠습니까' 하여 한 항아리를 떠주어 그냥 가지고 온 것입니다."

"그래? 모르면 몰랐지 그런 변명은 필요치 않습니다."

하여 망신을 당하고 말았습니다. 그런데 안식이 자신의 시첩을 보고 동파의 무식을 발견, 당장 직장을 좌천해 버렸습니다.

"이런 무식한 놈은 직접 현장에 가 보아야 알 일이다."

하고 강남으로 발령하였습니다. 하는 수 없이 동파는 강남으로 내려갔는데, 가을이 되어 국화가 만발하였기로 구경을 갔더니 탐스러운 국화가 가을 바람에 우수수 쏟아졌습니다.

"아, 보지 않고는 알 수 없는 것이로다."

하고 자탄하였습니다.

　소주와 항주에는 사찰이 360개가 넘어 곳곳이 절이요, 암자나 절에는 이름난 스님들도 많았습니다. 스님들이 장을 보러 오지 않으면 시장이 제대로 서지 못했습니다. 소동파가 말했습니다.

　"도 닦는 스님들이 장에 와서 왁자지껄 떠들고 마시고 논다면 불교가 제대로 되겠느냐. 오늘부터 항주, 소주에 함부로 돌아다니는 장꾼들은 가만두지 않을 것이다."

　하고 벽보를 붙였습니다. 글을 본 스님들이 일체 출입을 하지 않으니 시장 상인들이 도통 장사가 되지 않아 살 수가 없었습니다. 특히 계율이 엄한 대통선사는 더욱 그 몸가짐을 단속하고 있었으나 호악사 불인선사는 명시 한 수로 금족령을 풀었습니다.

　수문장이 스님 오시는 것을 보고 사립문을 여니,
　"중은 중문으로 드나든다 하여라."
　하며 중문을 열고 들어가니 동파가
　"스님은 문장이 풍부한데 어찌하여 벼슬하여 부모님께 효도하지 않습니까?"
　"황가에 구걸하는 것보다 민가에서 동냥해 먹는 것이 훨씬 자유롭기 때문입니다."
　"오늘부터 스님을 스승으로 모시겠습니다."
　넙죽 엎드려 절했다.

　하루는 옥천사에 말을 타고 일주문을 지나 법당 앞에 말을 세우고 큰 문으로 들어가 책상다리를 하고 담배를 피우니 사동이 보고 놀라 선지식 승호선사에게 아뢰었습니다.

"스님, 군수 영감님이 법당에 앉아 담배를 피우십니다."
"그래, 내 가서 배알하리라."
하고 가사 장삼을 입고 앞에 가서 큰 절을 하고 물었습니다.
"뉘십니까?"
"칭(秤)가요."
"내 만성받이 책을 다 보았어도 칭가는 못보았는데요."
"동서의 승속들을 저울질 하는 칭가도 모른단 말이요?"
막 말이 떨어지자마자 승호선사는 동파의 귀에 대고 크게 '악'하고 소리를 지르면서 말했습니다.
"이것이 몇 근이나 되는지 달아보시오."
동파는 그만 귀가 덜렁덜렁 떨어져 나가는 것 같아 마당에 세워둔 말을 거꾸로 타고 말을 몰았습니다.
얼마쯤 가다가 앞산에서 폭포수가 떨어지는 것을 보고 가슴이 확 열렸습니다.

계성이 편시광장설(溪聲便是廣長舌)인데
산색기비청정신(山色豈非淸淨身)

하고 밤새도록 그 소리를 듣다가

야래팔만사천게(夜來八萬四千偈)를
후일거사하여인(後日擧事何與人)이리오.

노래 불렀습니다.

흐르는 물이 부처님 법문이라면

푸른 산이 어찌 부처님 몸 아니겠는가.
밤새도록 들은 8만4천 법문을
뒷날 누구와 더불어 이야기하랴!

한 시입니다.

이렇게 시를 읊고 동서로 다니면서 좋은 일을 많이 하니 신세를 진 사람마다 술과 고기를 가져와 동파육(東坡肉)이 나올 정도로 유명해졌습니다.

하루는 배를 타고 강변을 유람하다 보니 언덕배기에서 베를 짜는 아가씨가 자신의 시를 노래하고 있었습니다. 그래서 배를 세워놓고 걸어가 물었습니다.

"그대는 그 노래를 어디서 배웠는가?"

"우리 부모님께서 동파선생의 시를 좋아하여 새로 지어 나오기만 하면 이렇게 노래로 만들어 부릅니다."

"몇 수나 외우고 있는가?"

"한 백여 편 됩니다."

"동파선생을 만나본 일이 있는가?"

"없습니다."

"그러면 그를 만나보고 싶은가?"

"예, 만날 수만 있다면 따라가 함께 모시고 살고 싶습니다."

"어, 내가 바로 동파네."

여인은 베를 찌다 말고 베틀에서 내려 엎드려 절하였습니다.

"내가 시를 짓기는 하지만 내 시를 50수도 외우지 못하고 있는데 자네가 100수를 외우고 있다니 고맙네. 내 배를 타고 가면서 그 소리를 한번 듣고 싶네."

그리하여 두 사람은 강남의 대호수를 유람하다가 그만 사랑에 빠지게 되었습니다.

그런데 호사다마라고 동파는 그 여인을 사귄지 석 달이 못되어 관가에 고발되어 북경으로 불려가 8개월 동안 징역을 살게 되었는데, 복역하고 교도소 문을 막 나서니 그의 큰 아들이 나와 맞이하는지라 물었습니다.
"그동안 어떻게 살았느냐?"
"강남에서 배를 탈 때 어떤 여인이 보따리 하나를 주어 가지고 와서 보니 비녀, 가락지 등 패물이 들어 있어 그것을 팔아 살았습니다."
"혼수를 싸서 너에게 준 것이로구나."
하고 강남으로 내려와 보니 그는 벌써 상사병으로 죽어 저 세상 사람이 되어 있었습니다. 그래서 동파는 관가의 일이 끝나기만 하면 배를 타고 그 여인과 놀았던 강을 유람하기도 하고 때로는 끼니를 잊은 채 그가 베 짜던 집 근처를 한없이 걸으며 참회의 눈물을 흘렸습니다.

하루는 길을 따라 한없이 걷다 보니 자정이 다 되어 어느 절 입구에 다달았는데, 90이 넘은 노스님이 탑돌이를 하고 있어 자신도 계속 따라 돌았습니다.
한 식경이 지난 후 뒤를 돌아보더니,
"누가 내 뒤를 따라 걷소? 차나 한 잔 마시고 탑돌이를 합시다."
하고 다방으로 내려와 차를 마셨습니다. 동파가 물었습니다.
"노스님께서는 이미 늙으셨는데 무슨 소망이 있어 이렇게 밤마다 탑돌이를 하십니까?"

"허허 이 사람, 미련도 하네. 장가를 두세 번 가고도 잠이 아니 와 산길을 걷는 사람도 있는데, 일생을 혼자 사는 중이 잠이 오겠오!"

하여 크게 뉘우치고 참회하는 방법을 묻자,

"조념관세음(朝念觀世音) 모년관세음(暮年觀世音)."

하고는 어디론가 사라져 버렸습니다. 동파는 그 길로 내려가 여동생 소소매와 함께 관음예문을 지어 죽을 때까지 독송하였습니다.

아석소조죄악업(我惜所造罪惡業)
개유무시탐진치(皆由無始貪瞋痴)
종신구의지소생(從身口意之所生)
일체아금개참회(一切我今皆懺悔)

예로부터 지은 죄업
탐 · 진 · 치로 말미암아
몸과 입과 뜻을 따라 지었으니
내가 이제 모두 다 참회합니다.

제 33 강
백낙천과 도림스님

　당송 8대가 가운데 이름난 사람도 많으나 백낙천을 빼놓으면 서러워 할 것입니다.

　월백설백천지백(月白雪白天地白)
　달도 희고, 눈도 희고, 천지가 온통 흰색이로다.

　3척동자도 다 아는 시입니다. 이태백은 이렇게 자연시를 잘 지었습니다. 백거이의 고향은 원래 태원입니다. 육대조 할아버지 건(建)이 한성으로 이주하고 증조부 온(溫)이 위남으로 이사 왔다가 조부 굉(鍠)이 하남 현령으로 퇴직한 뒤 형양의 경치를 좋아하여 정주로 옮겨와 낳은 것이 백거이입니다. 그 집안은 명문귀족은 아니었지만 대대로 학문을 하여 조부는 전중시어사가 되었다가 산초, 공헌의 현령을 역임하였고, 부친은 소산 현위, 송주 사참군, 팽성 현령을 지냈습니다.
　백거이가 태어날 무렵에는 집안의 형편이 상당이 어려웠던 것 같으나 6,7세에 무(無)자와 지(之)자를 알아볼 정도로 머리가 영리하였고, 5,6세에 시를 짓고 9세에 성운을 알아 15,16

세에 진사시험에 합격하였습니다.

  23세에 아버지를 잃은 거이는 매우 집안이 가난하였으나 진사에 합격하여 32세에 비서성교서랑이 되고, 35세에 원진과 함께 제책시험에 합격, 주진 현위가 되어 그 해 겨울 저 유명한 장한가를 지었습니다.

  장한가는 당 현종이 양귀비를 사랑하여 나라가 위급하게 되어 피난 가는데 도중에 양귀비를 잃고 한탄한 노래인데,
"한황무색사경국(漢皇無色思傾國)"으로부터 시작하여 "차한연연무절기(此限緣緣無絶期)"로 끝나는 시인데, 절절 사랑의 기쁨과 슬픔, 외로움과 괴로움을 환술과 같은 시정(詩情)으로 읊어 천하의 남녀들을 웃겼다 울렸다 한 시입니다.

  35세에 한림학사가 되어 황제를 가까이 모시면서 백성들의 한을 통해 탄핵과 간언을 아끼지 않았으나 신구관료들의 비판으로 강주 사마로 좌천되어 거기서 비파행을 지었습니다.
"심양강두야송객(尋陽江頭夜送客)"으로부터 시작하여 "강주사마청삼습(江州司馬靑衫習)"으로 끝나는 비파행은 한 맺힌 한 퇴기의 넋두리였으나 자신의 신세와 어쩌면 다른 것이 없음을 느끼고 한없이 울었습니다.

  그뒤 충주자사 싱시외랑 조신대부를 기쳐 소주지사 비서관이 되었다가 회창 2년 태자소임 청부상서를 끝으로 관직을 사퇴하고 불교에 몰두 여만스님과 함께 향산사와 향화사를 짓고 73세를 일기로 조용히 떠났습니다.

특히 백낙천이 항주 자사로 있다가 도림스님이 나무 위 새집에 앉아 공부하는 것을 보고 외쳤습니다.
"스님, 위험합니다. 어서 내려오세요."
"위험은 자네가 더 위험한데."
"무슨 말씀입니까. 저는 평지에 있는데 무엇이 위험합니까?"
"나는 떨어질래야 떨어질 것이 없지만 자네는 벼슬아치에서 떨어지면 한 가닥 퇴기가 되네."
"어떻게 살아야 합니까!"
"나쁜 짓 하지 말고 착하게 살게…."
"그런 법문은 3척동자도 알고 있습니다."
"3척동자도 알아도 80노인도 실천하기 어렵다네."
여기서 불법의 이치를 깨닫고 여만선사와 함께 도량장엄을 하게 됩니다.

지금도 그의 묘지는 향산사 근처에 써져 멀리 향산사 만불당을 바라보며 누워있습니다. 그의 마지막 시구를 들어보지요.

번뇌보리무애처(煩惱菩提無碍處)
생사거래무간섭(生死去來無干涉)
운중명월일자명(雲中明月日自明)
암하침침전망망(暗下沈沈前茫茫)

번뇌 보리 걸림 없는 곳에
생사거래 간섭없네.
구름 가운데 밝은 달이여, 해 또한 스스로 밝은데
어두운 길은 침침하여 앞길이 망망하네.

우리나라 사람으로도 백거이에 지지 않는 대문장가가 있었으나 백거이처럼 큰 불사는 이루지 못했습니다.

신라 때 최치원은 중국에 들어가 젊은 나이에 과거에 급제하여 지방장관이 되었습니다. 새로 부임한 동헌 근처에 묘지가 두 봉이 있어 비문을 놓고 보니 결혼도 못하고 죽은 처녀들인 것 같았습니다. 편지 한 장을 써서 묘지에 놓고 왔는데, 그날 밤 밖에서 기침소리가 났습니다. 나가보니 처녀 두 사람이 공손히 인사하였습니다.
"젊은 나이에 병들어 객지에서 죽으니 누구도 관심을 갖는 사람이 없었는데, 관원께서 문안해 주시니 백골난망입니다."
"들어오십시오."
하고 맞아들여 차 한 잔을 대접하였더니,
"저희는 소금장수의 딸로 볼품없는 인생이라 천대를 받고 살아 왔는데, 젊은 나이에 관원께서 관심을 가져주시니 진짜로 잊을 수 없습니다."
하고 가지고 온 술잔을 내놓고 권했습니다. 한 식경이 지내도록 이런저런 이야기를 나누고 나서,
"이제 그만 가서 자야 되지 않겠습니까?"
하니,
"젊은 나이에 한 맺힌 여인들이 어떻게 그냥 갈 수 있겠습니까? 하룻밤 자고 가기를 허락해 주신다면 정성껏 모시도록 하겠습니다."
"방이 하나 뿐인데 어떻게 두 사람이 한 데서 잘 수 있겠습니까?"
"임금님께서는 열 사람을 함께 거느리고 계시기도 한데 두

사람쯤이야 무슨 상관입니까?"
하여 하룻밤을 두 여인과 함께 즐겁게 지냈습니다.

그 뒤에도 종종 묘지에 나아가 문안을 드리곤 하였는데, 그곳 벼슬아치를 그만 두게 되자 차 나무 두 그루를 가져와 선물하면서,
"큰 나라에서 사시는 것이 좋은데 작은 나라로 가시려 합니까?"
하고 물었습니다.
"조국의 형편이 어려우니 고국에 가서 심부름이나 할까 생각합니다."
"가셔 봐야 큰 벼슬아치는 얻을 수 없을 것이니 지리산 남쪽에 이 차나무나 심고 말년에는 이것으로 친구를 삼으세요."
하였습니다.

과연 신라는 진골 성골을 가리는 나라라 박·석·김가가 아니면 벼슬을 주지 않았습니다. 그래서 말년에 차나무를 심어놓고 달솔사에 이르러 차향기 마시며 말년을 회향했다는 전설이 있습니다.
죽은 사람과 산 사람의 모습이야 같을 수 없지만 그의 마음은 둘이 아니므로 진정한 사랑은 귀신도 좋아합니다.

일념보관무량겁(一念普觀無量劫)
무거무래역무주(無去無來亦無住)
여시료지삼세사(如是了知三世事)
초제방편성십력(超諸方便成十力)

한 생각 놓아버리면
가고 오는데 걸림 없습니다.
이렇게 3세의 일을 알면
모든 방편을 초월해 10력을 갖춘 부처님이 될 수 있습니다.

백낙천의 장한가 속에 양귀비가 살아있듯
최치원의 관심 속에 외로운 혼이 해탈을 했습니다.

제 34 강

삼무일종(三武一宗)의 법난

삼무일종은
① 북위 무제가 태평진군 7년(446) 경·상(經·像) 등을 불사르고 스님들을 묻어 죽인 사건이고,
② 북주 무제가 건덕 3년(570) 도·불 2교를 폐지하고 절 4만여 개를 왕궁에 주고 도·승 4만여 명을 일꾼에 충당한 사건이며,
③ 당 무종의 회창 3년(834) 절 4만여 개를 헐고 승려 26만 명을 환속시킨 것을 말하고,
④ 후주 세조가 현덕 2년(955) 승니를 사사로히 득도시키는 것을 금하고 부모를 모실 사람이 없는 사람은 출가를 허락하지 않고 나라에서 내린 간판이 없는 사찰은 모두 폐지하고 동상, 경 등을 녹여 돈을 만든 사건입니다.

물론 거기에는 원인이 없는 것은 아니나, 1800년의 중국불교역사에 큰 횡액이 아닐 수 없습니다. 이제 순서적으로 원인을 규명해 보겠습니다.

세조는 본시 노장을 신봉하던 사람인데 무술이 뛰어났습니다. 한때는 불법을 신봉하였다 하나 불경을 읽지 않고 단지 인과응보만 믿고 있었습니다.

회개의 오나라가 행성에서 반란을 일으켜 관중이 소란하게 되자 황제가 서쪽을 정벌하고자 장안에 당도하여 어느 절에 들어가니 스님들이 관청에서 준 술을 쌓아 놓고 마시고 창고에는 활과 살이 가득하므로 성질 급한 황제가 그 내력을 물을 틈도 없이 도사 초호 구겸지의 말을 듣고 무차별 사격을 가하였고, 국사감 공종의 만류에도 불구하고,

"복희신농의 정신을 회복코자 오랑캐의 신들을 모두 부셔버리고자 하노니 어기는 자는 모두 땅에 묻으라."

선언하였습니다.

마침내 유사가 간직하고 있던 탱화와 법당, 경전은 모두 불태워지고 스님들은 노소남녀를 막론하고 모두 다 파묻었습니다. 그 해가 진군 7년 3월입니다.

집촌자가 변론했습니다.

"황제는 근본이 융마고을 출신으로 문화예술에 대한 지식이 거의 없었다. 오직 군사를 몰아 살육을 일삼았으니 사관들이 이 같은 일을 기록하는 것 자체가 부끄럽게 생각하였다."

진군 11년 역병이 발병하자 최호를 5형에 처했으나 이미 때는 늦었습니다. 황제는 이 일을 매우 후회하면서 불법을 다시 펴기 희망하였으나 일이 옛괴 같지 않았습니다. 13년 2월 황제가 숙환으로 죽으면서 아들 황(晃)까지 죽이고 손자를 옹립하였습니다.

최호의 부인은 금강경을 독송하는 불자였는데, 책을 빼앗아 불사르고 그 재를 뒷간에 버렸는데 장차 최호가 죽을 때 위사 10여 명이 성남으로 압송하여 그의 머리에 오줌을 싸 숨을 못 쉬게 되자 이것이 아내를 못살게 한 죄라고 고백하였습니다.

손자 문성제가 왕위에 올라 정법을 수호하니 갈라졌던 논이 다시 샘솟게 되었고 천하의 백성들이 태평가를 부르게 되었습니다. 그 후 고종이 보위에 올라 대대로 내려오면서 용문석굴을 경영하여 10만 부처님을 조성하니 천하에 제일가는 세계문화재가 되었습니다. 여기에 측천무후의 영향도 컸습니다.

주나라 무황제는 일찍이 뜻을 도가의 학술에 두고 유독 불문에 시기 질투했는데, 태조 후비의 셋째 아들입니다. 원래는 선비족이었는데, 원의 말엽 태조가 위나라를 장악하고 평원왕이 죽자 제4대 세자가 위나라를 선양받아 주나라를 세웠습니다.

그러나 그해 바로 동생에게 폐립되고 노국공을 황제로 삼았으나 사려가 깊지 못하였습니다. 대총재 우문화가 황제 도략을 보필하였으나 중대한 지략으로 다스리면서 내전으로 이끌어 살해하였습니다. 아울러 그의 왕자들 열 사람을 처리하고 조정 중신 여섯 명의 가문을 몰살시키니 집안 싸움이 온통 100년 가까이 갔습니다. 도사 장빈의 요사스러운 말을 듣고,

① 업의 운수가 확연치 못하여 시대 따라 달라지니 힘있는 놈이 왕이라는 것을 깊게 믿었고,
② 가르침이 속되고 거짓됨으로 끝끝내 실이 없었습니다.
③ 웅장한 사찰을 보고 궁전보다 위에 있구나 시기하였고
④ 스님네가 잡된 행위로 재물을 수탈한다 믿었고,

⑤ 출가사문이 국법을 지키지 않고 조정의 권위를 무시한다 하면서 불법을 끝까지 학살하였습니다.

송 세조 효무황제는 문제의 셋째 아들로 아버지에 반역하여 그의 권세를 토벌하고 친형 소(卲)를 참수하였으며, 아들 31명도 함께 처벌하였습니다.

2년째 되던 해 숙부 의전을 주살하고 왕승달 부자를 죽였습니다. 강(羌) 나라가 고사에서 반기를 들었는데, 사문 담표가 뒤에서 도왔다는 것을 핑계로 불법을 학살하였습니다.

계행이 청정치 못한 사람은 모두 절에서 쫓아내고 남아있는 사람은 모두 임금님께 예배하도록 하였습니다. 이에 반대하는 스님들은 대중 앞에서 칼로 배를 가르고 혹독히 가죽을 벗겼으나 끝내 이는 전범(典範)이 없다는 이유로 실행되지 아니 했습니다.

세조 이후 4대에서 후사가 끊겨 송조가 일시에 망하게 되었으니, 이는 인과응보라 생각하였습니다.

당고조 태조 무황제는 불교뿐 아니라 도교까지 사태시켰으니, 첫째는 무위도식하는 사람들이 너무 많다는 것이었고, 둘째는 무슨 일이 생기면 통일된 말이 나오지 않고 피차 어긋나는 점이 많다는 것이었습니다.

사실 이는 불·도(佛·道) 2교가 그 농안 다투면서 평해온 나쁜 것은 모두 법령으로 만들어 종교를 박해함으로써 민심이 흉흉하고 국조가 안정되지 못해 오래가지 못하고 망했다는 것이었습니다.

특히 불교에 대해서는,
① 서쪽 오랑캐의 종교이고,
② 결혼을 하지 아니하니 인륜을 배신한 것이고,
③ 노동을 하지 아니하니 생산을 무시하고,
④ 살생을 금하니 세속의 삶을 무시한 것이라 하였습니다.

이렇게 해서 네 분 가운데 세 분이 무(武)자가 들고 한 분이 세조이므로 통칭 이들 네 분의 법난을 삼무일종(三武一宗)이라 하였습니다.
후조 태원왕도 두 종교가 너무 숫자가 많다는 이유로 그 언행을 엄격히 평가하였고, 종교인 가운데 인격이 없는 사람이 교중 선배를 빙자하여 난척한다고 척결하였으며, 그 뒤 진나라 채도도 부처님은 오랑캐나라 출신이라 하여 불신하였으며, 송나라 안연지는 혜림이 임금님의 사랑을 받는다 하여 불법까지 원망하였습니다.

또 난능사람 소모지, 여남사람 주랑도 불법을 혹평하고 불상 조성을 반대하였으며, 정보제, 조나라 이창, 발해의 유주, 북평의 양현지 등은 역대 왕신들의 신앙을 채록하여 사랑을 받기도 하고 벌을 받기도 하였습니다.
한번 일이 잘못되면 만 가지 일을 잘한다 하더라도 그 속에는 혹평이 들어올 수 있기 때문에 처음부터 종교인은 정치 경제에 지나치게 관여해서는 아니 됩니다.
정치는 나라를 다스리고 경제는 백성들을 풍요케 하지만 그 중에 종교가 끼이면 똥 묻은 옷에서 끝까지 냄새를 피우듯 불결한 명예를 면하기 어렵기 때문입니다.

부처님은 당시 인도 16개국의 임금님들의 스승이 되었으나 거루고각(巨樓高閣) 꽃집에서 잔 일이 없고, 밥 때가 되면 초청자가 없는 한 언제나 맨발로 7가식을 하여 천명대중을 먹여 살렸습니다.

왕사성 죽림정사는 국내 수행자들의 거처가 되고 사위성 급고독정사는 시방 수행자들의 거처가 되었으나 동서세계에서 모여온 수행자들이 신체의 색상이나 입은 옷 때문에 문제가 된 일이 없습니다.

처자권속을 버리고 출가해서 도 닦는 사람들이 지나치게 호강하고 살 땐 가까운 신도와 멀리서 온 관광객들이 보고 잘못 평가할 염려가 있으니 평상시 조심하여야 할 것입니다.

집안 문제는 집안사람들에 의해서 문제가 되니 문단속 잘하고 집안 식구들 행이 모범이 될 수 있도록 단속하여야 할 것입니다.

옛 스님이 노래불렀습니다.

菜根木果慰飢腸하고 松落遮色身이어다.
野鶴靑雲爲伴侶하고 高峯幽谷度殘年이어다.

나물뿌리 나무과일로 주린 창자를 위로하고
송락 풀잎으로 몸을 가려라.
늘새, 푸른 하늘, 구름으로 친구가 뇌고
높은 골짜기 깊은 골에서 남은 세월 보내라.

제 35 강

장상영의 호법론(護法論)

한국에서는 유교와 불교가 충돌하였는데, 중국에서는 초창기부터 도교와 불교가 수유빙탄(受有氷炭)처럼 상쟁하였습니다. 한나라 무제 때 처음 불교가 중국에 들어왔을 때는 5악의 도사들이 데모를 하여 도교의 신상과 불교의 불상, 경전이 얼마나 영험이 있는가를 시험하여 도교의 신상이 불타 없어짐으로써 도교의 승려 및 신자 690명이 불교에 귀의하는 일이 생겼습니다.

호법론은 중국 사천성 출신 무진거사 장상영이 당나라에 유명한 문인 한퇴지의 불골표와 송나라 때 구양수의 배불논을 비판한 논문입니다. 한유, 구양수의 배불론은 조선조 때 정도전의 "불씨잡변"을 쓸 때 인용한 논문이기도 하였습니다.

첫째, 구양수는 "부처님은 영험도 없고 실답지 못한 일을 그럴듯 하게 설했다" 하였는데, 부처님은 32상 80종호를 갖추고 모든 사람들이 추앙하는 왕궁에 태어나 금륜왕위를 버리고 출가하여 무상정등정각을 깨달음으로서 모든 중생들에게 생사의 길을 벗어나게 한 성인 가운데서도 성인입니다.
 그러므로 경에,
 "부처님은 참다운 말만 하신 자이고, 실다운 말을 하신 이고, 이치에 맞는 말만 하고, 속이는 말은 하지 않는 분이고, 틀린 말을 하지 않는 분입니다."
 하였습니다.

 열자에 이르기를 공자님이 상태제의 질문을 받고,
 "이 세상에서 다스리지 아니하여도 어지럽지 않고, 말하지 아니하여도 스스로 믿으며, 교화하지 아니 하여도 실천하기 때문에 백성들은 그의 법이 너무 넓어서 무엇이라 말할 수 없다."
 하였습니다. 공자님은 3천 제자를 두었으나 부처님은 출가 비구만도 10만 명이 넘었으며, 그의 제자들은 그의 법을 잇고 계승하여 천년 이상을 하루같이 계승하고 있으니 어찌 부처님이 신통이 없다 말할 수 있겠습니까.
 신통으로 말하면 일반 도사들이 앉은 자리에서 공중으로 떠오르고, 축지법을 하여 먼 거리를 왔다갔다 하고, 남의 옷을 마음대로 갖다 입으면 의통, 먹을 것을 마음대로 하면 식통, 고픈 배가 불러지면 복통이라 하는데 부처님은 그런 세속적인 신통력을 얻으신 분이 아닙니다.

① 온갖 것을 마음대로 보는 천안통
② 온갖 소리를 마음대로 듣는 천이통
③ 남의 마음을 훤히 아는 타심통
④ 전생의 일을 훤히 아는 숙명통
⑤ 온갖 신통을 구족한 신족통

⑥ 온갖 번뇌를 다 끊어버린 누진통을 얻었습니다.

부처님 몸에는
① 항상 빛 속에서 빛나는 법신이 있고,
② 과보를 따라 나타내는 보신이 있고,
③ 일체 중생에게 편이한 몸을 보이는 화신이 있습니다.

또 부처님은 우리들의 지식과 상식으로서는 상상할 수 없는 지혜를 가지고 있으니,
① 일체중생이 똑같이 평등하게 불성을 가지고 있는 것을 아신 평등성지
② 큰 거울이 세상만물을 인연 따라 비쳐주는 것과 같은 대원경지
③ 세상의 모든 체·상·용을 마음대로 관찰하는 묘관찰지
④ 근기따라 편이한 일을 제공하는 성소작지 등
네 가지 지혜를 가지고 있습니다.

부처님은 이와 같이 3신4지 6통10력으로 세상을 자유자재 할 뿐만 아니라 생사까지도 해탈하는 열반을 증득하신 분입니다. 또 그가 중생을 제도할 때는,
① 의식주 3방면에서 대자대비로 실천하는 계와
② 내외표이에 안정을 얻은 선정과
③ 사물을 대하여 옳고 그름을 판단하는 지혜를 가져
천당과 지옥을 마음대로 왔다갔다 하였습니다.

중국에서는 진(晉)의 불도징, 요진의 구마라집, 당나라 지공

스님은 세상을 초월한 도인이고, 부대사 노방거사 같은 분들은 처자권속을 거느리고 있어도 나라 임금님의 스승이 되어 경전을 강의하였습니다.

구양수가 "불교는 나라의 큰 골칫거리다" 한 것은 마치 걸주가 비록 임금 노릇을 하였으나 백성들에게는 원망의 대상이 되었는데, 부처님이나 제자들은 남을 해친 일이 없었습니다. 그런데 그런 불법을 원망하고 비방한다면 이것은 천벌을 받아도 모자랄 것입니다. 세상 사람들이 죄를 지으면 감옥에 가서 그 죄를 사하게 되지만 무지한 사람은 6도를 왕래하며 세세생생 그 고통을 받게 된다 하였습니다.

단지 불법을 가장한 공부하지 않는 불자들이 불법을 빙자하여 세상을 속이는 일이 없지 않으나 이것은 다 부처님의 잘못이 아니고 부처님을 빙자한 속인들이 저질은 죄이니 마땅히 부처님의 계로서 판단할 일입니다.

옛날 소자첨이 관원의 판사로 있을 때 승려들의 송사를 담당한 일이 있는데, 그대도 세상의 부모자식과 형제간의 싸움보다 나았다고 하였습니다.

세월은 쉽게 가고 인생을 늙어가는데 공부하지 않고 돌아다니는 중이나 사찰의 고위직을 빙자하여 세속의 향락을 즐기는 자가 있다면 어찌 그를 바른 성도라 할 수 있겠습니까.

옛날 무착문희선사가 문수보살을 만났을 때 "범부와 성인이 함께 살고 용과 뱀이 섞여 있다"는 말을 하였는데, 어찌 거기서 옥석만을 가려낼 수 있겠습니까.

한유, 구양수의 생각도 아주 잘못된 것은 아니니 자식이 많으면 잘난 놈도 있고 못난 놈도 있으니 물법문중에도 다 귀할 수만은 없는 것입니다.

한유와 구양수가 "불법은 오랑캐 나라의 것이다" 하였는데, 숫임금은 제풍에서 태어났고, 하나라 임금은 명근에서 죽었으니 그들은 어찌 동쪽 오랑캐가 아니고 서쪽 오랑캐가 아니겠습니까.

숫임금 무왕은 세상이 내려갈수록 더욱 귀하게 성인처럼 받들고 있으니 태어난 장소를 따라 양반 상놈을 가려서도 아니 될 것입니다. 또 불법이 들어와 제왕들의 수명이 짧아졌다 하는데, 사람의 수명은 종교의 영향 때문이라는 것 보다는 자신의 건강은 자신이 지키는 위생습관에도 달려 있으니 나이만 가지고 따져서도 아니됩니다.

국왕과 대신은 국왕과 대신이 할 일이 있고, 출가스님들은 출가스님들이 할 일이 있는데, 국왕대신과 스님들이 서로 교제를 한다고 해서 세상의 한량들과 수행자들을 한목 쓸어 넘긴다면 천지자연에 있어서도 부끄러운 일이 아닙니까.

깊은 산에도 고저와 장단을 따라 풀과 나무가 달라지듯이 수행자들도 세속인연을 따라 수용이 조금씩 낮고 높은 차이가 있으나 그것을 시주의 정신과 은혜 속에서 다소 차이가 있을 뿐 본래 호사를 위해 방탕한 것은 아니라 생각합니다.

세상 사람들은 하루에 세 때를 먹고도 간식하는데 수행자들은 하루 한 때 먹기도 하고 두 때 먹기도 하는데 그것을 가지고 따진다면 부자가 가난한 사람들을 탓하는 일밖에 되지 않습니다.

원래 유·불·선은 세속의 인의예지와 무위자연, 중생구제를 위해 생긴 것이니 적지적소에 알맞게 쓰면 유교는 세속생활을 고귀하게 할 것이고, 불교는 윤회해탈의 학이 될 것이며, 도교는 신선 장수의 비결이 될 것이니 그렇게 되지 못하는 것을 한할지언정 남의 일을 보고 귀천현우(貴賤賢愚)를 따져 고민할 필요는 없다고 생각합니다.

세종대왕이 함허득통선사가 쓴 금강경오가해 서문을 보고 새로운 눈을 떴습니다.

"여기 한 물건이 있으니
이름과 모양이 끊어졌으되
고금을 관통하고
티끌 속에 있으면서도 육방을 에워싸고 있다.

속에는 온갖 묘를 다 가지고 있어
밖으로 뭇 사람들을 따라준다.
천지인 3재의 주인이요
만법의 왕이로다."

여기까지 읽고 세종대왕이 책을 덮고 부끄럽게 생각하였습니다.

"나는 한 나라의 주인이요, 만백성의 왕이라 생각했는데 우주를 다 감싸고 있으면서도 만법의 왕이 되다니…."
한참 있다가 다시 책을 열고 서문을 읽어 갔습니다.

"탕탕하여 그 무엇에도 비유할 수 없구나.
높고 높아 그 무엇에도 짝할 것 없구나.

싱그럽지 아니한가
밝고 밝아 고개를 들고 내림에
은은한 그 소리 들려오고
보고 들음에 간격이 없으니….

그윽하지 아니한가
하늘 땅 보다도 먼저 하여 그 시작을 알 수 없고
하늘 땅 보다도 뒤에 하여 그 끝을 알 수 없으니

비었다할까
있다고 할까
나는 그 까닭을 알 수 없다."

그 까닭을 밝히기 위해 석가모니 부처님과 똑같이 가지고 있는 성품을 보고,
"아, 진실로 미련한 자여, 생사의 바다에 빠져 있으면서도 헤어날 궁리를 하지 못하고 있구나…."

그래서 산 속에 사는 스님들이 밑 없는 배를 타고 구멍 없는

피리를 불면서 한평생을 지냈다는 것을 알게 되었다고 합니다.

삼무일종이 있는 이후 중국의 불교는 명자 그대로 쑥대밭이 되고 말았습니다. 그런데 그런 법난이 있을 때마다 새로운 임금님이 태어나 불법을 옹호했으니, 한현종개불화법본전(漢顯宗開佛化法本傳) 같은 것이 그것입니다.

당 현종이 꿈에 한 신인이 나타나 중국불교가 시작되었다는 것은 이미 말씀드린 바 있습니다.

또 사공양성 후 유준 등의 관료 천여명이 발심출가하고 4악도사 여행풍 등 620명이 출가했으며, 음부인 등 왕첩 여등 238명이 출가 하였습니다.
이로 인해서 나라에서는 열 곳에 절을 지어, 성 바깥인 공로에는 남자 스님들이 거처하게 하고 성내 세 곳 사찰에는 비구니스님들이 거처하게 하였습니다.

그때 나라에서 교지를 발표하였습니다.

부처님은 깨달은 사람
뭇 중생을 깨우친다는 뜻이다.
자비심으로 선업을 행할 때는
산 무리를 함부로 죽이시 않고
죽게 된 것을 살리는 것이 그 도리이다.

삭발출가하여 정을 끊고

욕심을 버린 사람이 스님이고
죽은 뒤에도 정신은 멸하지 않아
다시 태어나 보응을 받는다고 하는 것이 불법이다.

그러므로 도를 닦아 무의 경지에 이르면
생사를 초월하여 성불한다고 한다.
부처님은 황금색, 1장 6척
온몸에서 해와 달과 같은 빛이 나서
만물을 평화롭게 한다.

수천만 권의 대장경은
빈 마음을 깨달아 해탈케 하되
거칠고 세밀한 마음을 다스리게 한다.

넓고 깊은 언행은 구하는 것을 얻지 못함이 없게 하고
밝고 밝은 지혜는 옳고 그름을 판단한다.
수도 계차 선행의 등급은 근기 따라 이루어지므로
공부하면 점점 얕은 곳으로부터 깊이 들어갈 수 있다.

 이에 오나라 손권의 아들 강승희가 출가하여 남방 건업에 이르니 오나라 임금님이,
 "만약 부처님 사리를 얻으면 탑을 세우겠다."
 하여 3.7일 동안 기도하여 5색이 찬란한 사리를 얻으니 감격하여 절을 짓고 탑을 세워 그곳을 '불타의 절'이라 하여 이름을 '건초사'라 하게 되었습니다.

때는 한 명제 때 초전법륜으로부터 175년 되던 해였습니다. 사람들이 불법을 믿고,

"공자의 도는 인의의 교이고, 노자의 교는 자연의 교이지만 불법은 바로 깨달음을 얻어 신통력을 나타내는 종교다."

칭찬하였습니다.

송 문제가 공부의 여가에 인과 뜻을 찾아 헤매었으나 마침내 그 뜻을 찾지 못하고 있다가 안연지의 달성론(達性論)과 종병론의 흑백론을 보고,

"사람이 인과를 믿으면 죄지을 일이 없어서 형벌이 저절로 없어지므로 나라가 법 없이도 평화롭게 되리라."

하니 양현보가 말했습니다.

"진나라, 초나라가 부국강병을 논하고, 손자와 오나라가 병탄론을 말했지만 병탄 뒤에는 또 다른 혼란기가 오고 강병 뒤에는 전쟁의 후환이 있었으니 차라리 인과를 믿고 세상을 평화롭게 하는 것만 같지 못하다."

하여 병과 투쟁이 없이 태평성대를 보냈습니다.

한 명제가 조복을 더하고 천하에 대사면을 내리고, 불교의 스님과 도교의 도사를 내전에 불러 토론하게 하였는데, 도사가 화호경을 들어 "부처님은 노자가 인도에 가서 오랑캐들을 교화고자 화현하신 분이다" 하니, 그 경을 지은 사람이 누군가를 물어 "이지에 맞지 않다" 하고 칙벌을 내리려 하니 보리유지스님이 말려 그 벌도 받지 않게 함으로써 두 교가 더욱 친하게 되었습니다.

세조 도(燾)는 태조, 태종의 법을 본받아 4월 초8일이 되면 덕 높은 스님들을 모셔 불법을 토론하게 하고 불상을 높은 수레에 싣고 대로를 행진케 한 뒤에 황제가 친히 문루에 올라 꽃을 뿌렸습니다. 구마라집이 경전을 번역한다는 말씀을 듣고 장안으로 쫓아가 선정을 익혔습니다.

백거가 북쪽에 있으면서 낮에는 강의를 듣고 밤에는 3업을 청정케 하니 그 식견이 더욱 깊고 넓어졌습니다. 유유가 요충을 멸망시키고 장안에 들어와 아들 의진을 남겨 3보를 받들게 하였는데, 의진이 장안을 떠나자 혁연굴이 장안에 들어와 승속을 막론하고 모두 잡아 죽였습니다. 그런데 혜사스님이 칼을 맞고도 넘어지지 않자 엎드려 참회하고 죄를 빌었는데, 맨발로 진흙땅을 지나더라도 발이 더럽혀지지 않자 그 별명이 백족화상이 되었습니다.

그래서 서산대사는 유·불·선 삼가구감을 짓고 다음과 같은 시를 지었습니다.

공자님이 인의예지를 처음 시작한 것이 아니라면
노자님이 어떻게 신선이 되었겠는가.
고요하고 쓸쓸한 하늘 땅 밖에
끝없는 보살들이 변화해 나와 중생들을 교환한다네.

비록 선하지 못한 악이라도 한 가지 배울 점이 있으니 내 것만 옳고 남의 것은 그르다고 비방만 하지 마십시오.

제 36 강

진감국사의 어산범패(魚山梵唄)

　진감국사는 신라 때 스님입니다. 금마(金馬) 출신으로 태어나면서부터 얼굴이 검었기 때문에 흑두타(黑頭陀)라 불렀습니다. 31세 때 당나라에 들어가 마조 도일의 제자인 창주 신감에게서 신임을 얻고 귀국하여서는 성주 장백사에 있다가 지리산 옥천사(지금 쌍계사)로 가서 범패로서 명성을 떨쳤습니다.

　중국에 들어가 보니 6조의 후예들이 일대 성황을 이루고 있었습니다. 청원행사 밑에는 석두 희천이, 남악 회양 밑에는 마조 도일이 성하였는데, 특히 백장회해의 청규불교가 크게 행하고 있었습니다.
　"하루도 일하지 아니하면 먹지 않는다."
　한 백장청규는 인도식 걸사불교를 가지고는 중국에 적응할 수 없었으므로 산골짜기 하나를 나라에서 불하받아 산중전체를 총림으로 개간하였습니다.
　아침 저녁이 되면 도량석으로부터 종성, 예불, 독송, 염불 소리가 메아리를 울리고, 하늘 끝까지 파도쳤습니다. 따로 불도공부를 하지 않는 사람이라도 그 소리를 들으면 감정이 순화되었습니다.
"이 범패는 어디서부터 시작된 것입니까?"
"인도에서 생긴 것입니다."
"누구에 의해서 시작되었습니까?"
"영성스님에 의해서 시작되었습니다."

아사세왕이 부처님께 법문을 들으러 가는데 어느 곳에서 범패소리가 나 그 마음을 크게 흔들어 놓았으므로 시자를 시켜 데려오게 하니 키가 5척 단구 밖에 아니 되는 스님께서 노래를 불렀습니다.

여래의 묘한 색신은
세간에서는 짝할 이가 없습니다.
그 누구도 비교할 수 없이 부사의하므로
저는 부처님께 귀의합니다.

"왜 그러한가?"
"부처님은 영원한 생명을 가지고 있기 때문입니다.
다이아몬드와 같이 부서지지 않습니다.
무슨 인연으로 그리한가?
법신을 깨달아 다시는 패하지 않기 때문입니다.

여래의 색은 무진합니다.
지혜 또한 마찬가지입니다.
일체법과 항상 함께하므로
그러므로 저는 거기 귀의합니다."

그리고 부처님은
"연꽃과 같아 물들지 않습니다.
그 마음 청정하기 때문입니다.
부처님 마음은 그와 같기 때문에
저는 그 위없는 부처님께 귀의합니다."

하여 코끼리에 태우고 부처님께 함께 갔습니다.
"부처님, 참으로 희한한 일입니다. 어떻게 이 작은 몸에서 그렇게 맑고 깨끗한 음성이 나올 수 있습니까?"
"영성스님은 옛날에 대음악가로 온갖 악기와 노래를 다 통달하였지만 남을 업신여긴 까닭에 저렇게 작고, 그러나 갖가지 악기를 만들어 세상에 좋은 소리를 보시하였기 때문에 그 음성이 청정합니다."
하고 범패의 다섯 가지 특징에 대하여 말씀해 주었습니다.

첫째는 소리가 정직하고,
둘째는 화아(和雅)하고,
셋째는 맑고 깨끗하고,
넷째는 깊고 그윽하고,
다섯째는 그 소리가 우주에 두루 퍼집니다."

"어떤 사람이 그런 음성을 가질 수 있습니까?"
"첫째는 정직하고
둘째는 평화롭고,
셋째는 안팎 내외에 품위가 있고,
넷째는 세상을 밝히고,

다섯째는 깊은 진리를 통해 세상을 감동시키는 사람이 그런 음성을 가질 수 있습니다."

아사세왕은 크게 감동하고 영성비구를 위해 절을 짓고 그와 함께 경전을 읽으며 좋은 일을 많이 하였습니다. 이것이 인도에서 경전을 합송 또는 독송하면서 공부한 예입니다.

그런데 중국에서는 진사왕 조식(曹植)이 산동성 동아현 서쪽 80리 거리에 나와 놀다가 하늘에서 이상한 소리가 들려 살펴보니 인도 범패였는데 그 소리에 맞추어 호수의 고기들이 춤을 추고 있었기 때문에 거기에 곡을 맞추어 새로운 범패를 작곡하니 그 이름이 중국의 어산이 된 것입니다.

어산에는 초장, 중장, 종장이 있고, 그를 총 지휘하는 사람을 어장이라 하고, 앞에서 끄는 사람을 법주, 뒤에서 따라하는 사람을 바라지라 합니다.

인도에서는 그냥 소리만으로 불렀던 노래가 중국에 와서는 북, 장구, 꽹과리, 피리를 한 데 어울려 연주하며 마치 공자님을 제사지낼 때의 아악과 같이 하였으므로 서양사람들은 장차 이것을 '그레고리오 성가'로 만들어 의식작법으로 응용하고 있습니다.

원래는 법주가 게송을 읊는 것으로 기본을 삼았는데, 뒤에는 부처님께 공양을 올리는 의식으로까지 발달하여 6법공양 때는 반드시 범패를 사용하고 곁들이게 되었으니 불교예술문화의 꽃으로까지 등장하게 되었습니다.

6법공양은 불자가 불보살 성현들께 여섯 가지 공양물을 올리는 것을 말합니다.

첫째는 향공양이니 5분법신을 말하고,
둘째는 등공양이니 지혜의 등불을 밝히는 것을 상징하고,
셋째는 다공양이니 목마른 사람들에게 감로다를 대접하고,
넷째는 과일공양이니 깨달음의 과를 상징하고,
다섯째는 곡식공양이니 인과의 결실을 상징하고,
여섯째는 꽃공양이니 처염상정한 불심을 상징합니다.

그러므로 의식사들은
청정명다약(淸淨茗茶藥)
능제병혼침(能除病昏沈)
원수애납수(願受哀納受)

하고 소리하면 무용하는 사람들은 거기에 맞추어 춤을 춥니다. 또 거기에는 사다라니 작법무가 있으니

첫째 음식을 변해서 먹는 변식진언과
둘째 음료를 마시는 감로수 진언,
셋째 순서적으로 먹게 하는 일자수륜관 진언,
넷째 진국이 되게 하는 유해진언이 그것입니다.

모두 그것을 법답게 뜻을 알고 입으로 외운 주문을 따라 사실적으로 해야 하기 때문에 주문을 외우는 사람은 딴 생각을 가져서는 아니 된다 하였습니다.

이때 대중 가운데서는 신통묘용을 일으키는 신묘장구가 노래와 춤으로 이루어지면 끝에 가서는 무엇이든 부족한 것이 없

이 잘 드시라고
   ① 널리 공양을 베푸는 보공양진언,
   ② 끝까지 잡수라고 보회향진언,
   ③ 원하는대로 잡수라고 원성취진언
   ④ 부족한 것이 있으면 보충해서 잡수라고 하는 보궐진언을
외워드립니다.

   그리고 이치상으로 중생이 성불하는 과정을 애벌레가 나비가 되어 천지에 아름다운 꽃을 피우는 나비춤을 춥니다. 중생은 애벌레와 같고 부처는 나비와 같기 때문입니다.

   진감국사는 이러한 장엄한 의식을 배워가지고 지리산 쌍계사에 사시면서 경상도, 전라도, 충청도 일대에 계신 여러 스님들께 교육을 함으로써 한국 전통불교 예술의 진미를 전수하였습니다.

   입으로 하는 법문, 몸으로 행하는 율법도 중요하지만 그 청정한 음성 속에서 법답게 음악과 무용을 겸해서 하는 범패소리는 죽은 사람들의 영혼을 깨우쳐 주는데도 큰 몫을 하여 49재, 예수재, 수륙재, 또는 무슨 재가 있든지 그 의식을 빼지 않고 진행하고 있습니다. 실로 불교는 진짜 다양한 종교입니다. 혼자 기도하고, 염하는 것으로 정진하는 사람도 있고, 온몸을 동원하여 천배, 만배를 하면서 참회하는 불법도 있으며, 깊고 깊은 산 속에서 메아리가 울리는 기러기를 벗을 삼아 참선을 하는 사람도 있으며, 원효대사처럼 천민촌을 돌아다니며 춤추고 노래하며 포교하는 사람도 있고, 이렇게 갖가지 음식을 차려

맑고 깨끗한 음성으로 시방의 성현들께 공양하고 4부대중이 법답게 음식을 나누어 먹는 공양의식도 있습니다.

이런데서 나온 차가 경주 법주가 되고, 일본의 정종이 되었으니 법화경을 모르면 법주를 마실 자격이 없었고, 금강경 대승정종분을 모르면 정종 이야기를 할 자격이 없었다고 합니다.

이렇게 불법은 행주좌와, 어묵동정에 구애 없이 살되 세상을 복되게 하고 아름답게 하며, 질실하게 만드는 것이니 자기 하는 일이 무엇이 되었든지 걱정하지 말고 깨달음 속에서 불법을 실천하기 바랍니다.

제 37 강

무염국사(無染國師)의 무심선

중국에 유학한 스님들 가운데 뛰어난 스님들이 많이 계시지만 지금까지 크게 알려지지 않는 무염국사가 있습니다. 무염국사는 태종 무열왕의 8대 손으로 13세에 부석사 석징스님에게 출가하여 화엄경을 배우고, 22세에 당나라에 들어가 남산 지상사에서 불광여만스님에게 법을 묻고 마곡 보철에게서 법을 받았습니다.

당시 유행하던 범패를 배우고 전국을 순회하며 성지를 참배하는데, 산동성에 이르니 사람들이 모두 병이 들어 고생하고 있는지라 그 원인을 분석해 보니 석회수를 먹고 사는데 원인이 있으므로 석도부근에서 생수를 개발하여 많은 사람들을 살렸습니다.

어려운 사람에게는 탁발로 의식을 구해주고, 말도 못하고 누워있는 사람에게는 범패를 시식으로 해주며 병든 사람에게 생수를 먹여 구원하였으므로 동방의 대보살이라 칭송하였습니다.

신라에 돌아와서는 웅진 묘합사에 있으면서 묵념으로 참선을 하는 선을 가르쳐 그의 제자들이 3천명이 넘었으므로 묘합사를 성주사로 고쳐부르고 시호를 큰지혜인 대낭혜(大朗慧)라 불렀습니다.

어떤 것이 무심선인가.
보리자성은 본래 청정하여
본래 생멸이 없으므로
견성성불하면
만법이 그 속에서 나더라도 동요가 없다.

반야는 불생불멸하고
불구부증하며
부증불감하기 때문이다.

하며 반야경을 배경으로 생명의 영원성, 청정성, 복덕성을 주장하였습니다. 반야는 불생불멸한 것이기 때문에 영원한 것이고, 불구부정한 것이기 때문에 청정한 것이며, 부증불감하기 때문에 온갖 공덕이 충만해 있다고 본 것입니다.

선을 하는 사람은
해탈을 논하지 말고 견성을 논하지 말라.
깨달음에는 어느 곳으로 나아가는 마음이 없기 때문이다.
단지 스스로 그 마음을 바르게 쓰면
번뇌 진노에 물들지 아니할 것이다.

6조스님이 중국의 생불로 부르는 것은 달마대사께서 전한 이입사행론(二入四行論), 혈맥론, 관심론 등에 관계없이 불성의 체·상·용을 외경에 끄달리지 않도록 가르쳤기 때문입니다. 이는 바람과 번(깃발)과의 관계로서 잘 증명한 바 있듯 스님께서도 동요된 사물을 논하지 않고 있는 그대로 마음을 드러내 보였던 것입니다.

6조스님이 아직 행자로 있을 때 광주 법성사에 이르니 두 스님이 싸우고 있었습니다.

"바람이 휘날린다."

"깃발이 휘날린다."

그런데 6조께서

"그것은 바람도 아니고 깃발도 아니다. 오직 그대들의 마음이 흔들린 것이다."

하니 이에 인종법사가 그 말을 듣고 모셔 제6대조가 되게 하였습니다.

4조 도신스님이 황매당에 왔을 때 배휴가 와서 시봉도 없이 혼자 사시는 것을 보고,

"스님은 어찌 하여 홀로 사십니까?"

하니

"나에게도 시봉이 있습니다."

"그럼 그 시봉을 한번 보여 주십시오."

하자 평상을 두드리며

"애들아, 나오너라."

하니 범 두 마리가 나타나 어슬렁거리므로 배휴가 놀라 도망가려 하면서,

"스님은 어찌하여 호랑이도 무서워하지 않습니까?"
하니
"무심이면 다 같이 친구가 됩니다."
하였다. 그 뒤 황매의 동굴 속에서도 한 여름에는 스님들 옆에 구렁이가 나타나 시원하게 해 주었습니다.
"무심하면 구렁이도 친구가 되는구나…."
하고 그의 도력을 더욱 존중하게 되었다 하는데, 이것이 바로 무심선입니다.

그러나 아직도 분별심이 남아 있는 사람들이 그런 것을 보고 장난하다가는 호랑이 밥이 되고 구렁이 뱃속을 구경하게 될 것이니 조심하여야 합니다.

도는 장난이 아닙니다. 자타가 한결같이 되어야 가던지 오던지 구분이 없게 됩니다. 그러므로 세상 사람들이 불도를 닦고자 한다면 항상 자기의 허물을 볼지언정 남의 시비를 보아서는 아니 됩니다.

석가 부처님의 깨달음은 천당에 있지도 않고 지상에 있지도 않습니다. 단지 세속을 여의면 그대로 보리고, 토끼뿔이나 남생이털을 찾으면 토끼뿔, 남생이털에서도 부처님이 나타납니다.

범부는 종신토록 법을 구해도
생사를 면치 못하고
성인은 지푸라기로 뗏집을 지어도
훌륭한 정사가 된다

하였으며, 스님은 성주산에 이르러 마음도 관하지 않고 계율도 지키지 아니 했습니다. 계율을 따로 지키지 아니 했어도 3천행자의 행이 흐트러진 적이 없고 마음을 관하지 아니 해도 마음 가는데 걸림이 없었습니다. 언제나 그 속이 훤히 밝아 내외, 시비, 정사(正邪)가 없었기 때문입니다.

신라때 중국에 들어가 선을 배워오고, 교를 읽혀온 사람들이 많았습니다. 그러나 무염국사처럼 무심선을 닦아야 하느니 유심선을 닦아야 하느니 말이 많았으므로 자그마치 5교9산이 벌어진 것 아닙니까.

선정과 지혜는 본래 하나입니다. 마음이 가라앉으면 생각의 파도가 쉬고 생각의 파도가 쉬면 물이 맑아 그 물속에 무엇이 들어있는지 훤히 드러나게 됩니다.

미련한 사람은 선을 닦아야 혜가 나타난다 하고, 혜가 있어야 옳고 그름을 판단할 수 있다 하나 마음에 구름만 없으면 밝은 해가 천지를 마음대로 비쳐 산과 물, 들과 짐승들을 낱낱이 가려 볼 수 있습니다. 보이지 않는다 미리부터 겁낼 것이 없습니다.

그러므로 무염국사는 무념으로 종(宗)을 삼고, 모든 경계에 물듦이 없었으며 무상(無相)으로서 체를 삼으니 행동마다 걸림이 없었습니다.

신라의 여러 왕들은 이 스님의 가르침을 의지해서 티끌 하나도 마음이 걸리지 않게 하고 물들지 않게 함으로써 눈, 귀, 코, 혀, 몸, 뜻이 색, 성, 향, 미, 촉 법에 걸릴 것이 없게 되었습니다. 이것이 3국통일의 기초가 되고 신라문화의 바탕이 되었던 것입니다.

어리석은 사람은 도를 닦으면서도 도를 깨닫지 못할까 걱정을 합니다. 그러나 맑은 물이 뱃속에 들어가면 저절로 열기가 가시고 눈이 밝아지듯 천지가 훤히 밝아지게 되어 있으니 돌덩이처럼 우두커니 홀로 앉아 도가 닦아지지 않는다고 걱정할 것은 없습니다. 앉아 있기 잘하는 것은 천 년을 가도 흔들림이 없는 돌덩이가 제일이고, 백 년을 서서 바람에 흔들려도 뿌리가 빠지지 않는 것은 집 앞의 당산나무입니다.

앞 생각이 물들지 아니하면 뒷 생각이 청정하고
뒷 생각이 청정하면 번뇌가 붙을 곳이 없다.
무염국사 무심선을 알고자 하는가
보령 성주사 가서 낭혜스님의 삼매를 체험해 보라.

일행(一行)에 정신이 통일되면
곧은 마음이 그대로 정토로 형성되고
참되고 한결같은 마음 일어나면
6조 경계가 나타날 것이다.

이렇게 무염스님은 3세제불의 8만대장경이 자기 마음 속에 꽉 차 있는 것을 알았고, 지식, 상식, 익힌 것이 중생교화의 약이 됨을 알았기 때문에 한 가지도 버리지 않고 한 가지도 따로 취한 것이 없었습니다. 중국에 유학한 사람들이 누구에게 법을 배우고 누구에게 인가를 빋있다 자랑하였으나 스님은 단지 마음에 어리석음만 없앨 뿐 영리하고 어리석은 사람을 가리지 아니 했습니다.

제 38 강

해상왕 장보고

대승불교 실천자 가운데 빼놓을 수 없는 분이 진해장군 해상왕 장보고입니다. 중국에서는 일찍부터 고구려 유신과 비류 백제계 사람들이 등주, 소주, 양주, 명주를 중심으로 갖가지 운송사업과 상업에 종사하고 있었습니다.

그러나 나라에 내는 세금도 제대로 내지 않고 때로는 해적으로까지 변하여 국제무역을 방해하였으므로 나라에서는 크게 걱정하고 있었는데, 장보고가 법화원 일대의 대사로 들어와서 신라촌을 조직하여 교민들의 단합과 양심운동을 함으로써 국내 문제는 말 할 것도 없지만 일본, 아라비아, 페르시아 등지에서 오는 외국무역인들과 유학생까지도 특별히 보호하여 세계적인 무역왕으로 등장하게 됩니다.

한편 신라에서는 큰 기근이 들고 왕권쟁탈이 거듭되어 사회가 불안하므로 해상국민들이 양민들을 납치하여 노예로 팔아먹고 또 살기 어려운 사람들이 몰래 배를 타고 외국으로 도망치는 경향이 많았으므로 나라에서는 군인 1만 명을 주어 완도에 청해진을 건설함으로써 이 같은 모든 일들을 단번에 해결하게 하였습니다.

안동 장씨 대동보에는 장보고는 신라 애장왕 2년(801) 현재 완도읍 장자리에서 백익(伯益)의 아들로 태어나 자는 정집(正集)이고, 활 잘 쏘는 궁파로 소개하고 있습니다.

어떻든 그는 장차 중국에 들어가 세계의 물길을 보호하는 진해장군으로 세계 각국에서 몰려온 해상인과 무역인, 유학생들을 보호하는 대장군으로 이해되고 있습니다.

최근들어 일본의 웬인(圓仁)스님의 구도일기가 발견됨으로써 세기의 대보살로서 부각되고 있습니다. 웬인스님의 일기를 보면 당시 장보고가 어떤 일을 어떻게 하고 있었는가를 알 수 있습니다.

웬인스님은 일본 천태종의 개척자로 서기 836년 중국 유학에 나섰다가 841년 당 무종의 법난이 일어나 입국을 허가하지 않자 바다 가운데 떠 있었습니다. 추위와 허기 속에 다 죽어가고 있었는데 뜻 밖에 조각 배 한 척이 와서 구해주었습니다. 그분은 법화원 대사 장보고의 부하였습니다.

법화원은 항해자들을 위한 사찰로 갈 길을 잃고 해매는 어부나 여행자, 무역인들에게 잠자리와 의식을 제공하고 귀국길을 마련해 주는 복지 사찰이었습니다.

1년이면 세 번씩 정월기도와 4월 8일 행사, 8월 법회를 통해 고향을 떠나 고생하는 여행객들과 비명횡사한 수중고혼들을 위해 천도재를 지내주면서 살아있는 사람들에게 복음자리를 마련해 주었습니다.

스님이 구조된 뒤 얼마 있지 않아 신라에서 30여 명의 범패스님들이 와서 3.7일 동안 거대한 법회를 보여주었습니다.

내용은 '법화경 강해'로 처음 종성이 울리고 예불이 끝난 뒤 그 동안 법화원이 이루어진 이후 있었던 여러 가지 일들을 보고하고 일승진리의 법화경을 독송하고 서사하는 일을 하였습니다.
 독경 서사가 끝나니 대강경회를 가졌는데, 법화경 제28품을 차례따라 강의하였습니다. 그리고 예참 법회를 보고 처음 동참한 사람들을 위해 기초교리를 강의하고, 이어서 마하지관을 실천한 뒤 수계식을 하였습니다. 날마다 고향을 떠나 타향살이를 하는 사람들의 얼굴이 펴졌습니다. 바다에서 수중고혼이 된 영가들을 위해 천도재를 지낼 때는 눈물을 흘리지 않은 사람이 없었습니다.

 제2기 법회는 금강명경을 읽고 나라의 안녕을 기원하는 기도의식이 있었으며 유수장자의 뜻을 따라 방생법회를 대대적으로 거행하였습니다.
 그리고 바다에서 구제된 사람들 가운데 홀로 살기 힘든 사람들은 각자의 뜻을 따라 결혼을 시켜주고 집 한 채, 방 한칸 또는 국가의 토지로 살 수 있는 땅을 주었습니다.
 또 고향에 가기를 희망하는 사람들에게는 화주나 시주를 마련하여 교통시설과 비용을 제공하기도 하였습니다.

 웬인스님은 출가한지 오래되고 절에서 산지 30년이 넘었으나 바닷가에서 이렇게 절을 지어 복지사업을 하는 것은 처음 보았습니다.
 "아, 이것이 관세음보살의 대자비요, 문수, 보현의 행이로다. 나도 일본에 돌아가면 반드시 이렇게 하여 고통중생을 위한 구제불사를 실천하리라."
다짐하였습니다.

이듬해 8월 11일은 천자의 덕양일(德陽日)이라 궁중 안에서는 탄신축하연이 크게 열렸는데, 이 때 동참한 도사들이 천자께 탄원을 올려 도사 두 사람에게는 자색(紫色) 옷을 내렸으나 스님에게는 상품하나 없이 쫓겨나고 그로부터 절에서 쫓겨난 비구, 비구니가 3,491명이나 되었습니다. 이것이 중국불교의 삼무일종(三武一宗)입니다.

절을 폐지하고 스님들은 강제로 환속시켰으며, 절 재산은 모두 정부로 돌아가고 사찰들은 도교사찰로 변했습니다. 이런 광경을 3년 동안 구경하면서 근근득신 거지행세를 하면서 전국 사찰을 돌아 일본에 없는 갖가지 물건과 불화 불상을 그려 모아 마침내 일본불교를 혁신하니 이것이 현재 일본법화종인 것입니다.

장보고는 이렇게 외국에서 유리된 상선이나 무역선 여행객들을 보호할뿐 아니라 일찍이 신라 땅에서 잡혀간 노비들을 신라방, 신라촌을 만들어 고립된 사람들을 한데 모아 살게 하였고, 당나라 세관들의 전세, 인두세, 호별세를 면제시켜 주었습니다.

오늘날 중국 신동성 적신촌 일대와 동북 3성 사람들은 그때부터 자리잡고 편안히 살게 되었습니다. 모두 이것은 부처님의 자비, 제법실상의 도리에서 평등하게 이루어졌으며 장차 신라는 왕권의 보호를 위해 장보고를 불러들였으나 이 같은 복지

사명을 실천하지 못했습니다.

 大願爲炷大悲油 大捨爲火三法聚
 菩提心燈照法界 照諸群生願成佛

큰 원으로 심지를 삼고 대비로 기름을 삼아
대사로서 불을 켜 세 가지로 법을 펴니
깨달은 마음의 등불이 온 세계를 비쳐
모든 중생들이 다 같이 성불합니다.

하는 말입니다. 장보고는 늘 모든 사람들게
"부처님의 계를 잘 지키면 윤리도덕의 향기가 되고
마음을 편안하게 쓰면 선정의 향기가 나고
지혜로 세상을 밝히면 어두운 세상이 밝아진다."
강조하였습니다.

그러나 사람은 누구나 자기가 지은 업에 집착하여 얽매이기 때문에 자유를 얻지 못하고 있는 것입니다.

나의 몸도 마음도 본래 내 것이 아닌데, 무엇을 꼭 잡아 자유를 얻지 못하겠습니까.

제 39 강

갖가지 교리의 발달

　인도의 대승불교는 근본불교 이념과 바라문교의 윤회사상을 배경으로 부파불교로 발전하였습니다. 그런데 윤회의 씨앗이 되는 업이 사람이 죽은 뒤 어느 곳에 붙어있다 다시 태어나는가 하는 문제 때문에 구사, 유식이 발전합니다.
　구사는 4대 원소를 중심으로 물질의 이합집산(離合集散)으로 원소물리학(原素物理學)에 가깝도록 발전하였다가 마침내는 밀교의 지·수·화·풍·공·식의 6대 원소로까지 발전합니다. 그리고 정신은 처음에는 제6식으로 분별하였던 것이 제7마나식, 제8아뢰야식에 이르러 바라문교의 영혼, 귀신 사상까지 흡수되어 제9백정식(白淨識)으로 까지 나아갑니다.

　여기서 교리발달사라는 말이 생겨납니다. 차차 시대의 조류를 따라 중생들이 알아 듣기 쉽게 조금씩 변화 발달 한다는 말입니다. 바라문교의 범아일여(梵我一如)사상은 바라문교만이 가질 수 있는 특수교리였습니다.
　이 사상은 장차 불교와 혼합하여 참되고 한결같은 진여사상(眞如思想)으로 발전하고, 그것이 다시 화엄의 법계연기(法界

緣起)사상으로 발전하였다가, 마침내는 법화경의 제법실상으로까지 나아갑니다.

그래서 바라문교의 이름이 힌두교로 바뀌어지고, 불교에서는 원시근본불교가 부파불교로, 부파불교에서 다시 대승불교로 발전합니다. 사실 교리만 달라지는 것이 아니라 교단도 달라집니다.

처음 6사외도 가운데 마하비라 같은 분은 부처님과 똑같은 시대에 태어나 완전나체중심의 무소유자로서 자이나교의 교주가 됩니다.

부처님의 출가정신은 불교 이전 바라문교에 있었던 종교의 한 형식으로 성불하여 생사를 해탈하려면 세속적인 가정이나 물질을 가지고서는 아니 된다고 생각하여 처음에는 남자 중심으로 출가하던 것이 여자들까지도 출가가 허락되어 부파불교 시대에는 자이나교나 불교의 여성출가자가 전교단의 3분의 1을 형성할 정도로 발전합니다.

사실 그들의 출가생활은 끝없는 빛속에서 발전합니다.

"사람은 무엇으로 살아갑니까?"

"빛으로 살아갑니다."

"어떤 빛을 으뜸으로 삼는가?"

"태양빛, 달빛, 별빛, 등불…"

… 더 나아가서는 그 빛을 보는 내면의 빛이 바로 바이로자나사상(光明遍照思想)으로까지 발전하다가 그 빛이 나타나는 곳에는 천백억 화신(千百億化身)이 이루어짐으로써 세상은 온통 중중무진(重重無盡)하게 체상용이 움직이고 있다는 것을 알게 되고, 그것이 다시 법·보·화 3신사상과 기독교의 삼위일

체 성부·성자·성령으로까지 번집니다.

그런데 그 빛은 법(法)과 성(性)으로 나누어 일원적인 이원론(二元論)으로까지 나아 갔다가 마침내 법성에 이른바 '법성원융무이상·제법부동본래적·무명무상절일체·증지소지비여경'이라 하여 노자의 무위자연주의 사상과 합해지기 때문에 마명·용수의 진여연기사상(眞如緣起思想)과 팔불중도사상(八不中道思想)은 대승불교의 중심교리가 됩니다. 그것을 반야경에서는 진공묘유(眞空妙有)라 부르고 있습니다.

다시 말하면 원신근본불교의 인과업보사상과 윤회사상이
① 업감연기론으로 발전하였다가
② 아뢰야식연기론으로
③ 진여연기론으로
④ 법계연기론으로
⑤ 밀교의 6대 연기론으로까지 발전합니다.

실상론에 있어서도 처음에는 마음은 물질로
① 3세에 실재 존재한다고 하는 삼세실유(三世實有) 법체항유(法體恒有)론으로 시작하였는데,
② 모양이 없이 텅 비어있다고 하는 무상개공론(無相皆空論)
③ 빈 마음은 있기는 있되 중도 속에 존재한다는 유공중도론(有空中道論)
④ 나타닌 헌싱 속에 그 마음이 나 들어있나고 하는 제법실상론(諸法實相論)으로까지 발전합니다.

그러니까 그것을 실천하는 논리에 대해서도 처음에는

① 나쁜 짓만 하지 말자는 제악막작으로 시작하였던 것이
② 차차 중선봉행(衆善奉行)으로 이어지고
③ 중선봉행을 실천하기 위해서는 계·정·혜 3학으로 바라밀을 실천하여야 된다고 주장하다가
④ 마침내 내부의 화합을 위해 육화경행(六和敬行)으로
⑤ 육화경행을 실천하기 위해서는 무상보시로 이어졌다가 중생교화를 위해서는 방편과 원, 력, 지가 있어야 한다고 하여 10바라밀로 나아갑니다.
⑥ 그러니까 6화경행과 10바라밀을 실천하는 사람은 승속을 구분할 필요가 없다는 명자 그대로 중화(衆和)의 사상이 쌓이 트기도 합니다. 그래서 중국에서는 거사불교가 크게 빛을 보게 됩니다.

기독교도 처음에는 천주교로 천하를 통일하였다가 다시 프로테스탄트가 나오면서 온 유럽전체가 시끄럽게 되고, 방안에서만 시끄럽게 한 것이 아니라 밖에 나가 신세계를 개척하자고 하여 아메리카, 아프리카에 식민지정책이 마련되게 됩니다.

불교도 처음에는 동남아 일대에서 전통적인 풍습에 의해서 걸사정신으로 살다가 중국, 티베트, 몽골, 한국, 일본 등 기후풍토가 다른 지역에 이르러서는 불살생이 살생유택으로 되었다가 임전무퇴(臨戰無退)로까지 나가게 됩니다.

원시근본불교나 부파불교에서는 상상도 못한 일입니다. 그래도 지금에 와서는 물질중심으로 발전하다 보니 대승불교가 제1이라고 하는데 근본불교 입장에서 한번 생각해 보아야 할 것입니다.

물이 변하면 질도 변한다고 하는 것이 물량질량의 법칙인데, 량이 아무리 변한다 해도 그것을 알아내는 마음은 변하지 않기 때문입니다.

부처님 정신은
① 출가수도자는 무소유정신을 으뜸으로 살다 가야 하고,
② 그들이 하는 일은 중생과 세계를 위해 통째 바쳐져야 한다는 것이었습니다.

왜냐하면 중생세계는 있는 자와 없는 자 사이에 많은 갈등이 야기되고 아는 자와 모르는 자 간에 거래가 형성되다 보니 동체대비의 보살사상이 힘을 펴지 못하기 때문입니다.

나는 종종 슈바이처선생을 생각해 봅니다. 30세가 넘도록 철학박사, 문학박사, 음악박사 학위를 받고 무엇을 할 것인가를 생각해 보니 철학박사로는 잔소리쟁이가 될 것 같고, 문학박사로는 감정의 노예가 될 것 같으며, 음악선생을 생각해 보니 기능적 예술인에 불과할 것 같았습니다.

그래서 30세가 넘어 병든 이들을 보살펴야 되겠다 결심하고 의학박사를 받고 이 세상에서 가장 가난한 사람들이 사는 아프리카로 갔습니다.

그런데 아프리카로 가서 보니 세계 각국에서 모여온 사람들이 선교활동에 목적을 두고 있었습니다. 그리고 유독 간호원 한 사람이 예수님의 박애정신과 불타의 자비정신으로 진짜 조건없는 사랑을 베풀고 있었습니다.

그런데 두 사람이 사랑하는 사이에 뱀과 모기가 극성을 부렸습니다. 며칠 동안은 모기장을 치고 늪 속에 독약을 뿌려 방어하였는데도 소용이 없었습니다.

드디어 한 아이디어가 떠올랐습니다. 새들은 아침이 되면 서로 인사하며 지저귀고, 벌레들은 저녁이 되면 노래 부르는데, 우리도 악기를 연주해 보는 것이 어떻겠는가 해서 만든 것이 파이프 오르간입니다.

저녁이면 저녁마다 사랑의 노래를 들려주고, 아침이면 모닝 클래식을 연주해 주며 열심히 자연을 찬양했습니다. 얼마 있지 않아 극성을 부리던 뱀이나 모기가 더 이상 사람들을 귀찮게 하지 아니 했습니다.

오늘날 아프리카 진료소에서는 자연의 노래, 사랑의 노래, 행복의 노래를 부르며 의료봉사를 하고 있습니다. 방편은 시대에 따라 달라질 수 있으나 부처님의 기본정신은 달라지지 않았습니다.

그 동안 중국, 한국, 일본, 동남아 일대에서 중생들을 위하여 써야 될 돈이 수행자들의 신행장 건립으로 다 들어가고, 그것들을 수리하고 보조하는 데만 신경을 쓰다 보니 세상은 더욱 가난해지고 불쌍해지고 있습니다.

한번 생각해 볼 일입니다.

제 40 강
중국의 문화혁명

1966년 6월 1일 인민일보가 발표하였습니다.
"모든 소귀신과 뱀귀신들을 쓸어버려야 한다. 이들이 3천년 내내 착취계급을 만들어 인민들을 괴롭혀왔기 때문이다."
이것이 저 유명한 중국의 문화혁명입니다.
①옛 사상 ②옛 문화 ③옛 풍속 ④옛 습관
이 넷이 4주(四舊)정신입니다. 이것을 그대로 놓아두고는 새 세계를 만들 수 없다는 것이었습니다.

8월 17일 밤 베이징 제2 중학교 홍위병들은 "낡은 세계에 대한 선전포고"란 최후통첩을 하고 8월 18일 경축대혁명대회를 열어 100만 대군이 천안문 앞에서 모택동을 만나고 바로 4구 파괴운동이 시작되었습니다.

산농성 곡부 공자묘가 부숴지고, 전국 여러 사찰의 불상과 패방을 처부순 뒤 철저히 재산을 조사하여 몰수하였습니다.
장서와 명문대가들의 서화는 물론 심지어 손톱 깎고 이용한 세발하는 기구까지 닥치는 대로 부수고 빼앗아 불태워 버렸기 때문에 거리에서는 화장하고 꽃머리를 한 사람들을 발견할 수 없었습니다.

 이렇게 문화재를 헐어버리고 무대의상을 불태워버렸으며, 사람들을 붙잡아 인민재판을 하여 죽인 뒤 스님들은 강제로 환속시키고, 무당, 판수, 점받이들을 한데 모아 쪽지처럼 구겨버리고, 신도들은 일체 종교활동을 할 수 없게 하였습니다.

 이 혁명이 일어난 이후 북경에서만 11만 4천호가 몰수되었고 10만호의 자본가 집, 전국 1천만 민간호가 몰수 당했습니다. 거기에 따른 서화, 출판물, 그릇, 장신구, 고서야 더 말할 것 있겠습니까. 매·란·송·죽, 춘·하·추·동 등 노자의 자연주의적 배경에서 만들어진 색깔이 여지없이 불태워졌고, 도·인·의·예·지·신 같은 공자님 사상이 들어있는 글자도 여지 없이 파괴되었습니다.

 1966년 10월 홍위병 지도자 척본우는 상관 담후란에게 허락을 받고 200명의 홍위병을 이끌고 공자 자손들을 동원 공자 무덤을 파헤치고 숲의 나무를 모두 베어 버렸으며 비석을 부순 뒤 "만세사표(萬歲師表)"라는 액자를 떼면서 만세3창을 하였습니다.
 또 담후란이 이끄는 홍위병 1000명은 산서성 주지현의 도교 성지에 가서 10리 안팎에 남아 있는 고적, 고궁, 무덤 등 2970건을 파괴하였는데, 그때 무너진 무덤 가운데 칭키스칸 황제묘, 주원장, 항우, 곽거병, 장릉경, 제갈공명, 악비, 원숭환, 강희지 등의 무덤을 모두 파헤쳤습니다.

상해에 있는 니콜라이 성당은 세계에서 단 둘밖에 없는 것인데, 파괴되고 지금 러시아에 남은 하나만이 동방정교회의 본으로 남아 있습니다.

불교계야 더 말할 것이 없습니다. 군인, 경찰도 아닌 중고등학교, 대학생들이 중심이 된 홍위병들은 말 그대로 철부지였습니다. 자기들을 가르치던 선생님들을 부르주아라 하며 때려 죽이고, 잘 사는 선생님 집들은 모두 불태워 버렸으며, 그들의 가족들은 죄인을 만들어 감옥소에 집어 넣었습니다.
모택동 배지를 달고 다니는 홍위병들은 어디 가나 문화재를 부수는 기계, 사람 죽이는 몽둥이로 통했고, 집을 수색하는 대혁명가로 알려졌습니다.

낙양성 백마사와 오대산 나한당은 중국불교가 가장 아끼는 문화재였는데, 그 속에 소장되어 있던 패다라 나뭇잎에 송곳으로 새긴 패엽경은 인도에서 최초로 가져온 것인데, 모두 불태워버리고 불상과 탱화를 박살내고 비구, 비구니 289명은 원적을 회복하여 생산대원으로 보충시켰습니다.

쉬인스님이 다시 세운 남화사 6조대사 진신도 이때 파괴되었는데, 절 안에서는 어떠한 종교활동도 하지 못하게 하고, 채식, 예불도 못하게 하였으며, 6조, 단하, 감산의 상을 구멍을 뚫어 시내로 끌고다니며 그들의 참모습을 보라고 외치고 다녔습니다.

마조 도일의 도량인 보봉에도 장안현 홍위병들이 뛰어들어

불상, 불경, 탑을 화약으로 파괴한 뒤 비구, 비구니들을 내쫓아 거지가 되게 하였는데, 그때 주은 사리가 지금 성문회관에 보존되어 있다가 다행히 1992년 본탑이 세워질 때 땅속 궁에 안치하였다고 합니다.

영파시 서암사 장경은 그래도 뜻있는 사람에게 알려져 현문화관으로 옮겨 보존되어 있고, 법문사 부처님 손가락 사리는 땅 속에 묻어 놓았는데, 홍위병들이 괭이로 파자 주지 향청법사가 법당에 불을 지르고 거기 겸허히 앉아 돌아가시자 차마 더 이상 파괴하지 못했다고 합니다.

북위, 북주의 무종, 후주 시대에 3무일종이 있어났다 해도 중국불교가 이렇게까지 되지는 아니했습니다.
이 일을 허락해준 모택동과 그의 문하관리들, 1960년대 미처 날뛰던 홍위병까지는 거의 다 알고 있지만 중국문화는 진짜 허허벌판이 되고 말았습니다.
한 순간에 의해 소멸되는 것을 볼 때 인류문화를 사랑하는 사람들은 진실로 한번 생각해볼 필요가 있습니다. 어찌 서양의 마녀사냥만 생각할 수 있겠습니까.

그때 상해 옥불사 불교학생이 생각하였습니다.
"사람은 한번 죽으면 다시 태어나면 그만이지만 문화재는 한번 없어지면 다시 회복시킬 수 없다. 내가 이 절 3층에 모셔진 구사론과 구사박론을 지키기 위해서는 이들 학생들의 소란을 막아야 되겠다."
하고 그 동안 인쇄소에서 배웠던 윤전기를 돌려 하룻저녁 사

이에 모택동 사진을 백만 부 만들어 담벼락에 빡빡하게 붙여 놓고

"모택동의 초상에 손을 대는 사람은 가차없이 사형시킨다."

하며 주위에 사진 찍는 사람들을 배치하였습니다.

이 아이디어 하나 때문에 옥불사는 불타지 않고 인도에서도 구경하기 힘든 문화재가 보존되었고, 그것이 장차 주은래 정부에 알려져 중화인민공화국 문화재 보호위원이 됨으로써 광란의 홍위병이 주저앉게 됩니다.

이 사람이 바로 중국거사림협회 회장인 조박초씨입니다. 얼마나 많은 사람, 얼마나 많은 문화재가 조선생의 아이디어에 의해 살아남게 되었으니, 이는 진실로 기적이 아닐 수 없습니다.

불 속에서 연꽃이 핀다는 말이 이를 두고 한 말이 아니겠습니까.

제 41 강

한국에 있어서의 불교위치

한국은 원초적인 면에서 그 역사를 찾아보면 아시아 및 유럽 일대까지도 막대한 영향력을 끼친 민족입니다. 이집트 시나이 반도일대까지도 몽골의 유목민들이 살고 있었으니 말입니다.

그러나 3국이 정립된 이후부터서는 고구려, 백제, 신라가 한반도의 범위를 넘지 못하고 그 가운데서도 중국과 일본에 영향을 받고 끼치는 불교를 하여 이들 3국은 서로 뗄려야 뗄 수 없는 경계에 있습니다.

불교가 들어오기 이전의 한국정치는 씨족 중심사회에 샤머니즘 세계를 벗어나지 못하고 있었고, 경제적인 면에서는 농경시대를 벗어나지 못하고 있었습니다.

그런데 고구려가 소수림왕 2년 서기 372년에 불교를 받아들임으로써 중앙집권적 정치제도를 받아들였으나 신라는 씨족들의 권위를 지키기 위해 이차돈과 같은 순교정신을 겪은 이후에 불교를 받아 왕권을 확립하기에 이르렀습니다.

이차돈이 물었습니다.

"임금님의 소망은 무엇입니까?"

"모든 백성들이 불법을 믿어 마음이 아름다워지고 착해지길 바란다."

"그렇다면 신이 부처님의 영험을 증명해 보이겠습니다."

"어떻게 그럴 수 있겠는가?"

"제가 임금님의 명령을 빙자하여 흥륜사 당터에 가서 나무를 베고 절터를 닦도록 할 것이니 임금님께서는 저를 불러 꾸짖고 만인이 보는 앞에서 목을 베십시오."

"부처님은 비둘기 한 마리를 살리기 위해서 온몸을 베어주고, 호랑이 새끼를 구하기 위하여 스스로 그 몸을 던졌다 하는데, 어찌 죄없는 사람을 죽일 수 있겠느냐?"

"그거야 중생을 위한 자비이고 법을 펴기 위해 다생에 실천하신 보살정신인데 어찌 이 목숨을 사람과 법에 비할 수 있겠습니까?

감동한 임금님은 아무 말없이 승낙하였는데, 이튿날 청경림에 나무가 베어지고 절터를 닦는다는 소문을 듣고 사람들이 떼를 지어 모여와서 데모를 하였습니다. 법흥왕은 즉시 명령을 내려 이차돈을 데려와 사형을 집행하였습니다.

"무슨 할 말이 없느냐?"

"온 세상을 볼 수 있는 눈을 갖추시고
모든 중생의 고통을 벗겨주시는 부처님
어두운 세계가 밝아지고 세상이 평화롭고 아름다워
신이나 귀신의 힘이 차차 물러나게 하옵소서."

순간 목이 떨어졌는데, 이차돈의 목에서는 흰 피가 석 자나 솟아 갑자기 안개가 끼고 비바람이 불어 천지가 어두워졌다 밝아지므로 사람들은 놀라 엎드려 참회하고 너나없이 불법을 믿게 되었습니다. 이로 인해 술사들의 무속신앙이 차차 정법화되기는 하였으나 너무도 오랜 세월 습관에 젖었던 것이기 때문에 불교 속에서도 무속적인 의식이 겸해서 나타났습니다.

하늘을 섬기고 땅을 섬기고 물을 섬기며 산을 섬기는 신앙은 태초이래 어느 사회에서나 볼 수 있는 것이지만 특히 부처님을 태양신, 달님, 해님과 같이 생각하고 산과 물에도 산신 할아버지와 물할멈이 있어 죄인들을 잡아가고 선한 사람들께 복을 준다는 사상이 싹트게 되었습니다.

국가에서는 부처님의 가호 속에 나라가 안정되기를 바라고 국민들의 생각이 호국적으로 물들기 위해 매년 산악신앙을 권장하였고 젊은 청년들에게는 미륵선화 정신을 부각하여 산천경계를 답사하고 용맹을 훈련하게 하였으니 이것이 저 유명한 화랑정신입니다.

뿐만 아니라 나라의 임금님까지도 빔비사라 임금님이 지켰던 경신년 경신월 경신일 철야정진하는 풍습이 생겼고, 중국에서는 그날 관세음보살을 부르고 기도하며 아미타불 염불을 하면서 조상천도를 하였는데, 한국에서는 7성신앙과 산신, 용왕신앙, 시왕신앙이 크게 번성하게 되었습니다.

불교는 원래 신을 믿지 않는 종교인데 이렇게 신들에게 공양을 올리고 재앙을 없애는 기도를 중심으로 열심히 하다 보니 문턱 밑에 염라대왕이 대기하고 있을 정도로 천지팔양 구요신앙이 도량의식으로까지 발전하게 되었습니다.

하기야 3면이 바다요, 반도 전체가 산악으로 이루어져 있으니 그들 신앙을 무시할 수 없었을 것입니다. 티베트와 중국 사람들은 바다와 용신앙이 없지 않았지만 맑은 일기, 높은 산 때문에 하늘에 있는 별들이 손바닥 위의 구슬처럼 대낮에도 훤히 들어나 동서남북의 별들을 낱낱이 관찰하고 그들의 변화를 따라 달력과 일력을 만들고 그것을 중심으로 인생의 길흉을 점치는 점성술이 발전하게 되었습니다.

각성(角星)은 뿔이 달렸으니 싸우면 아니 되고, 항성(亢星)은 위로 올라가 있으니 위 사람을 잘 섬겨야 하며, 저성(底星)은 밑으로 내려가 있으니 아래 사람을 잘 다스려야 한다.
이렇게 동두칠성, 남두칠성, 서두칠성, 북두칠성을 계산하고 그들의 변화를 따라 상하, 전후, 좌우가 옮겨가므로 3태허정과 6순곡생을 잘 조화하여야 한다고 생각하였습니다.

북주 제1 탐랑성군는 쥐띠와 연관이 있고,
북주 제2 거문성군은 소, 돼지띠와 연관이 있고,
북주 제3 녹존성군은 호랑이, 개띠와 연과 있으며,
북두 제4 무곡성군은 토끼, 닭과 연관이 있으며
북누 제5 염정성군은 용, 원숭이,
북두 제6 무곡성군은 뱀, 양띠,
북두 제7 파군성군은 말띠와 연관이 있다 하여
이들의 길흉화복을 그들의 변색과 명암을 따라 부적을 가지고 기도하였습니다.

우물에는 정신이 있고,
바다에는 용왕이 있고,
절에는 가람신이 있고,
자연에는 비, 바람신이 있고,
하늘에는 제석, 4천왕이 있고,
죽은 사람에게는 혼, 백이 있고,
부엌에는 조왕,
산에는 산신이 있어

인생의 흥망성쇠를 좌우한다 생각하고 그들의 비위를 맞추기 위해 온갖 수단과 방법을 써서 신들의 마음을 달래고 기쁘게 하였습니다.

몽골에서는 선한 일을 관장하는 백무당과 악한 일을 담당하는 흑무당이 있어 착한 일에는 칭찬하여 보상하고, 악한 일에는 참회하고 뉘우치는 일을 하는 것이 보통이었는데, 한국에서는 너무 여러 가지 신을 혼돈해서 신앙하다 보니 전문인이 아니고는 알 수가 없었습니다.

원래 화엄신장은 부처님께서 화엄경을 설하실 때 불법을 옹호하는 신장으로 지상 19신, 허공 8대신, 천상 18신하여 39위 신장을 모시고 호국 안민에 감사 기도하는 것이 특징이었지만 대승불교에 와서는 104위 신장으로 그 숫자가 훨씬 많아져서 길흉화복은 말할 것도 없지만 하는 일마다 신을 받드는 행위가 되어 나중에는 유교, 도교의 배척까지 받게 됩니다.

무엇이고 지나치면 폐해가 일어나게 되어 있으므로 신화와 불교를 함께 연구하는 학문이 발전하게 되었으니,
　원광법사의 세속 5계, 자장율사의 계율정신, 5대산 신앙과 비보사탑설이 싹트게 되었고, 원효대사는 화쟁논을 써서 모든 사상이 바를 정(正)자 중도 속에서 화합하도록 가르쳤습니다. 그 가운데서 신비의 밀교까지 들어와 조화를 이루어 미타정토 삼부경이 이 나라를 그대로 불국토로 보고 온 백성들을 승가로 봐 화합하고 공경하는 아름다운 세상을 만들었습니다.

　고려 태조의 28주(전주, 진주, 상주 등) 순행과 도선국사의 비보사탑설은 모두 이 가운데서 결실을 맺은 학문이라 볼 수 있습니다. 미신도 모르면 미신이지만 바르게 알기만 하면 정법이 되므로 설사 과거에 잘못 알고 믿었다 하더라도 바로잡고 깨닫기만 하면 무지한 중생들을 제도하는 훌륭한 자양이 될 수 있습니다.

　한국은 지금 서양의 흑백논리와 일본의 제국주의에 물이 들어 사람을 사람으로 보지 않고 신의 도구 또는 노예로 착각하고 있는 경향이 있으니 정신 차려야 할 것입니다.
　일본의 황도주의는 귀족과 천인, 권력과 노예, 양단으로 갈라 일본 귀족이 조선 천민을 거느리고 국가관이가 서민노예들을 부려먹는 세상을 만들었습니다.

　서양의 유일신사상은 하나님 사상과 다신교, 범신론 사상을 비교하여 하늘을 믿는 사람은 문화인이고 귀한 사람이며 땅이나 귀신, 조상을 섬기는 사람은 상놈이라 업신여겼고 어려서부

터 미국, 유럽에 유학하여 이 사상을 받들어온 사람은 하늘의 자손으로 땅의 자손들을 지배할 능력이 있다고 자부해 왔으며, 그들이 조상대대로 물려온 재산을 10일조로 바치게 하여 상을 주고 명예를 주었습니다.

서양에서도 이를 반대한 사람들은 마녀로 사냥하여 만인이 보는 가운데서 손톱, 발톱을 빼고 가죽을 벗겨 뜨거운 물에 디쳐 죽였고, 귀신으로 돌아다니면 아니 된다 하여 화장하여 뼈까지 흩어 버렸습니다. 그리고 아이들에게는 오직 여호와나 알라 이외의 다른 성현의 이름이나 상호까지도 미신 우상이라 하여 섬기지 못하게 하여 그들이 추존하는 역사 외는 모두 불태워져 없어졌습니다.

세계 제1차대전과 제2차대전이 그들의 사고방식에 의해 싹이 텄고 지금도 세계 각국에서 일어나는 전쟁과 테러는 이들 단체에 의해서 이루어지고 있습니다. 이들은 각기 자기가 믿는 신을 믿는 자에게는 의식과 학비를 대어주어 제2, 제3의 테러분자로 양성해냄으로서 IS, 기독교들이 1천년 이상을 계속 전쟁을 해오고 있습니다. 이제 한국도 5천년 역사를 통해 깨우칠 만도 한데 지금도 돈, 사랑, 명예만 주면 사족을 못 쓰고 달려드니 일본, 미국, 중국인들이 한국인들을 개돼지라 부르고 있지 않습니까. 정신차려야 합니다.

부처님은 오직 한 가지 바를 정자의 뜻으로 가르쳤으니 바를 정(正)자가 있는 사람은 깨달을 정(定)자가 있는 사람이고 거짓 망(妄)자로 세상을 살아가는 사람은 열 번을 죽었다 깨어나도 주구의 신세를 면치 못할 것입니다.

제 42 강
원효스님의 통불교

　원효스님은 한 민족이 탄생한 위대한 성자입니다. 인도의 원시근본불교가 부파불교로 발전하여 중국의 종파불교로 분열, 4분5열하던 불교를 통일한 대보살입니다.

　일생에 107부 231권이란 방대한 저술을 남기고 이를 실천하기 위해서 전국 방방곡곡을 돌아다니면서 포교하신 성사의 역사는 중국, 한국, 일본 등 곳곳에 그 성지가 남아 있습니다.

　지금 경북 경산에는 원효, 설총, 일연, 세 성현을 모신 사당이 있고, 원효스님이 탄생한 사랑골, 화엄경 10회향품을 저술한 분황사 모전석탑, 일본 화엄종의 중흥조 명혜상인이 모아 후배양성의 교재로 삼았던 금강삼매경론, 보살계본지법요기, 기신론 별기, 판비량론이 일본 고산사 문화재로 지정되어 있습니다.

　젊어서 의상과 함께 중국 유학을 가다가 밤중에 귀신을 만나 도를 깨달은 장소는 지금 남양에 남아 있고, 요석공주와 인연

한 뒤 설총을 낳고 복성거사로 천하를 주유하며 풍류하는 모습도 일본 교토박물관에 남겨져 있습니다.

오어사에서 혜공스님과 함께 천렵을 하고 다시 살려낸 고기들이 자라고 있는 항하사 절, 곡성 도림사에서 의상선사와 함께 공부하던 도림사도 남아 있습니다.

천년의 역사가 화쟁국사의 비문에 남아 있고, 아들을 사랑하던 원효가 설총의 정성에 감응하여 고개를 돌리는 모습도 광주 무등산 벽화에 남아있습니다. 설악산 영혈사의 물을 양양 낙산사 홍연암으로 끌어 목마른 사람들의 목을 축여주었던 샘물이 아직도 두 곳에서 청청히 흘러내리고 있습니다.

중국 운제사의 천명대중을 소반을 던져 화염 속에서 구제하여 화엄경을 설해준 양산 청성산 척판암도 현재 그대로 남아 있습니다. 이렇게 이 나라의 불도를 위해 헌신하신 원효스님의 역사가 종합불교, 환원불교, 회통불교라는 이름으로 재생되고 있습니다.

"歸一心源 利益衆生"

한 마음으로 돌아가 중생들을 이익되게 하라 하신 원효스님의 불교를 "인도의 서론불교가 중국의 각론불교로 발전한 것을 최후 결론을 내린 통일불교"로 중국, 한국, 일본에서 모든 종파를 초월한 신인으로 모시고 있습니다.

산중에서 민가로, 전당에서 거리로, 궁중에서 시중으로 천촌만락을 걸림없이 노래 부르고 춤추며 마음껏 돌아다니던 원효스님, 그 이름과 같이 지금도 세계의 어두움을 쫓아내고 있습니다.

국내 뿐 아니라 미국 스토니부륵 뉴욕주립대학에서는 원효전서를 영역하였고, 프랑스와 독일 등 유럽의 유명대학에서 기신론소, 금강삼매경 등을 열강하고 있습니다.

고 이기영박사님이 프랑스 유학을 가니 주임교수님이 물었습니다.
"해동소(海東疏)를 아느냐?"
"모릅니다."
하니
"해동소도 모르는 사람이 무엇하러 여기까지 왔는가?"
하여 원효사상을 체계있게 연구할 계기가 되었다는 말은 너무도 유명합니다.

인도에서는 용수보살, 중국에서는 6조대사, 한국에서는 원효스님을 세계의 3대 성현으로 모시는 사람도 있습니다.
1973년 원효전서가 원효종에서 발간되어 93년 문화체육부에서 시행한 "이달의 문화인물"로 지정된 뒤 중앙승가대학 학인스님들에 의해 번역된 논문들을 모아 총 19권으로 간행하면서부터 한국에서도 원효사상에 대한 불이 붙게 되었습니다.

길거리의 각설이 타령은 원효의 부애가가 재록된 것이고, 그의 걸림없는 춤은 신행결사운동으로까지 번져나가고 있습니다. 조선조 500년 불교를 탄압하던 유생들도 동문선 133권을 만들 때 원효의 서문 6편을 실어 한국의 율곡선생이 원효를 꼭

닮았다고까지 칭찬한 일이 있습니다. 사람은 갔으나 그의 정신은 아직도 전세계를 지배하고 있습니다.

특히 그가 주장한 회삼귀일(會三歸一)사상은 인류의 화쟁사상으로 발돋움하고 있습니다. 신라가 3국통일을 하는 기초를 이 사상에 기본을 두고 있으나, 지금 남북은 무엇으로 통일할 것입니까.
이제원융(二諦圓融)인가?
진속불이(眞俗不二)인가?
참되고 한결같은 마음 이외에 또 다른 마음이 있겠는가. 부처님께서 마지막 임종하실 때 수발다라가
"부처님은 무엇을 근본으로 삼습니까?"
하니
"바를 정(正)자가 있으면 외도도 불교이고, 바를 정자가 없으면 불교도 외도다."
하신 말씀, 귀담아 들어야 할 말씀입니다.

10문 화쟁론의 내용을 보면 주로
① 불변(不變)과 수연(隨緣)
② 염(染)과 정(淨)
③ 진(眞)과 속(俗)
④ 공(空)과 유(有)
⑤ 사람(人)과 법(法)이
모두 일심에서 나타난 동전의 양면에 불과하다는 것입니다. 손바닥도 사람이고 손등도 사람이니 한쪽만 보지 말고 양면을 한꺼번에 보아

① 불변과 수연
② 일과 이치
③ 깨끗하고 더러운 것
④ 어리석고 지혜로운 것
⑤ 씨앗과 열매가 본래 하나로서 동일체가 된다는 것을 깨달아야 할 것입니다.

부처님께서 성문, 연각, 보살을 이야기 한 것은 결국 일불승을 위한 것이니 깨닫기만 하면 공유이집(空有異執)이 없어지고 중관유가가 모두 하나가 되고 법상, 법성이 나누어질 필요가 없다는 것입니다.

공·가·중(空·假·中) 3론을 깨달으면 대립했던 두 집이 한 집으로 통일될 수 있으니 불성이 있다 없다, 중생이 성불한다, 못한다 논하지 말고 모두 고집을 버리고 화합하면 그 가운데서 평화를 맛볼 수 있습니다.

오늘 우리 불교도 무슨 종, 무슨 종으로 패를 가르고, 혼자 사는 사람, 둘이 사는 사람이 서로 다른 것처럼 인식하고 있는데, 알고 보면 모두가 똑 같은 사람입니다.

나만 사랑하고 내 것만 고집하는 아만(我慢), 아애(我愛), 아견(我見)을 버리고 부처님의 대자대비로 돌아가 힘있는 자는 힘 없는 자를 돕고, 잘난 사람들은 못난 사람들을 가르쳐 이 나라 백의(白衣)의 얼이 만방에 빛날 수 있도록 노력해야 하겠습니다.

부끄럽지 않습니까. 미국, 일본, 중국의 행패로 보아 도아주는 척 하면서도 골탕을 먹이는 이웃인지, 동기인지, 나는 그 속을 알 수 없습니다. 나는 대만이 서양의 보호막으로부터 벗어나면서 중국과 교통하여 무역의 80%를 동족과 나누고 있는 것을 매우 부럽게 생각합니다. 가난한 나라가 얻어먹다가 쪽박까지 깨버리는 수가 있으니 우리 불교인들은 정신을 차려 원효대사의 10문화쟁론을 실천하도록 하여야 할 것입니다.

제 43 강
한국 특유의 호국불교

고려 불교를 어떻게 규정하고 평가할 것인가 하는 문제는 여러 가지 측면에서 생각해 볼 수 있습니다. 그러나 고려 태조가 일찍이

"옛날 신라가 9층탑을 세워 3국통일을 이룬 일이 있으니 개경에 7층탑, 서경에 9층탑을 세워 현공(玄功)을 이룩하게 하라."

하신 것과 건국 초 10훈요를 만들어 불보살의 가피로 나라를 보호하게 한 것을 보면 고려 불교는 명자 그대로 호국불교가 아닌가 생각됩니다.

그러나 이러한 신앙이 재래의 토속신앙과 습합함으로써 전통적인 불교신앙과는 거리가 멀게 되었습니다. 말하자면 산의 신앙, 강천 숭배, 용궁, 가택 신앙이 한데 어울려 나중에는 중심을 잡을 수 없을 정도로 매우 복잡하게 되었습니다.

결국 이것은 '8관회'라는 이름으로 내려오다가 궁예에 이르러서는 민속적 신앙으로 대중화 되기도 하는데, 최근 들어 신흥종교의 교주들이 대부분 미륵의 화신을 자초하는 것도 여기서 연유된 것입니다.

사실 묘청은 이같은 사상을 배경으로 8성당신앙으로 서경천도 운동을 일으키게 되었고, 군소종단 집안이 우후죽순처럼 나타나 나라의 정신이 어수선해지자 최씨무신정치가 가장 뛰어난 불교단체를 업고 경제의 패권을 장악함으로써 나라가 망하게 됩니다.

훈요 10조를 보면,
첫째, 국가대업은 불보살님들의 가호에 의하여 이루어지기 때문에 선·교 사원을 잘 관리하여야 한다.
둘째, 사찰건립은 지덕을 손상하지 않게 도선의 비기를 잘 지켜가기 바란다.
셋째, 왕위계승은 장자를 위주로 하되 장자가 불실할 때는 차자를 정하나 차자 또한 실답지 못할 때는 다른 형제들 가운데서 중망자가 대통을 계승하게 한다.
넷째, 우리나라는 예전부터 친당풍습을 본받아 왔으나 풍토와 인성이 다르므로 반드시 같이 할 필요는 없다.
다섯째, 서경을 중심으로 子·午·卯·酉가 드는 해는 순수하여 100일 머물며 안녕을 기도하라.
여섯째, 연등회와 8관회를 실시하여 부처님과 천룡8부를 실천하여 국기를 바로 세우라.
일곱째, 백성들의 간언을 받아들이고 간신들의 참소를 멀리 하라.
여덟째, 공주 이남 사람들을 함부로 쓰지 말라.
아홉째, 녹봉은 나라의 대소에 따라 정하고 함부로 증감하지 말라.
열째, 널리 경사를 섭렵하여 옛 사람들을 거울로 삼아라.

이것이 고려태조가 임종시 박술희에게 전하여 후세에 귀감이 되도록 부탁한 것입니다. 이 가운데 첫째과 둘째가 불교에 해당되는 말이니,

첫째는 절을 함부로 짓지 말고, 사원을 경영하는데 종파를 따라 분쟁하지 말 것을 부탁한 것이고,

둘째는 도선의 비보사탑설을 중심으로 호국안민을 위해 절을 지으라는 말입니다.

그리고 여섯 번째는 국가적인 의식을 불교와 민속신앙을 배경으로 하여 연등회와 8관회를 구분하라 하였는데, 이것은 순수한 불교신행과 민속신앙을 구분하라는 말이었습니다. 이것은 국기의 획일과 혼동되지 않게 하기 위해서 미리 경계한 것입니다.

내용을 간추려보면 요순의 역산과 양위를 본받고 한 고조의 왕업을 본받아 불보살의 정신에 의해서 나라를 다스리고 백성들을 제도할 것을 부탁한 말입니다.

8관회는 원래 인도의 바라문들이 정월, 5월, 9월 초하루, 보름날 금식하며 좋은 일 하던 습속에서 연유된 것인데, 이것을 불교에서 받아 재가신도들이 일년에 한번씩 신행하는 날로 규정한 것입니다.

첫째, 살생하지 않고,
둘째, 주지 않는 것은 갖지 않고,
셋째, 사음하지 않고,
넷째, 거짓말 하지 않고,
다섯째, 술 마시지 않고,

여섯째, 크고 넓은 침대를 사용하지 않고, 노래하고 춤추지 않는다는 것입니다.

고려에서는 태조 1년 11월부터 시작하여 궁예가 매년 겨울에 실시하여 추수감사절 산천악독신앙과 겸함으로써 부처를 공양하고 온갖 신들을 즐겁게 하는 공양의식으로 발전하였습니다.

그런데 인종 때 묘청의 8성신앙이 서경천도운동으로 발전하여 나중에는 지방의 민중운동이 되어 수많은 기생들의 노래와 춤이 곁들어 포구락(抛毬樂), 구장기별기(九張機別技), 왕문대가무(王紋隊歌舞)를 공연하여 일종의 종합예술제전으로까지 발전하였습니다.

왕과 신하들은 신봉루에 나아가 풍악을 감상하고 돌아오는 길에는 반드시 노래와 춤, 음주를 겸하였기 때문에 서민들도 따라하여 용·봉·코끼리·말·수레·배 등을 만들어 가장행열을 하고, 꽃등과 향등을 연화대 위에 늘어놓아 송나라 상인과 동번, 서번, 탐라 등지에서 온 토산품 장사꾼들이 진을 침으로써 가히 볼 만한 구경거리가 되었습니다.

따라서 관사에서는 이 행사의 비용을 모으기 위해 계와 보를 조직하고 일년내내 비용을 거두었으므로 이를 관리하는 4품 사(使) 1인과 5품 이상의 부사 2인, 판관 4인, 이속, 기사 2인, 기관 1인, 산시(경리) 1인 하여 관리까지 생기게 되었습니다.

원래 이 행사는 1일 1야에서 그치게 되었는데, 경향각지에서 사람들이 많이 모이다 보니 3일 내지 5일까지 연장되기도

하고, 어떤 때는 15일을 넘어 한 달까지 사람들이 흩어지지 아니하므로 연례 대행사가 되어 폐해도 적지 않았습니다.

예종 10년(1115)에는 배우들에게 명하여 왕의 의장 안에서만 춤추고 노래하되 3경을 넘지 않게 하였으나 1120년 이후에는 화려한 기물에 사치한 사람들이 상하전후의 차별이 없이 마구 뒤섞여 엉망진창이 되었으므로 여악(女樂)을 금지하고 담당 집사를 구금하는 일까지 생겼습니다.

순수한 불교의 8관재계행사가 민속신앙과 접함으로써 사회문란을 일으켜 윤리도덕이 문란해지고 더 나아가서는 이들 비용을 작만하기 이해 최씨무신인들과 사찰의 사주들이 일수, 월수를 내어 고려불교에 일대혁명을 일으켰으나 나중에는 곳곳의 사찰에서 곡수 은행 고리대업까지 하게 되어 결국 배불운동의 씨가 되고 말았습니다.

여기서 "좋은 일도 없는 것만 못하다"라는 말이 생겼으니, 신성한 종교를 덕목으로 삼는 불교는 비록 그것이 관제사명으로 진행되더라도 잘못된 일, 민폐를 끼치는 일에 대해서는 적극적으로 동참해서는 아니 될 것입니다.

제 44 강
몽골의 침입과 불교

 몽골은 몽골고원을 중심으로 만주와 중국 북부에 자리잡고 살고 있던 유목민들의 나라입니다. 13세기 초 흥기하여 아시아와 유럽 양 대륙에 대제국을 건설하였는데, 그 과정에서 고려에도 침입하여 80여년간 지배하였습니다.

 몽골족은 여러 개의 부족으로 형성되어 요(遙), 금(金)등의 지배를 받고 있었는데 몽골부족의 테무진(鐵木眞)이 전 부족을 통일하고 세계를 정복하기 시작하였습니다. 말하자면 서기 1206(희종 2) 몽골족이 투르크족의 유목민들을 통일하고 테무진이 칸(汗)에 올라 징기스칸(成吉思汗)이라 칭하고 대몽골제국을 세운 뒤 정복전쟁을 시작, 주위의 서하국(西夏國), 금나라, 서요국 등을 정벌하였으며, 서쪽으로는 중앙아시아, 서아시아, 남러시아에 이르는 대제국을 형성하였습니다.

 확대된 영토는 징기스칸의 아들, 동생들이 차지하게 되었는데, 이로인해 차가타이(察昇活), 오고타이(窩闊台), 카차크(欽察)등이 분활하여 다스려지게 되었고, 몽골 본토는 막내아들

투후이(抱雷)가 맡아 다스리게 되었습니다.

　1271년 (원종 12) 중국을 정복한 뒤 나라 이름을 원(元)나라로 바꾸고 고려에 인접한 요동지역을 징기스칸의 막내동생 오치킨(幹赤汗)에게 분봉하였습니다.

　고려의 침입은 제1차로 1218년(고종5) 몽골군이 거란의 유민들을 추격하여 고려에 들어오면서부터 시작되었는데 이보다 앞서 요나라가 멸망한 뒤 금나라의 지배를 받고 있던 거란족이 1211년(의종 7) 몽골의 도움을 받아 부흥운동을 일으키게 되면서부터입니다.

　그런데 그들은 지배층의 내분으로 야율유가(耶律留可)가 몽골에 투항하자 이에 반대로 몽골의 건앙을 공격하여 이미 쫓긴 거란족들이 1216년(고종 3) 결국 고려를 침범하게 된 것입니다. 이에 고려에서는 북계(北界)를 침법당하고 개경마저 위협을 느끼자 반격하여 서경 동쪽 강동성(江東城)으로 몰아 넣었습니다.

　이때 몽골에서는 포선만노(蒲鮮萬奴)의 동진국(東眞國)과 연합하여 거란유민들을 뒤쫓아 고려에 들어왔고, 추위에 군량마자 떨어지자 고려에 군량과 원병을 요청하였습니다. 고려에서는 이를 받아들여 서북면 원수 조충(趙沖)과 병마사 김취려(金就礪)를 보내 거란유민을 뒤쫓고 강동성에 들어왔던 거란족을 섬멸하였습니다.

　그후 몽골의 요청에 따라 고려와 몽골은 형제의 의(義)를 맺게 됩니다. 그런데 몽골은 그때부터 고려에 대해서 공납(貢納)을 요청해 왔고 고려 측에서는 이에 반발하여 긴장감이 감돌고 있었는데, 마침 몽골 사신 제구의(著古興)가 고려에 파견되었다가 돌아가는 길에 금나라 경계에서 피살되자 보복차원에서 1231년부터 1258년까지 28년간 7차에 걸쳐 고려를 침범하였습니다.

(1) 제1차 침입

1229년 제2대 오모타이(太宗)가 칸에 올라 요동방면의 동진국과 금나라에 대한 공격이 재개되어 1231년 8월부터 고려를 침공하기 시작하였습니다. 이때 살리타(撒禮塔)가 지금의 의주(咸新鎭)를 거쳐 철산(鐵山), 구산(龜州), 정주(靜州), 안주(安州), 봉주(鳳州), 평주(平山) 등을 점령하고 연말에는 개경을 에워쌌습니다.

한편 한 부대는 양주, 광주, 충주, 청주를 거쳐 남쪽으로 치달으므로 고려 병마사 채송년(蔡松年)이 온 힘을 다해 방어하였으나 개경까지 빼앗기게 되자 고려정부서는 권항사(勸降使) 회안공(淮安公 : 抵)을 보내 제구유 피살사건을 금나라의 소행으로 결론을 짓고 화해하였습니다.

(2) 제2차 침입

이렇게 화해를 맺긴 하였으나 사실 이것은 고려의 본뜻이 아니었습니다. 그런데 몽골에서는 도단(都旦) 다루가치를 보내 지나친 거만으로 고려를 업신여기고 또 과중한 예물을 요구하므로 이에 격분한 무신들이 강화도로 피난하여 항전하게 되었습니다. 몽골인들은 수전(水戰)에 익숙하지 못하였기 때문입니다. 뿐만 아니라 내서 윤복창(尹復昌)과 세경순무사 민희(閔曦)가 각각 서북방에서 다루가치를 습격하였으니 이에 격분한 몽골군 살리탑이 1232년 경상도까지 내려가 약탈을 일삼았습니다. 이에 격분한 김윤후(金允候)가 용인(龍仁城)에서 살리타를 사살하자 부장 대구(鐵哥)가 나머지 군대를 데리고 철수하였습니다.

북계 병마사 민희가 최우의 사병 3천명을 이끌고 개경에 들어가 제1차 침입때 몽골군의 앞잡이가 되었던 홍복원 일당을 요양(遙陽)지방으로 몰아내 제2차 전쟁은 완전한 고려의 승리로 끝났습니다.

(3) 제3차 침입

이렇게 몽골군의 침입을 막은 고려 군사는 그 길로 동진국과 금나라를 정벌하여 약 2년 동안은 평화롭게 지냈는데, 다시 몽골군들이 동진국과 금나라, 남송을 정벌하고 그 여세를 몰아 고려에 까지 침입하여 제2차 때의 패배를 설복, 경상도, 전라도에 까지 쳐들어 갔습니다.

이에 고려에서는 개주, 온주(온양), 죽주(죽령), 대흥(예산)에서 몽골군을 몰아내고 각지의 산성을 방호 별감들에게 명령하여 지키게 하였으나 전쟁이 쉽게 끝나지 않게 되어 천상 부처님의 힘을 빌리지 아니하면 아니 되겠다 생각하여 8만대장경 조조불사를 시작하였습니다.

그러나 몽골군의 악랄한 침범으로 지방의 폐해를 막을 수 없어 1238년 장군 김보정(金保鼎)과 어사 송언기(宋彦琦)를 몽골에 보내 강화를 촉구하고 철군을 요청했습니다. 이에 몽골은 고려국왕의 친조를 조건으로 강화하였으나 마침 고려국왕의 모후 유(柳)씨의 초상이 있어 갈 수 없으므로 왕족 신안공(新安公 : 佺)을 왕의 동생이라 칭하고 입조케 하였습니다. 신안공은 그 다음해 무사히 귀국하였으나 그와 동행한 사신들이 강화에 피난 가 있는 주민들을 조사 보고하게 하고 항몽에 참여한 관어들(香魯花)을 인질로 보낼 것을 요구하였습니다. 그런데 마침 몽골에서는 오고타이가 죽고 왕의 계승을 위해 분쟁이 많으므로 그간 신안공의 전의 종형인 영녕공 준을 왕의 친아들이라 하여 귀족의 자재 10여 명을 인질로 보내 화해하였습니다.

(4) 제4차 침입

몽골에서는 4, 5년간 분규 끝에 구유주(貴由 : 安宗)가 즉위하여 국내의 정치를 안정시키자 그 다음 해인 1247년 고려조의 친조가 이루어지지 않았다는 것을 이유로 다시 침입하게 되었습니다. 그러나 이때 아무간(阿侃)이 주장으로 왔으나 남쪽 지방까지 오지 않고 북방한계선 내외에서만 서성이다가 구유 국왕이 죽자 끝이 났습니다.

(5) 제5차 침입

1251년 취임한 새 임금 헌종(憲宗)이 즉위하여 왕의 친조와 출육환도(出陸還都)를 재촉하였습니다. 그래 이듬해 1월 고려에서는 이현(李峴)을 파견하여 6월 말에 입조할 것을 약속하였으나 무신 최항의 반대로 실천되지 못하고 있자 1253년 예구

(也窟)를 주장으로 제5차 침입이 이루어져 경향 각지에 극심한 피해가 나타났습니다. 이에 고종이 강화도에서 나와 승천부(昇天府)에서 몽골사신을 만나고 왕자 안경공 창(安慶公 : 珺)을 몽골에 보내 왕의 친조를 대신하였습니다. 이로서 몽골과의 화친이 다시 이루어졌습니다.

(6) 제6차 침입

그러나 몽골군은 철수한지 반년쯤 지나 다시 사신을 보내 최항 등 최씨 무단정부를 개경으로 환원시킬 것을 요청하였습니다. 그리고 자랄타이(車罰大)를 보내 1254년 7월 전국토를 유린하였습니다. 이때 1년 동안 적의 포로가 된 사람들이 20만 명, 살육된 사람은 말로 표현할 수 없었습니다. 몽골군이 지나간 곳은 어느 곳이나 잿더미가 되었고 경상도, 전라도에서 별초군을 뽑아 강화도를 수비토록 하였습니다.

이때 자랄타이는 몽골군을 강화도 근처에 집결시켜 고려국왕을 괴롭혔으나 지방의 의용군들이 곳곳에서 활약하여 몽골군대에도 막대한 피해가 있었으므로 감수강(金守剛)의 외교로서 화해하고 다시 모두 철수하였습니다.

(7) 제7차 침입

제6차 침입에서 약속한 국왕의 입조와 줄육환도가 이루어지지 않고 매년 보내던 예물까지도 오지 않았으므로 1257년 6월 자랄타이가 황해, 경기, 충청 일대를 약탈하였습니다. 그러나 국왕의 입조가 이루어지지 않으므로 그 수준을 조금 낮추어 왕자들의 입조를 요구하여 마침내 28년간의 전쟁이 종지부를 찍게 되었습니다.

이에 몽골과의 화친을 반대한 최씨 무단정치의 영수 최의(崔誼)가 유경 김준 등에게 살해됨으로서 5월에 강화되고 12월 박희신과 조문주가 몽골에 가서 전후 사실을 아뢰고 이듬해 3월 태자 전(倎 : 元宗)을 몽골에 보냄으로서 전쟁이 끝난 것입니다.

이때의 강화조건은,
첫째, 고려태자의 입조로 고려의 풍습은 바꾸지 않고,
둘째, 몽골사신의 빈번한 왕래를 자제해 주고,
셋째, 개경환도를 재촉하지 않고,
넷째, 몽골군은 모두 철수시키고,
다섯째, 다루가치를 두지 말 것을 요구해 승낙 받았습니다.

그런데 그때 (1259) 마침 몽골에서는 망구가 죽고 쿠빌라이(세조)가 등극하여 남송의 침략도 중지하고 화해함으로써 동아시아에 평화가 찾아오게 되었습니다. 그래서 고려에서도 1261년 태자 심(諶 : 忠烈王)을 입조케 하고 64년에는 처음으로 국왕의 친조가 이루어졌습니다.

그러나 무신정권은 강화도를 지키면서 호시탐탐 기회만 노리고 있었는데, 마침 몽골이 1265년는 일본정벌을 계획하여 1268년 다시 출육환도(出陸還都)를 종용하였습니다. 그러나 무신 김진이 듣지 않고 몽골사신을 죽임으로써 더 험악한 지경에 이르렀습니다. 그때 임연이 김준을 제거하고 원종마저 폐위

시켜 상당히 험악한 지경에 이르렀으나 몽골이 임연에게 압력을 가해 다시 원종을 복위시켰습니다.

한편 몽골에 억류된 원종이 몽골군과 함께 귀국하여 최씨 무단정치를 해체함으로써 평화가 이룩되게 되었지만 몽골정부에서는 다시 다루가치를 두고 고려에 둔전경략사(屯田經略司)를 설치함으로써 고려는 원의 부마국으로 전락하게 되었습니다.

그 중에서도 무신들은 곳곳에서 3별초가 나타나 정치적으로 경제적으로 노예화 되어가는 국가를 구하고자 노력하였으나 마침내 고려는 자주성을 잃고 장차 80년간 몽골의 지배를 받게 됩니다.

제 45 강

몽골 부마국으로서의 고려

이렇게 몽골의 지배를 받던 고려는 제25대 충렬왕(忠烈王) 때부터 충선(忠宣), 충숙(忠肅), 충혜(忠惠), 충목(忠穆), 충정(忠定), 공민왕(恭愍王)에 이르기까지 충정만 빼고 6대에 걸쳐 몽골 황실여인들과 결혼하여 사실상 몽골 부마국이 되고 말았습니다.

① 충렬왕은 원나라 황제 쿠빌라이(忽必烈)의 딸 제주대장공주와 결혼하였고,
② 충선왕은 제주대장공주의 아들로 원의 속국왕 진왕(晉王) 감마란(甘麻剌)의 딸 계국대장공주(薊國大長公主)와 결혼하였고,
③ 충숙왕은 충선왕과 의비(懿妃) 야속진(也速眞)의 둘째 아들로 형 광릉군(심양왕)이 죽자 충선왕의 대를 이었다.
④ 충혜왕은 경화공주(慶華公主), 백안홀도(伯顔忽都)와 부국장공주(濮國長公主) 역린진팔라(亦憐眞八剌) 조국공주(曹國公主) 금동(金童)을 거느리고 살았고,
⑤ 충목왕은 원나라 덕녕공주의 아들이다.

⑥ 충정왕은 충혜왕의 서자로 3년 동안 왕위에 있었으나 덕녕공주가 섭정하였다.
⑦ 공민왕은 인덕왕후(仁德王后) 노국공주 패아지조씨(孛兒只斤氏)와 결혼하여 아들 우왕 모니노를 낳았다.

이렇게 오랜 세월 몽골 황실여인들과 결혼하여 왕자들을 낳다 보니 몽골과 고려는 두 나라 풍습이 함께 섞여져 어색하지 않게 되었습니다.

원조때 세자 심(諶)이 몽골에 가 있다 왔으므로 왕자로 있을 때는 변발(辮髮)을 하고 도투락 댕기를 땋았었고, 왕후들이 몽골식 모자 고고(姑姑)를 쓰자 고려의 귀족들도 그 모자(쪽두리)를 썼으며 옷고름에 장도(粧刀)를 차고, 아기를 낳았을 때는 축하하기 위하여 그 집에 들어가는 사람이 옷을 벗는 세츠비(설비아) 풍습이 유행하였으며, 여성들이 머리에 산호주(珊瑚珠)를 걸어 장식하고, 잔치가 있을 때는 수천 필의 비단을 가지고 꽃과 기타 여러 가지 장식물을 만들어 놓고 춤과 노래를 불렀습니다.

임금님의 상을 수라상(水剌床), 관리들의 이름을 홀치(忽赤), 속고치(束古赤), 조라치(照剌赤), 아막(阿幕) 등으로 불러 치(赤)자, 막(幕)자의 언어가 크게 유행하게 되었습니다.

반대로 고려의 풍습, 음식, 의복이 몽골에 크게 유행하게 되었는데, 그 이름을 고려양(高麗樣)이라 불렀습니다. 특히 지금까지 남아 있는 음식은 몽골의 공탕(空湯)이 우리나라에서는 곰탕으로 계승되고, 특히 그들이 일본을 치기 위해 마산에 들어와 사람과 말들이 마실 우물을 팠는데 지금도 마산시 자산동에 경남 문화재 82호로 남아 있고 물이 좋아 그 우물로 간장을 담아 '몽골간장'으로 오늘날도 유통되고 있습니다.

공민왕이 안동에 갔을 때 몽골식 술이 빚어져 안동소주가 되었고, 그 안주로 소고기를 말려 먹었으므로 우리나라에서 소고기 건포가 나오기는 안동이 처음이라 하였습니다. 사실 몽골사람들의 주식이 소, 양, 염소이므로 생물을 짊어지고 다닐 수 없으므로 고기를 말려 짊어지고 다녔는데, 거기다 채소를 넣고 끓여 먹은 것이 저 유명한 '샤브샤브'인데 그것이 일본에 들어갔다가 한국으로 다시 나와 일본식 샤브샤브가 유행하고 있습니다.

이렇게 고려가 부마국으로까지 발전하자 몽골정부에서는 과도한 공물과 일을 잘하는 사람들을 보내 달라 요청하였는데, 처음에는 귀족집안의 자제들이 공출의 중심이 됨으로 그들에게 딸린 노비들까지 보내져 몽골 30년 동안, 원나라 40여년간 사이에 수천 수만 명이 수출되게 되었습니다.

1275년(충렬왕 1)때에는 10인의 공녀들이 노비 수십 명과 함께 갔고 그들을 데리고 가는 처녀진공사(處女進貢使 : 공무원)까지 생겨 고려사에만 나오는 것이 50여 회가 넘었습니다. 충열왕은 이들을 위하여 금혼령을 내리기까지 하여 13세부터 16세까지의 처녀들을 차출하였으므로 13세 이전에 결혼하는 조혼풍습까지 생겼습니다. 그리고 아주 싫은 사람은 자살하기도 하고 삭발염의하고 출가하기도 하였습니다.

이렇게 고려 여자들이 원나라에 다수 끌려가다 보니 노비로 전락하는 일이 생겨 심지어는 길거리서 팔려가는 경우도 생겼습니다. 기황후 같은 사람은 예외적인 사람이었습니다.

사실 이들의 영향으로 고려식 잔치가 벌어져 황실 음식과 의복이 고려식으로 많이 달라졌으니 고려만두, 고려떡, 고려아청(高麗鴉靑) 등이 그것입니다.

1368년 몽골이 본토로 쫓겨가고 한족 중심으로 주원장(朱元璋)이 명나라를 세우게 되자 북경에 살고 있던 많은 고려사람들을 다스리기 위하여 충렬왕의 딸 장영공주(長寧公主)를 고려로 내 주고 공민왕은 이를 보답하기 위하여 1373년 밀직부사 주명찬의 딸을 명나라 황실의 궁여로 보내 태종 8년(1408)부터 중종 16년(1521)까지 환관과 함께 공녀들이 끌려가기도 하였습니다. 청나라 때에 이르러서야 이 제도가 없어졌습니다.

당시 공출된 공녀 가운데는 오늘날까지 기록에 남아 있는 기황후(奇皇后)는 빼놓을 수 없는 분입니다.

원나라 순제의 황후로 본관은 행주이며 자오(子敖)의 딸입니다. 고려말 권신 권철(權轍)의 누이동생으로 1333년(충숙왕 2) 원나라 휘정원(徽政院) 황관 고용보(高龍普)의 추천으로 궁녀에 들어가 차심부름 하다가 순제의 총애를 받게 되자 정후인 다나시리(答納失里)로부터 학대를 받았으나 1339년 아이워리다라(愛猶識理達臘)라는 횡자를 낳음으로써 제2 황후가 되었습니다.

반대세력들이 물러간 뒤 휘성원을 자정원(資政院)으로 고쳐 막대한 권력을 행사하였던 분입니다.

한때 몽골인들은 전 세계 3분지 2를 점유하면서 가는 곳마다 혼혈아를 낳게 되었는데, 손이나 궁둥이, 가슴, 얼굴 등에 푸른 점이 있으면 그것을 몽골반점이라 하고, 같은 형제임을 확인하기도 하였습니다. 부끄러운 가운데 부끄러움을 잃어버리는 새로운 풍속들입니다.

세계의 유목민들은 겔 하나만 짊어지면 어디 가서든지 자리 잡고 살 수 있으므로 네 땅, 내 땅을 가리지 않고 풀이 많은 산골짜기로 짐승들을 몰고 유랑하였습니다.

봄에 떠날 때 500마리, 천 마리 되던 양, 소, 말 등이 가을이 되면 만 마리, 2만 마리로 번식하면 그것을 데리고 몇 천 리 밖의 고향까지 갈 수 없습니다. 그러면 눈 속에서 연기나는 곳을 찾아가면 그 집 주인은 일찍 떠나고 아낙네들과 아이들만 있어 그 동안 성장한 목축들을 주고 한 겨울 함께 살게 됩니다. 그래서 그들에게는 아직도 성씨가 없습니다. 오직 한두 사람이 어머니가 몇 사람의 씨를 받아 기르므로 모두가 내 자식입니다.

그래서 유목민들은 대부분 누구나 어머니이고 아버지입니다. 그런데 서양 사람들은 두 번, 세 번 이혼하고 재혼하면 자식을 기르지 못하는 아버지는 거리의 천사가 되어 8도를 유람하게 되므로 서양의 바람둥이들이 동양 유목민들을 부러워하고 있는 것입니다.

그런데 이렇게 시대와 장소에 따라 달라진 불교는 겔 속에 자신들의 국조신과 부처님을 함께 모시고 자식들이 잘되고 목축사업이 잘되기를 기원하고 있습니다. 모습은 비록 달라도 불교는 한 가지 불교이기 때문에 원나라 불교도 한 가지 불교이고, 중국불교도 같은 불교임에는 틀림없습니다.

그러니 자기가 믿는 불교만 제일이라 하고 남의 불교를 업신여기면 돌아 다니면서 못된 불교만 배운 땡초라 하게 되어 있으니 약육강식 속에서 배운 한 많은 인생을 바른 불교로서 바르게 실천할 수 있도록 노력해야 할 것입니다. 그래서 이런 시가 생겼습니다.

靈明性覺妙難思 月墮秋潭桂影寒
金鐸隨聲皆靈壇 但向佛前七寶山

신령스러운 마음을 깨닫고 보면 헤아릴 수 없습니다.
가을 못에 드리운 달 그림자를 보고
목탁소리 울리는 영단에 나아가
단지 부처님의 7보산을 향해 나아가십시오.

하는 말입니다.

사실 몽골은 풀, 나무가 귀합니다. 그렇기 때문에 산에서 불을 피운다든지 산에다 묘지를 쓴다든지 하는 것은 용납되지 않습니다. 그래서 사람이 죽으면 옛날에는 대부분 풍장을 하였습니다.

불교는 집에서 가정불교를 믿고 있지만 초하루, 보름날은 절에 가서 만드시 좋은 일을 하는 날로 징해저 있습니다. 대부분의 신자들은 스님들께 공양하고 독경 축원을 부탁드리지만 집에서 어린이들을 기르고 있는 어머니들은 사경하고 독경하는 것으로서 실천하고 있습니다.

| 273

제 46 강
갖가지 도량법회

고려는 서기 918년부터 1392년까지 474년간 34대에 걸쳐 왕씨(王氏)가 집권했던 나라입니다. 처음 왕건이 신라 말 분립된 후3국을 통일하고 성종, 문종 때 중앙집권제를 확립하여 국가 기반을 세웠으나 문종 때 이르러 귀족자치를 완성하였습니다.

그러나 1170년 의종 24년 무신(武臣)의 난이 일어나 1백년간 무신정권이 성립되고 그 뒤 다시 1백년간 원나라 간섭기를 거쳐 14세기 말에 이성계가 고려를 넘어뜨리고 조선을 세웠기 때문에 고려는 망하게 되었습니다.

9세기 말 신라가 쇠약하여 각지에서 군웅(群雄)이 활거하였는데, 그 가운데 전라도 지방의 견훤과 중부지방의 궁예가 세력을 확장하여 후3국이 정립되었습니다.

왕건은 송악 지금 개성에서 태어나 궁예의 부하로서 활동하다가 918년 인심을 잃은 궁예가 몰락하자 고려 태조가 되었습니다. 왕건은 935년 신라의 귀부를 받고 936년 후백제가 멸망함으로써 고구려의 후계자임을 자처하여 국호를 '고려'라 하고 북진정책을 써서 국경을 청천강까지 확대하였습니다.

　때마침 거란의 침략으로 발해가 망하자 고구려계통의 발해 유민을 받아들여 포섭하였습니다. 특히 반독립적인 호족들의 딸들을 왕비로 맞아들여 혼인정책과 기인제도(其人制度) 및 사심관제도(事審官制度)로서 중앙집권제도를 확립하였는데, 나라의 체제가 완성된 것은 성종 때입니다.

　광종 때 이르러 훈신숙청과 노비안검법, 과거제도를 통하여 사회를 안정시키고 경종 때에는 전시과를 통하여 경제적 기반을 확립함으로써 내외의 정치제도가 확립되었습니다.

　말하자면 성종이 3성6부제도를 본받아 중앙에서 지방으로 관리를 파견함으로써 지방세력들을 꺾고 중앙집권제를 확립하였던 것입니다. 이렇게 하여 문종 때 이르러 고려의 정치기구와 토지제도, 신분제가 완성되었습니다.

　그러나 이때부터 귀족사회의 내부에서 점차 모순이 축적되어 동요하기 시작하였는데, 인종 때 이자겸의 난이 일어나고 묘청의 난을 겸하다가 마침내 의종 때 이르러서는 무신의 난이 일어나 귀족사회가 무너졌습니다.

　무신난은 1170년 정종부가 일으킨 것인데 문신 귀족들의 타락한 모습을 보고 난을 일으켜 약 1백 년 동안 문인을 억압하고 왕권을 약화시키니 옛 지방 호족들이 다시 일어나자 무신들이 교정도감을 중심으로 지방자치제를 실시코자 하였으나 무신들이 막대한 사병을 양성하고 토지를 점령하므로 왕권이 무너지게 되자 1270년 몽골세력을 업은 원종과 그의 일파가 무신세력을 제압하고 왕권을 복구하였습니다.

그러나 원나라의 세력이 강해지자 무인들이 다시 3별초를 만들어 항몽대전에 참여 일본항전에까지 나섰으나 결국은 원나라의 부마국이 되어 마지막에는 함경도와 평안도에 쌍성총관부를 둔 정동행정부가 들어섬으로써 나라의 일부를 떼어주게까지 되었습니다.

이렇게 친원파를 중심으로 한 보수세력이 광대한 토지를 장악하고도 평의사에 앉아 권력을 휘두름으로써 공민왕의 개혁정치가 받아들여지기는 하였어도 친원파와 친명파 사이의 갈등이 확대되어 결국은 친명파인 이성계에게 정권을 넘겨주게 된 것입니다.

그러나 그들의 배경에는 유교와 불교의 영향이 크게 작용하고 있었으니, 태조 왕건의 건국이념과 도선국사의 비보사탑, 선교 양종의 분열과 통일 속에서 민심의 취향이 중앙집권제와 지방자치제에 미치는 영향은 문무양권의 세력을 따라 두 세 번씩 바뀌어 지지만 그 가운데서도 묘청의 난과 정도전의 유교주의는 마침내 고려가 망하게 되기까지의 역할이 컸습니다.

그래서 나라에서 승과제도와 도첩제도를 통하여 상사국사로 하여금 현실정치에 영향을 주게 하고 갖가지 도량법회를 통하여 인심을 수습하고 국가 권력을 통합시키려 노력하였던 것입니다.

말하자면 인도에서는 영산법회를 통해 사람을 모으고 법문을 들었는데, 중국에서는 예수재, 수륙재를 통해 유주무주 고혼들을 천도하고 살아있는 사람들의 수명장원을 빌었습니다. 그런데 한국에서는 백고좌도량, 인왕법회 등 주로 호국법회를 통해 선지식들을 뵙도록 하고 법문을 들어 인심을 순화시켰습니다. 정월연등회, 중동8관회를 비롯하여 왕자들의 수계법회인 보살계도량, 임금님의 생일을 축하하는 축수도량, 국왕이나 태후의 명복을 비는 기신도량, 봄과 가을에 경전을 열람하는 장경도량, 가두행열에 경전을 독송하는 반야경행 등 호국안민을 기원하는 갖가지 도량이 일년 내내 이루어지고 있었습니다.

그런데 이것이 장차는 전몰장병위령제, 천신, 용신, 산신을 배경으로 한 미륵신앙까지 되면서 묘청의 8성당사상을 만들어내고, 지나친 신비주의 미래주의에 빠져 소제길상, 문두루법회 제석신앙과 마리지천, 무조건 주문만 외우고 부처님 명호만 찾는 맹목적인 불교를 토속화함으로써 불교의 정견, 정사, 정행 등 사상이 온통 흐려지게 되었습니다.

이때 혜성처럼 나타나 잃어버린 자성을 찾고 원만한 믿음으로서 직절경요하는 보조국사 사상과 서민 속에서 일거수 일투족이 그대로 불교인 것을 보여준 금강경 신앙이 세계를 그대로 불국토로 보고 교관겸수로 천태종을 설립한 의천대각국사의 활동이 눈부시게 나타났습니다.

실로 도량법회란 한두 가지 목적을 위해서 설립된 법회지만 여러 종파의 스님들과 청정한 도인들을 참배함으로써 세속인심이 순화되고 불교의 전법포교가 현장 속에서 이루어져 나라에서는 무서운 국법을 쓰지 않아도 백성들이 스스로 인과를 믿고 인연을 소중히 여겨 사회질서가 잡혀갔습니다.

그런데 간혹 요승 괴승이 나타나 임금님의 마음을 괴롭혔고 때로는 민중봉기를 일으켜 국가 안녕을 해치기도 하였으니 종교를 전문적으로 하는 사람들은 부처님의 무소유정신과 달마 대사의 전법정신을 돌이켜 생각해 보아야 할 것입니다.

인도불교가 천년 암혹 속에서 암베르까드 한 사람에 의하여 봉기하기 시작하여 지금 1억 명이 넘는 불교신도가 생기고, 달라이 라마가 보리도차제를 강의하여 수행자들의 마음을 점검해 주니 무지한 중생들이 꿈속에서 깨어난 것처럼 새로운 세대를 향해 지성적인 불교를 믿고 있습니다.

실로 불교는 세력이 아니고 평화입니다. 하나의 정권이 나라를 다스려 가는데도 뛰어난 안목을 가진 지도자가 있어야 합니다. 3국불교가 법화경의 일불승사상으로 통일하여 천년의 역사를 지속해 오듯 남북이 대치가 무엇으로 통일될 것인가를 우리 불자들은 깊이 깊이 생각해 보아야 할 것입니다.

사상이 부족해서 되지 않는 것은 아닙니다. 나는 고집을 버리지 못하면서도 남에게만 고개를 숙이고 들어오라 하면 이것은 노예정치의 기밀밖에 되지 않습니다. 먼저 깨달은 사람은 후배들을 이끌어 주고 후배들은 선각자들의 가르침을 따라 걸음걸음이 불지에 이르도록 보보등단 하여야 할 것입니다.

제 47 강
이태조의 불교신앙

이태조의 불교신앙은 두 가지 측면에서 생각해 볼 필요가 있습니다.

첫째는 정사를 통해서 나타난 사실로, 개인적으로는 불교를 독신하면서도 정책적으로 배불운동에 힘썼다는 사실이고,

둘째는 설화적인 면에서 보면 비보사탑과 가문의 홍복을 위해서 노력한 것이 많습니다.

조선사실록은 유생들이 주로 썼기 때문에 배불, 삭탈, 훼척한 사실이 주로 나타나고 대동야승·연려신기·성호사설·용비어천가 등에서 보면 지역에 따라 찬반양론이 있으나 어떻든 거기 나타난 설화가 장차 한국불교, 더 나아가서는 민중신앙에 다대한 영향을 끼치고 있습니다.

이태조의 불교신앙은 꿈에서부터 시작합니다.

하루는 꿈을 꾸었는데, 헌 집을 뜯어 지게에 지고 오는데, 어디서 닭 우는 소리가 요란하게 들렸고 거울 깨지는 소리도 났는데, 바람이 불더니 꽃잎들이 우수수 떨어졌습니다.

괴이하게 생각하여 잠을 이루지 못하고 있다가 유명한 해몽가를 찾아가니 주인공은 외출하고 그의 딸이 있는데, 꿈이야기를 듣고는,
"꿈을 팔지 않겠느냐?"
물었습니다.
"꿈을 팔기는 왜 팝니까?"
하고 돌아서서 나오는데, 길거리에서 진짜 해몽가를 만났습니다. 이야기를 듣더니,
"이 꿈은 보통 사람은 해설도 할 수 없는 꿈이니 저 안변 설봉사에 가서 무학스님께 물어보시오."
하였습니다. 그래 가서 물으니, 무학스님께서는 사람을 피해 골방에 들어가 가만히 일러주면서 아무에게도 꿈 이야기는 절대로 하지 말고 8도강산의 영산에 가서 지극한 마음으로 산신기도를 드리고 경로잔치를 베풀라 하였습니다.
"헌 집은 고려이고, 서까래 세 개는 임금왕자이며, 깨지는 거울은 소리가 나는 것이오. 그리고 닭은 새벽에 우는 것이니 아직 시기가 이르다는 것입니다. 그리고 꽃이 피면 반드시 열매를 맺을 것이니 걱정하지 마십시오. 지금 원나라하고는 오래가지 못하고 장차 밝아올 명나라하고 외교를 해야만 성공할 수 있다는 것입니다."

　그래서 이태조는 진짜 누구에게도 말하지 않고 설봉산에 올라가 백일 동안 기도를 드렸는데, 바다에서 떠올라온 나한님을 금강산으로 옮겨달라 하여 매번 한 분씩 져서 옮겨 모셨는데, 너무 힘이 들어 맨 마지막에는 두 분을 한 데 져서 모셨더니 한 분이 서산 보현사로 가버렸다는 이야기도 있습니다.

그래서 설봉사 이름이 꿈을 해석해 준 절이라 하여 석왕사로 바꾸어지고 임금님이 된 뒤에는 무학스님을 왕사로 모셔 포근할 정도로 가까이 지내셨다고 합니다.

사실상 이 꿈은 장차 왕업을 선몽한 꿈이었으므로 임금님의 불교신앙과 깊은 관심이 있는 것으로 판단하고 있습니다. 그러나 그로 인하여 조선조 불교가 정통불교보다는 산신, 용왕 등 민속신앙 쪽으로 많이 흘러들어가 바른 불교를 할 수 없었다는 설도 있습니다. 무슨 일만 있으면 전국 8도 지정된 장소에서 산신기도를 드렸기 때문입니다.

사실 그 꿈 속에는 거울이 깨졌으므로 가정이 파탄이 난다는 학설도 있었는데, 과연 큰 부인인 한씨에게서 난 자식들과 둘째 부인 강씨에게서 난 왕자들 사이에 왕자난이 나서 나라가 피로 물든 일이 생겼다 하기도 합니다.

그리고 그때부터 산신기도를 드릴 때는 노인들이 즐기는 백설기와 물렁감, 홍시, 미나리와 묵이 올려졌는데, 모두 이 음식은 노인들의 건강식품이었기 때문입니다.

또 그때 당시 집안의 주인은 역시 노인들이 중심이 되어 있었기 때문에 경로잔치를 잘 해서 노인들이 도와 건국 조선을 도왔다는 설도 있습니다.

그러나 지역적으로 함경도와 지리산에서 크게 성취를 못해 끝까지 이씨들을 배척하는 음식까지 나왔으며, 두문동에 들어가 다시 세상에 나오지 않은 선비들은 이성계가 기해생 돼지띠기 때문에 돼지고기를 국으로 끓여 먹으며 그 이름을 "성계탕"이라 하고 떡을 칼로 썰어 "조랑떡국"을 해 먹기도 했으며,

곳곳에 배나무를 심어 새순을 잘라버리는 "벌이(筏李)"의 전설을 남기기도 하였습니다.

또 지리산 산신은 여자산신이었기 때문에 정도령을 좋아하여 성계의 기도를 잘 받아주지 않았다 하며 추풍령 이남 사람들은 관리로 등용시키지 않았다 하는데, 그 영향이 지금까지도 내려오고 있는지 모릅니다.

사실 3국 이후 문제가 생긴 정치인들을 멀리 지방으로 보냈기 때문에 정권이 바꾸어질 때마다 반정부시위가 많았는데, 그것은 왕권과 연관을 지어 생각하는 사람들이 많았습니다.

정봉준의 농민혁명, 이춘향의 절개, 심청의 효도 등은 그쪽이 아니면 생각할 수 없었던 인물이고 사건인데 흔히 사람들은 일이 생길 때마다 아전인수격으로 인용하는 사상이 되고 말았습니다.

사실 이성계는 스스로 이름을 송헌거사(松軒居士)라 짓고 태고보우국사와 무학스님의 제자로 자처하고 정도전의 배불정책을 은근히 적용함으로써 왕씨들의 피해가 적었다 하기도 하고, 건국 초 왕씨 도태사건을 막기도 하였다 합니다.

또 왕사 무학을 선종의 대표로 선정하고 국사 조구를 교종의 우두머리로 선정한 뒤 선교양종을 위한 교재편찬을 성총스님에게 맡겨 불교강원의 총림교재를 편찬하게 함으로서 불교부흥운동을 꾀하기도 하였다 합니다.

태조 6년에 서거한 현비 강씨를 위해 능동에 흥천사를 건립하고 3층 사리탑을 북쪽에 세웠으며 불교신도법회를 문수회를 중심으로 보게 하여 유생들의 비난을 받기도 하였습니다.

또 인도에서 온 지공스님을 모셔 나옹, 무학과 함께 불교의 전을편찬하게 하였는데, 하루는 꿈을 꾸니 고려의 왕씨들이 무더기로 몰려와 죽인다고 야단을 하자 그 내용을 조사해 보니 태조 몰래 유생들이 고려왕씨들을 배에 실어 섬으로 유배시키면서 배에 구멍을 뚫어 몰살시키는 일이 있었으므로 이에 연루된 사람들을 처리하고 그들 영혼들을 위하여 진관사를 지어 수륙재를 해마다 지내게 하였으니 지금도 그 여파가 진관사, 홍국사, 수국사 등에 남아 있습니다.

생각해 보면 아들 태종으로 인하여 두 차례나 왕자의 난이 생겨 다시는 궁에 들어오고 싶지 않았으나 무학스님의 회유로 의정부 회룡사에 와서 마음을 돌려 말년에는 회암사에 이르러 만일회를 조직하여 염불로서 회향하였다 합니다.

제 48 강

한국의 선종

한국의 선종은 중국선종을 그대로 답습하여 5교9산을 형성하였으나 고려 때 보조국사가 한국사람들의 성미에 맞게 몇 가지 선문을 교학과 연관지어 설명하고 그의 제자 진각스님은 인도로부터 중국, 한국에 이르기까지 그 동안 발달했던 선의 철학을 나름대로 정리하여 선문염송(禪門拈頌)을 지음으로써 세계적인 선불교의 교과서를 만들었습니다.

뿐만 아니라 오대산 한암, 덕숭산 경허스님은 전대미문의 대학자들로서 선의 도리를 돈점 양면에서 실천하여 이 시대의 본이 되고 있습니다.

신라 때부터 한국불교는 5교9산으로 내려왔는데 5교는 계율, 법상, 법성, 열반, 원융종이고 9산 선문은 ①실상산문 ②가지산문 ③사굴산문 ④동리산문 ⑤성주산문 ⑥사자산문 ⑦희양산문 ⑧봉림산문 ⑨수미산문 이 그것입니다.

실상산문은 홍척국사가 남원 실상사에서 개원하고,
가지산문은 체징국사가 장흥 보림사에서 개원하고,

사굴산문은 범일구사가 강릉 굴산사에서 개원하고,
동리산문은 혜철국사가 곡성 태인사에서 개원하고,
성주산문은 무염국사가 보령 성주사에서 개원하고,
사자산문은 도윤국사가 능주 쌍봉사에서 개원하고,
회양산문은 도림국사가 문경 봉암사에서 개원하고,
봉림산문은 현욱국사가 창원 봉림사에서 개원하고,
수미산문은 이엄국사가 해주 광조사에서 개원하였습니다.

이들 모두는 중국의 4조 도신과 6조 혜능 문하에서 받아왔기 때문에 한국선교는 인도에서 직접 들어온 것은 없습니다. 다만 백제의 마라난타가 파키스탄에서 중국을 거쳐 백제에 왔으므로 인도불교가 직접 들어온 것 같으나 사실 율종은 마라난타가 들여온 것보다 자장율사가 중국에서 받아온 것을 제1로 치고 있습니다.

특히 고려 때 태고 보우국사와 나옹스님이 석옥 청공선사와 급암증신에게서 받아 온 것을 기본으로 하여 환암혼수, 구곡각운, 벽계정심 벽송지엄, 부용영관, 청허, 부휴, 백암, 취미, 묵암, 편암, 정관, 소요, 설월, 금라, 설암, 환성, 호암 등으로 내려와 현재에 이르고 있습니다.

그러나 고려 때 의천대각국사가 송나라에 유학하여 선교양송으로 대립하고 있던 한국불교를 천태종으로 통일하였고, 그 후 불일보조국사가 정혜결사를 기약 청평 청원사에서 6조단경을 보고 하가산 보문사에 내려와서 이통현장자의 화엄론을 보고, 원돈성불론을 짓고, 8공산 거조사에 있다가 지리산 상무주암에서 대혜어록을 보고 선으로서 체를 삼고 교로서 용을 삼아 선교일체운동을 일으킴으로서 한국불교는 조계의 1파로서 16국사를 배출하였던 것입니다.

한국의 선서 또한 적지 않게 많으나 가장 대표적인 것은 고려 진각국사 혜심이 선가의 교화를 1125칙으로 나누어 징(徵), 염(拈), 화(和), 별(別), 송(頌), 가(家) 등으로 설명한 선문염송 30권이 있고, 그의 제자 각운이 해설한 설화 30권이 있습니다. 그러나 일반적으로 보조국사가 지은 수심결, 진심직설, 정혜결사문 등이 널리 읽혀지고 있습니다.

한국선은 조선 500년과 일제치하에서 거의 사경을 헤매다가 1846년 경허스님이 탄생함으로써 그 문하에서 만공스님, 혜월선사, 수월, 한암스님 등이 나타나서 현대의 명맥을 유지하고 있습니다.

경허스님은 일찍이 동학사에서 공부하여 동학사의 대강사가 되었습니다. 그해 서울, 지방, 경향 각지에서 모인 큰스님들께서 학인들을 표창하면서,
"모두 큰 나무, 큰 그릇이 되라 하는데 집은 대들보만으로 지어지지 않고, 밥상은 밥그릇만 가지고는 차려지지 않습니다. 여러분께서는 각기 종지가 되든지, 국그릇이 되든지, 밥그릇이 되든지 한 상 잘 차려진 밥상처럼 되시고, 기둥, 서까래, 도리 등 가릴 것 없이 각기 자리에 맞추어 노릇을 잘하여 이 나라와 백성들을 이끌어가는 선지식이 되십시오."
하여 박수갈채를 받았습니다.

일본사람들이 한국에 와 한국의 독신스님들을 결혼시키고자 하자,

"일본 총독이 지옥종자가 되려고 저런 소리를 하는가!"

하여 깜짝 놀라게 한 일도 있습니다. 이렇게 기고만장한 원각 사상으로 후배들을 기르니 그 가운데서 만공, 월면, 한암, 용성과 같은 후배가 나타나고, 한용운, 백용성, 이동화 같은 사람들이 배출되어 나라를 살피고 백성들을 구하는 불교운동을 일으키게 되었으니 마치 가뭄에 단비요, 긴 장마에 햇빛과 같은 어른들이었습니다.

만공스님도 한 어머니의 자식이고 용운스님도 한 아버지의 자식입니다. 우리가 그렇게 되고자 하는 원력정신이 없어서 그렇지 그렇게 못한 것은 아닙니다. 자신의 능력을 비하하지 말고 5천년 단군임금의 홍익정신을 현대불교를 통해 새롭게 일으킨다면 동서의 극단주의 속에서 귀신 씨나락 까먹는 어리석은 백성들을 구하고 나라를 거듭 세울 수 있을 것입니다.

대만 중국불교는 장개석과 모택동 사이에서도 중화의 의리를 살려 대륙과 섬나라가 하나가 됨으로써 남의 나라의 힘을 빌리지 않고도 잘 살아가고 있지 않습니까.

자본주의든 공산주의든 사람을 살리기 위한 철학이고 사상이지 사람을 죽이고 미워하는 독약이 아닙니다. 노동자나 자본가가 자기의 이익만을 극대화시키다 보니 종교개혁을 일으킨 마르틴 루터가 서양 천년의 암흑기를 밝히고 세계를 영도하는 지도자로 부각된 것이 아닙니까.

고통 속에 영광이 있는 것이니 대국들의 세력 속에 살아가고 있는 백성들을 생각해서라도 발분공치, 화합불교 되어주시기를 손 모아 빕니다.

제 49 강

호국불교와 승군 서산대사

인도, 중국, 티베트에서는 승군이 없었습니다. 그런데 한국불교는 오래전부터 나라를 지키는 승군이 있었으니, 신라 때 화랑도로부터 시작하여 고려에서는 절을 지키는 승군, 그 승군이 차차 커져 외국 군인들이 몰려왔을 때는 임전무퇴의 정신으로 나라와 백성들을 지켰습니다.

근본불교가 일부 대승불교인들을 볼 때는 그게 무슨 불교냐 하겠지만 나라와 백성이 없는 불교 또한 명맥을 유지할 수 없었기 때문에 호국안민의 정신으로 승군들의 활동은 정규군보다도 뛰어난 전술과 용맹으로 적군을 물리쳤습니다.

사실 신라 때는 고구려 혜량스님이 귀화하여 금강명경을 중심으로 호국인왕법회를 열었고, 원광법사 이후 자장, 원효, 의상 등이 명랑스님을 모시고 문두루 법회와 백고좌 법회를 보았으며, 문무왕은 봉덕사에서 인왕법회를 본 뒤 죄인들을 놓아 주고, 돌아가신 뒤에는 동해용왕이 되었습니다.

그러니까 이 때의 법회는 호국적인 이미지를 가지고 왕과 귀족 뿐 아니라 일반인들에게도 호국정신을 고취시키고 외래

침입을 예방하는 의식을 중심으로 하였습니다.

그런데 고려 때에 와서는 민속신앙과 연합하여 식재(息災), 증익(增益), 조복(調伏)을 본위로 한 금강명경도량, 금강경도량, 관정도량, 제석도량, 약사, 문두루, 무능승, 마리지천, 염마덕가, 공작명왕도량 등 다양한 도량을 열어서 경전의 법문도 듣지만 매우 주술적인 의미를 많이 가졌습니다.

그러다가 몽골의 침입으로 민족정신이 무너지자 대장경 제조법회가 이루어져 가히 거국적인 법회로 발전하여 40년 전쟁 중에도 8만대장경을 만들었습니다.

배불로 일관된 조선시대에도 보살계도량, 장경도량, 식재도량, 불정승도량, 용왕도량, 무차대회를 열었지만 세조때 문정왕후 당시를 제외하고는 그렇게 성황하지는 못했습니다.

그러다가 임진왜란이 일어나면서 서산대사와 그 제자들이 항마군을 조직하며 영규스님은 갑사군을 이끌고 청주를 탈환하니 묘향산에 있던 휴정은 8도 도총섭이 되어 순안 법흥사에서 의승군들을 이끌고 나왔으며 4명은 관동지역을 중심으로 일어나니 조선 초기 배불운동에 숨을 죽이고 있던 스님들이 우후죽순처럼 일어나 나라를 살리고 불교도 살렸습니다.

서산대사는 원산 최씨로 평안도 출신입니다. 어려서 이름은 현응, 운학이었습니다. 9세, 10세에 양친을 여의고 안주 목사 이세중의 양자가 되어 성균관에 입학하였다가 15세에 지리산 숭인장노에게 공부하고, 부용영관을 전법사로 염송, 전등, 화엄, 법화를 본뒤 승과에 합격, 중덕법계로 양종판사를 지냈습니다.

보우스님의 후임으로 봉은사 주지가 되었다가 1557년 퇴직하고 금강산 비로봉에 이르러 세상 명리가 허망함을 느끼고 시 한 수를 지었는데 정여립의 역모사건에 걸려 옥에 갇혀 선조의 친국으로 풀려나면서 손수 그린 묵죽 1장을 선사받기도 하였습니다.

임진왜란이 일어나자 선조대왕의 피난길에 나갔다가 부탁을 받고 격문을 보내 전국 의승군을 일으켰으며 명나라 대군과 합세하여 서울 수복에 큰 공을 세웠습니다.
선조대왕이 '국일도대선사 선교도총섭 부종수교 보제통계존자'라 호를 내리고 함께 정치하기를 희망하였으나
"사문은 일이 끝나면 다시 절로 돌아가야 합니다."
하고 묘향산에 들어가 입적하였습니다.
후사는 유정, 편양, 소요, 정관 등이 맡았으나 그 동안 후배들의 교육교재로 지은 선가귀감, 선교석, 운수단, 선설 등은 지금까지도 공부인들의 지침서가 되어 있습니다.
스님은 선교 양종을 골고루 공부하였으나 사교입선을 권장하였고, 특히 눈 서리와 같은 계율로 후배들을 지도하였습니다. 특히 법어, 소문, 모연문, 기문, 종명, 행적, 비평, 서한 전도문 등은 후배들에게 좋은 귀감이 되고 있습니다.

정여립 사건에 연루된 금강산 시는

"천하의 집들이 개미집과 같다."
했는데,
"그렇다면 임금님은 개미왕밖에 되지 않습니까?"
대왕을 무시한 죄로 고발되어 감옥에 갇히게 되었습니다. 그런데 선조대왕이 이상히 생각하여 친국하고 혐의 없는 사람임을 알아보고 대나무 한 그루를 그려 주었습니다.
이에 서산대사는 시를 지어 보답하였습니다.

소상일지죽 성주필두생(瀟湘一枝竹 聖主筆頭生)
산승향설처 엽엽대추성(山僧香爇處 葉葉大秋聲)

소상강변 한 가지 대나무가
성주의 붓끝에서 나왔네
산승이 향 사루니
잎과 잎이 가을 소리를 내는구나

멋진 글입니다.

제 50 강
숭유척불 속의 현정론

　조선조 유생들은 신라 천년, 고려 500년의 역사를 보고 불교를 비방하고 배척하였습니다. 오랜 세월 인생의 역사를 보면 좋은 일도 있고 궂은 일도 있게 마련인데 잘못된 것은 모두 불법의 영향이고, 잘된 것은 모두 유교의 공로로 보며 불교를 배척하고 스님들을 천대하였습니다.

　국사, 왕사를 지내고 화상 아사리로 모셨던 스님들을 국민 7천 가운데 맨 마지막에 넣어 죽여도 죄가 되지 아니할 정도로 천대하였으니 천벌을 받지 않고 되겠습니까.
　첫째로 유생들은 스님들이 부모를 친히 모시지 않고 출가수행하므로 불교를 불효의 종교로 보고,
　둘째는 나라의 병역을 실천하지 않고 산속에 들어가 놀고 먹는다 하여 천대하였으며,
　셋째는 세율에 살생을 금하고 금연 금식을 생활화함으로 노인 공대에 큰 지장이 있다 하였고,
　넷째는 일을 하지 않고 놀고 먹음으로 사회경제에 악영향을 끼친다 하고,

다섯째는 영혼과 꿈 이야기로 허튼소리를 한다 하여 불신하고,

여섯째는 묘지를 써야 자손이 잘되는데 매장을 하지 않고 화장을 해버리니 세상이 잘될 수 없다 하였으며,

일곱째, 죽고 사는 것은 누구나 태어나면 한번 겪는 일대사 인연인데 그것 가지고 해탈자재를 논하니 이치상 맞지 않다 하였으며,

여덟째, 얻어 먹고 사는 거렁뱅이 중 때문에 세상에 거지가 더 많아졌다 하고,

아홉째, 이름도 없이 무위적멸도로 살면서 세속생활을 무시한다 하고,

열째, 허위적멸도로서 불법의 궁극을 삼으니 사람들이 그 속을 알 수 없다 하였습니다.

모두 일리가 있는 말입니다. 그러나 그것이 천편일률적으로 그렇게 된 것은 아니니 함허득통선사는 불법의 이치를 통하여 유생들의 비방을 방어하고 이해시켰습니다. 세속출세를 위해서도 부모를 하직하고 산속에 들어가 고시공부하는 사람도 있고, 10중 8, 9가 성공한다 하여도 부모 생전에 성공하는 사람들은 그리 많지 않습니다.

중국의 양개화상은 3형제 가운데 가운데로 부모가 오직 그 자식만을 의지하고 있었는데, 가까운 친구가 죽는 것을 보고 출가하여 3년 만기로 부모님과 기약하였으나 30년이 지나서야 집에 이르러 보니 늙은 어머니가 장님이 되어 지나가는 스님들 발을 씻겨드리고 있었습니다.

양개의 왼쪽 발가락이 어려서 탈락하여 발가락 하나가 없었기 때문입니다. 초제사에서 30년 만에 만났으나 자식에의 애착 때문에 눈이 먼 것을 보고 하루 저녁 같이 자면서도 어머니란 소리를 하지 아니 했습니다.

이튿날 아침 일찍 바랑을 짊어지고 나가니 동네 사람들이 전답에서 농사 짓다가 양개를 보고

"오랫만에 왔는데 왜 며칠 묵어가지 않느냐?"

"어제 저녁 어머니와 기쁜 회우를 하였으므로 그냥 길을 떠납니다."

하여 사람들은 어머니를 위로하기 위하여

"양개 어머니, 양개 어머니, 얼마나 기쁘십니까?"

하고 사실을 이야기하니

"이 망할 놈의 자식이 나를 속였구나…."

하고 천방지축으로 뛰어나가 옆 강물에 빠져 떠내려 가게 되었습니다. 장님이라 눈이 보이지 않아 그냥 가라앉았다 떴다 하다가,

"허허, 내 자식이 나를 죽였네. 자식이 무엇인가. 애물단지로다."

하고 그만 물에 가라앉아 죽었습니다.

그때 양개가 쫓아와 어머니 시체를 건져 강언덕에 모시고 염불을 하는데 그날 밤 강동 80리에 큰 빛이 방광하여 나라에 임금님이 보고 쫓아와 문상한 뒤 그 개울 이름을 효천(孝川) 복천(福川)이라 하였습니다.

중국 25효 가운데 부모님의 영혼을 구제한 것은 오직 양개 스님 뿐이라 하여 초상비용을 다 대주고 사당을 지어 그 효심

을 기리게 하니 지금도 그 사당에 비석이 남아있습니다.
  자식이 아무리 효자가 되어 하루에 세 번씩 고기를 대접하고 비단옷을 입혀 거루고각에 살게 한다 하더라도 어머니의 영혼을 구제하지 못한다면 이는 진짜 효자라 할 수 없습니다.

  신라때 진정스님은 외아들입니다. 화랑으로 있으면서 중국에 다녀오신 스님들이 훈화하러 오셔 지금까지 듣지 못한 소리를 듣고 감격하였습니다. 중국에는 100만명이 넘는 스님들이 구도열정에 빠져 식음을 전패하고 공부한다는 소리를 듣고, "나도 군대를 마치고 어머니께서 돌아가신다면 출가하여 생사를 해탈하리라" 마음 속에 다짐한 바 있었습니다.
  그런데 고향에 돌아오니 어머니께서 미리 보아둔 처녀를 소개하며 결혼하기를 바랐습니다. 말없이 3년을 남의 집 일을 하며 어머니 봉양하는 것을 보고 재촉했으나 소용없었습니다.

  하루는
  "애야, 내가 죽기 전에 결혼하여 너희들 사는 것을 보고 싶다." 하니
  "어머니, 죄송합니다. 저는 어머님께서 돌아가시면 출가하여 스님이 되어 도를 닦고자 합니다."
  하니, 그 말 뜻을 들은 어머니가 찻독에 있는 쌀 닷 되를 톡 털어 밥을 지어 두 그릇은 서로 나누어 먹고, 나머지는 지루에 쌓아주면서,
  "먼 길을 가는데 양식이 되게 하라. 내가 만일 너의 성도의 길을 장애한다면 죽은 뒤에도 좋은 곳에 가서 태어날 수 없을 것이다. 어서 가라. 나도 도 닦으러 가리라."

하여 개나리 봇짐을 짊어지고 나섰습니다. 진정은 울면서

"어머니, 우리 사흘 양식을 내가 먼저 다 축낸다면 어떻게 합니까?"

하고 말했으나 소용없었습니다. 진정은 떨어지지 않는 발걸음을 억지로 떼어 영주 부석사에 이르러 의상대사를 만나니 당시의 제자가 3천명이 넘었습니다. 날마다 물 긷고, 불 때고, 밥하기를 1년 이상 하다가 화엄경 공부를 하여 3천 제자 가운데 우등생이 되니 끼니 때마다 하얀 쌀밥이 발우대에 가득 찼습니다. 어머니 생각에 밥을 먹지 못하고 눈물을 흘리는데 하루는 그 눈물 가운데 어머니가 어느 절 탑 앞에 서서 열반하는 것을 보았습니다.

"스님, 어머니께서 열반하여 큰 광명을 놓고 있는데, 어찌하면 좋겠습니까?"

"저 추동에 이르러 60화엄을 특강하리라."

하여 이 강의를 지통스님이 정리한 것이 저 유명한 추동기입니다. 어머니는 그 뒤로 거렁뱅이가 되어 집집마다 밥을 얻고 쌀을 구해 굶주린 할머니, 할아버지, 병든 사람들을 찾아가 공양하다가 마침내 열반에 드신 것입니다.

그래서 일연스님은 이 사실을 삼국유사 제5권에 "진정사 효선쌍미"라 기록하고 찬양하였습니다.

"어머니의 사랑이여,
며느리 보아 자식을 얻는 것보다 천 배 만 배 장하도다.
젊은 사람만 출가하여 도 닦는 것이 아니라
늙은 어머니도 출가하여 복을 짓고 자재하였으니…."

물론 유교인들은 출가스님들의 가사장삼을 양두호피(羊頭虎皮)로 생각하고 일하지 않고 놀고 있으니 몸의 이나 벼룩에 비유하였습니다. 그래서 남한산성, 북한산성을 쌓을 때도 동서의 여러 스님들을 동원하여 돌을 캐고 운반하여 성을 쌓았으므로 그의 역사가 아직까지도 찬란하게 빛납니다.

일만 하는 것이 아니라 노동 중에 먹을 식량까지도 동냥하여 마련하였으며 그때 일하다가 돌에 깔려 죽은 사람이 얼마나 많았던가. 지금도 남한산성, 석축기와 북한산성의 수호지 속에는 그들의 이름과 충열의 정신이 비(碑) 속에 기록되어 있습니다.

보십시오! 임진왜란 때 피난가면서도 동서 양당이 싸우고, 일본에 외교 가서도 노론소론이 싸워 국정을 어지럽게 한 유생들을 보고 서산대사의 명령에 따라 사명대사가 외교관으로 가서 인피 300장과 강제로 끌려간 우리 교민들을 데리고 왔는데도 동래부사는 기생놀음을 하고 있었으니 이 어찌 기가 막힌 일이 아니겠습니까.

고려 때도 마찬가지였습니다. 몽골 사람들이 이 강산을 분탕질 하고 있는데도 유생들은 그저 분당각론만을 논하고 출세가도만 일삼다가 마침내는 지리멸렬하였습니다. 정부를 강화도로 천도해 놓은 불교도들은 흩어진 국민들의 마음을 모으기 위하여 전 불자들의 뜻을 모아 8만대장경을 만들었습니다.

몽골사람들은 고려의 본불인 대장경만 태워버리면 고려는 망한다고 생각하고 대구 부인사의 대장경을 모조리 불태워 버렸지만 초조대장경보다도 더 알찬 대장경을 8만장이나 만들어 지금 해인사에 봉안하게 되었으니 이것이 불 속에서 건져낸 우리 선조의 혼이 아니고 무엇이겠습니까.

유생들은 갖가지 필봉으로 하루에도 몇 백 통씩 폐불론을 정부에 써올렸으나 우리 스님들은 진흙밭에서 몸부림치면서도 나라와 백성들을 구했으니 이것이 호국불교요, 이민(利民)불교입니다.

중국의 도교와 한국의 유교가 장장 천년 이상 불교를 괴롭힌 것에 대해서는 말로 다할 수 없습니다. 그러나 쇠는 두들길수록 더욱 단단해지고 곧아진다는 말이 있듯이 불교는 죽지 않고 오늘날까지 살아있으며, 한국문화재의 3분의 2가 불교문화재로 남아 있으니 이것이 다 역경 속에서 만들어진 보물입니다.

부처님은 모양이 없으므로 두들긴다고 더 커지거나 작아지는 것이 아니고 오직 수행자들 자신을 따라 세상에 맵게 나타나기도 하고 구부러진 채 장애인 모습으로 남아 있는 것이니 수행자는 사람들의 칭찬과 헐뜯음에 좌우되지 않고 그저 열심히 공부해야 할 것입니다.

세계 70억 기운데 빈수 이싱이 불자로 어려운 가운네서노 어두운 세상에 밝은 등불을 켜고 있으니 불자들이여, 걱정하지 말고 정진하십시오.

마침내 세상은 허망한 말 속에 죽게 하는 것이 아니라 진실한 마음, 깨달음 속에서 해탈을 얻게 할 것이니 남의 비방에 좌절하지 말고 오직 불심 하나로 세상을 살려가기 바랍니다.

"중생이 다 없어질 때까지
번뇌가 다 부서질 때까지
끝 없는 법문을 다 배워
위없는 불도를 이루겠습니다."

이것이 부처님의 사홍서원입니다.

또 부처님은 3악도를 여의고
탐진치를 끊기 위해
불법승을 항상 배우며 깨달음의 길을 떠나지 아니 했던 것이 여래 10대 발원문 아닙니까.

우리는 항상 보살의 4홍서원과 여래 10대 발원을 따라 보보등단(步步登壇) 하여야 하겠습니다.

제 51 강

함허스님의 유석질의론

함허득통선사는 고려 우왕 2년 1376년 충주에서 태어나 성균관에서 공부하다가 동학의 죽음을 보고 출가 공덕산 대승사, 천마산 관음굴에서 반야를 설하였습니다. 세종대왕의 초청으로 대자사에서 왕과 신하들을 위해 강의하고 1438년 회양산 봉암사에서 열반하였습니다.

현정론을 크게 두 부분으로 나누어 볼 수 있는데,
첫째는 도의 정체를 밝힌 것으로 유교와 불교의 대립을 통쳐서 밝혔고, 둘째는 유교인들의 질문을 불교식으로 답변한 유석질의론이 그것입니다.

첫째 도는 유무가 아니면서 유무에 다 통하고 고금이 없으므로 고금에 다 통한다 하였습니다. 유무는 성정(性情)을 의지하고 고금은 생사 속에서 이루어진다 하였습니다. 성품에는 원래 정(情)이 없으나 성품에 미하여 정이 생깁니다. 정이 생기면 지혜가 막히고 생각이 변해서 본체가 달라지나니 여기서 삼라만상이 나타나고 생사의 고통이 시작됩니다.

대개 정에는 옛정, 선악이 있다.
깨끗함과 착함은 성인이 되는 길이고,
더러움과 악함은 범부가 되는 길이다.
그러므로 정이 생기지 아니하면 범부성인도 없게 된다.

5계에 대하여 물었습니다.

"불살생은 인(仁)이고 불두도는 의(義)며,
불사음은 예(禮)고 불음주는 지혜이며,
거짓말 하지 않는 것은 신(信)이니
둘이 이름은 같지 않으나 뜻은 다르지 않습니다."
하니

"그래. 덕행으로 안 되면 정치가 형벌이 되는데, 이는 성인이 아니면 할 수 없는 것이다."
하였습니다.

유생들이 물었습니다.
"남녀는 음양의 원리에서 생긴 것인데, 어떻게 후사를 끊고 효도한다 하는가?"
"원칙과 방편은 도의 대요입니다. 방편이 아니면 대응할 수 없고, 원칙이 없이는 상도를 지킬 수 없습니다. 대개 사람은 부모에 의해 생을 받고 나라를 의지하여 살아갈 수 있으므로 인륜대도에서 효도와 충성을 빠뜨릴 수 없습니다. 그러나 생을 받은 사람치고 윤회를 면키 어렵나니 윤회를 면코자 하면 목마른 사랑을 끊어야 합니다. 처자권속은 1생1대의 성쇠이지만 윤회생사는 만겁의 고통이 되기 때문입니다. 이것은 해탈자만 알 수 있고, 일반 사람들은 깨우치기 어렵습니다."

"노인은 힘이 없으므로 고기를 먹고 술을 마셔야 기운이 도는데, 불교에서는 살생을 금하고 술을 마시지 못하게 하니 어찌 노인봉양을 제대로 할 수 있겠습니까?"
"영양보충은 술고기만으로 되는 것이 아닙니다. 하루에 한 때만 잡수고도 160세를 사신 달마대사가 있고, 매일 강물을 끓여 백비탕을 드신 조주스님은 120세까지 사셨습니다."

"재물은 사람이 살아가는 자원인데 스님들은 무소유로 일생을 지내고 있으니 보통사람들이 어떻게 이를 본받을 수 있겠습니까?"
"산하에는 저축하지 아니 해도 온갖 보배가 쌓여 있고, 들판에는 갖가지 나물이 나서 사람들의 영양을 보충해 주고 있습니다. 도교의 신선이 아니라도 아는 사람은 자연으로 섭생하며 삶의 즐거움을 그 속에서 맛볼 수 있습니다."
"사람의 정신이 음양 속에서 혼백을 만들어 온갖 연극을 하고 사는데, 불교에서는 인생을 한 가닥 꿈에 비유해서 이해가 잘 아니 됩니다."
"옛날 송나라 이원이 원택스님과 친했는데, 하루는 물 긷는 아낙네를 보고 원택이 '내가 저분의 아들이 될 터인데, 12년 후에 항주 천축사 문 밖에서 만납시다' 하였는데, 과연 12년 후에 그곳에 나아가니 어떤 목동이 쇠뿔을 두들기며 노래 불렀습니다.
"3생 동안 돌 위에 있던 영혼이 달구경하지 않고 시를 읊었는데, 부끄러워라 정든 사람이 멀리서 찾아왔으니 이 몸은 비록 다르나 성품은 언제나 하나이네….”
하여 죽을 때까지 친구가 되어 오월의 산천을 함께 구경한 이야기가 있습니다. 어찌 그것이 한가락 꿈이 아니고 무엇이겠습니까?”

"사람은 죽어 몸뚱이는 썩어 없어지는데 그 혼령은 어디 있다 태어납니까?"

"사람의 몸은 지·수·화·풍 4대로 되는데, 거기 눈·귀·코·혀·몸이 생겨 빛·소리·냄새·맛·감촉을 연하여 갖가지 분별심을 일으킵니다. 그 일으킨 분별심 속에서 남아 천 가지 생각이 정신이 되어 제6의식 속에 들었습니다. 육체가 탈락한 뒤에는 마음 속에 들어가 인연따라 왕래를 자재합니다. 가고 싶으면 가고, 오고 싶으면 오고, 본 마음에 생각 없이 그림자 따라 끊임없이 윤회하나니 모르는 사람은 그것을 혼백 귀신이라 하나 아는 사람은 한 마음의 변태라 부릅니다."

"유가에서는 사람이 죽으면 좋은 자리를 선택하여 묘지를 쓰는데 불교에서는 화장을 하여 그 뼈대를 허공 가운데 날려버리고 있으니 어찌 이 세상에 그 보다 불효한 사람이 있겠습니까?"

"이 몸은 원소의 집합체, 사람이 죽으면 호흡은 허공의 공기로 날아가고, 따뜻한 체온은 뼛속으로 스며들고, 뼈는 장차 썩으면 흙이 되고, 살결은 물로 돌아가는 것이니 때문에 한 가지도 남는 것이 없습니다. 오직 남는 것이 있다면 눈에 보이지 않는 업식(業識) 뿐입니다.

그래서 불교에서는 그 사람이 평생 동안 쌓은 업을 따라 어업인에게는 수장을 많이 하고, 보시자에게는 풍장을 하기도 하며, 일반사람에게는 매장, 화장을 많이 하는데, 그 육체는 인정의 예의상 정성스럽게 모실 뿐이요, 영혼에 대해서는 49재, 100일재를 통하여 바른 길을 가도록 깨우쳐 주는 법문을 하고 영가의 명복을 빌어줍니다."

"스님의 법문을 들으니 속이 시원한데 스님은 유·불·선 3교에 대하여 어떻게 생각합니까?
"불교도 잘하면 원·형·이·정(元亨利淨)이 되고 도교를 잘하면 무위자연(無爲自然)한 사람이 되는 것으로 알고 있습니다."

어제까지는 왕자, 귀족들이 모여 도의 정체에 대하여 질문하였는데, 오늘은 성균관 학인들이 모여 자유롭게 질문하도록 하겠습니다. 먼저 한 학생이 일어나 물었습니다.

"도는 어느 곳에 있습니까?"
"도는 있지 않는 곳이 없으니 서 있는 곳이 그대로 진리의 자리이고, 가는 곳마다 도가 있으면 맑고 깨끗하며 아름다워집니다."

"유교와 불교가 똑같이 솔성(率性) 견성(見性)을 말하고 있는데, 무엇이 다릅니까?"
"중용에는 천명(天命)을 성이라 하고, 그것을 실천한 사람이 요순이라 하였는데, 불교에서는 바로 사람 마음이 성품이니 성품을 깨달은 사람을 부처라 합니다."

"기우제를 지낼 때 물고기와 자라를 방생하는데, 과연 효과가 있습니까?"

"고기는 물이 생명이요, 자라는 강이 집이기 때문에 강이 마르고 물이 마르면 고기, 자라는 다 같이 근심 걱정합니다. 그러나 사람이 그것을 길러 먹지 않고 재를 지내며 비를 빌면 그들 또한 감동하여 천재의 기운을 이끌어내는 수가 있습니다. 마치 똑같은 나무이지만 화목으로 쓰일 나무가 불상의 재목이 되어 부처님으로 변하지만 점안을 통해 5안, 10안을 구족한 부처님으로 변하면 많은 사람들의 기도를 받고 감응하여 소원을 성취하는 것과 같습니다."

"그러므로 고려때 도선국사가 비보사탑설을 말씀하여 도적이 들고 외적이 침입할 장소에 절을 짓고 탑을 세워 공부하는 사람들이 있으면 감히 도적이 침범하지 못하고 외적이 스며들지 못한다 하였습니다. 신라 때 문무대왕이 울산 앞바다를 통하여 토함산으로 넘어오는 적들을 보고 대왕의 능을 바다 가운데 써 외적을 막고 토함산을 넘어오는 적을 불국사 석굴암에서 퇴치하였던 것입니다."

"유교와 도교에서는 부처님을 서융족(西戎族)이라 하는데요?"

"중국사람들은 우리나라 사람들을 동이족(東夷族)이라 부르고 있지 않습니까? 누구나 자기 나라가 세계의 중심이다 하는데 부처님이 태어나신 가필라국은 인도 108 나라 가운데 중앙에 있었으므로 중인도라 불렀고, 인도에서는 석가족을 바라문 다음가는 왕족으로 존경하고 있습니다.

주인과 노예는 힘의 강약에 따라 달라지므로 스스로 주인됨을 자랑하지 않고 노예를 업신여기지 말라 하였습니다. 또 스님들의 공부는 유교와 도교 백가이도의 도를 다 마친 사람들이 출가하여 마지막으로 하는 공부이기 때문에 불도공부라 하여 이단시 하고 업신여기면 역대에 불교를 숭상한 임금님들까지도 천해지게 됩니다."

"도교에서는 하나의 도를 일도(一道), 그 이치를 일러 일리(一理)라 하는데, 불교에서는 무엇이라 합니까?"
"참마음이 비면 진공(眞空)이요, 빈 마음 속에서는 온갖 이치가 묘하게 작용하고 있으므로 묘유(妙有)라 합니다."

"혼돈과 증감의 이치도 있습니까?"
"성정이 나누어지기 이전의 세계를 혼돈의 세계라 하고, 성·주·괴·공하여 흥망성쇠한 세계를 증감세계라 합니다."

"역(易)과 연기(緣起)는 어떻게 다릅니까?"
"역은 대자연의 변화에 따라 인생의 길이 달라질 수 있다 설명하는 것이고, 연기는 인연따라 생명의 기복이 생기는 것이므로 대소장단의 차이가 있습니다."

"해와 달의 변화와 한서의 차이를 어떻게 설명합니까?"
"인도의 남쪽에는 1년 내내 여름이고, 히날리야 북쪽에는 1년 내내 겨울이기 때문에 태양의 열광을 따라 춘하추동이 나누어지고, 한서의 차이가 있기 때문에 이것을 불교에서는 대자연의 원리라 합니다.

따라서 대자연의 원리를 잘 아는 사람은 기후의 변화를 잘 알기 때문에 한서의 차이를 누구에게 원망하지 않고 스스로 알아서 처리합니다."

"인과응보 죄복보응이 반드시 있습니까?"
"콩 심으면 콩나고 팥 심으면 팥나는 것은 누구나 다같이 알고 있는 사실이 아닙니까. 죄 지은 사람은 감옥 속에 갇히고 그 가족까지도 헐벗고 굶주리게 되며 출세의 길을 막아버리기 때문에 죄를 짓지 말아야 합니다."

"불교에서는 주문을 읽어서 천벌을 피한다 하는데, 사실입니까?"
"주문이란 글이 나오기 이전의 생각이라는 뜻입니다. 성현의 생각을 바르게 이해하여 읽고 외우면 그 생각 또한 거룩하게 되어 복을 짓고 덕을 쌓게 되므로 자연 재앙이 물러가게 되는 것이지요."

　이 외에도 스님은 수행의 차제와 화두에 대한 여러 가지 법문을 주고 받았는데, 조선조 500년 동안 유생들의 틈바구니 속에서 죽지 않고 살아온 불법은 실은 이같이 달통한 함허득통선사와 신미대사 같은 분들이 있었기 때문입니다. 진실로 감사해야 할 일입니다.
　불교를 공부하는 사람은 누구나 함허스님의 금강경 5가해설의와 현정론, 유석결의론을 읽어볼 필요가 있습니다.

제 52 강
한글과 신미대사

　부처님께서 처음 마가다국 말로 법문하신 것이 뒤에 스리랑카에 이르러 남인도말 빨리어로 편집되고 다시 또 대승불교가 일어난 다음에는 북인도에 와서 산스크리트어를 만들어 대승불교 경전을 정리하였습니다.

　그런데 그것이 인도, 티베트에 들어오면서 티베트불교는 로마어로 번역되고 몽골불교는 키르카트 언어로 정리되었으며 중국불교는 한문으로 정리되었습니다.

　한때 베트남과 한국, 일본도 한문으로 불교를 편집하였으나 베트남은 베트남말로, 일본은 가나로 각각 자기네 말을 창제하여 번역하자 한국에서도 세종대왕 때 한글을 창제하여 번역하게 되었습니다.

　사실 세종대왕은 훈민정음학자들과 수 차례 의론하여 우리 글을 만들고자 여러 나라에 사신까지 보낸 일이 있으나 크게 성과가 없었습니다. 그런데 세종대왕이 어머니 49제 때 홍천사에 나아가 스님들이 독경하는 모습을 보았는데, 함허득통선사의 법문이 있는 뒤 여러 스님들이 경전을 읽는 것을 보니 하얀 눈썹에 긴 수염이 난 신미스님이 매우 똑똑하게 잘 읽었습니다.

재가 끝난 뒤 함허스님께 일렀습니다.

"궁중에는 유생들이 에워싸고 있어 낮에 출입하기 어려우니 오늘 저녁 자정에 신미스님과 같이 오시오."

세종대왕은 척설(尺雪)에 가마를 타고 온 두 스님을 별당에 모시고 두 가지를 물었습니다.

"첫째는 대장경 문제인데, 일본사람들이 수없이 드나들며 '당신의 나라는 유교의 나라니 대장경을 우리에게 주시오' 하고, 대장경 뿐 아니라 장경각까지도 흔적 없이 일본으로 다 가져가겠다 하는데, 어찌하면 좋겠소?"

"하기야, 읽는 사람도 별로 없는데 왜놈들이라도 읽게 한다면 부처님의 자비가 섬나라에까지 널리 퍼지지 않겠습니까!"

"아-니, 아니됩니다. 8만대장경은 왜구를 물리치기 위해 거국적으로 온 국민이 힘을 모아 만든 호국경인데, 그것을 없앤다면 나라의 혼백이 없어지는 것이 됩니다."

"백성들은 한문이 어렵다 하여 거들떠 보지도 아니 하는데 이것을 어떻게 하나."

"우리도 한글을 만들어 읽게 하면 되지 않겠습니까? 산스크리트, 빨리어 가운데는 사람의 목소리를 기본한 모음, 자음이 있는데, 이것을 잘 살펴보면 우리의 소리를 만들 수 있을 것 같습니다."

"그렇다면 신미스님께서 책임지고 만들어 보게. 또 한 가지는 내가 병이 든지 여러 해가 되었으나 백약이 무효여. 아무리 좋은 약을 써도 기운이 나지 않고 눈이 침침하여 잘 보이지 않으니 사는 것이 사는 것이 아니네."

함허스님께서 말했습니다.

"아뢰옵기 황송하오나, 채식에 잡곡밥을 잡수시고, 술, 고기, 이성을 멀리하는 것이 좋은 약이 될까 합니다."

"거, 참 처음 듣는 소리인데, 시험 삼아 한번 해 보겠네."

대신들에게 이 이야기를 하고 술, 고기를 먹지 않고 채식에 잡곡밥을 먹겠다 하니 난리가 났습니다.

"그렇지 않아도 기운이 없으신 분에게 음식까지 제대로 대접하지 못한다면 병이 더 악화될 염려가 있습니다."

"먹고 아니 먹고는 내가 알아서 할 것이니 밥 때가 되면 산해진미와 쌀밥을 드리되, 단지 거기 잡곡밥 한 그릇만 더 얹어 다오."

그래서 4년 동안 잡곡밥과 채식을 중심으로 하다 보니 눈이 차차 밝아지고 기운이 조금씩 나아지게 되었습니다. 요즈음 말로 하면 당뇨병인데 세종대왕은 식이요법으로 그 병을 치료하고 험허득통선사의 금강경오가해를 즐겨 보다가 나중에 한글이 만들어진 뒤에는 그것을 언문화시켜 일반대중은 물론 궁중의 여인들까지도 공부하게 하니 왕후들 가운데는 대문장가가 나와 '한중록'같은 명저를 내기도 하였습니다.

그 뒤 신미대사는 산스크리트어와 티베트어를 보고 거기에 나오는 모음과 자음 가운데 24자를 빼고 한국사람들 발음 가운데서 내기 어려운 글자를 4자 합쳐 한글을 모두 28자로 정리하였습니다.

말하자면 산스크리트어 가운데,

부드러운 구개음(口蓋音) : 카, 가, 나
혀음 : 차, 자, 나
반굴절음과 치음 : 타 다, 나
입술음 : 파, 바, 마.
공명음 : 야, 라, 바, 사, 하를 응용하여
어금니 소리 : ㄱ, ㅋ, ㆁ
혀소리 : ㄴ, ㄷ, ㅌ, ㅍ
이소리 : ㅅ, ㅈ, ㅊ, ㅿ
목구멍소리 : ㅇ, ㆆ, ㅎ, ㆅ 을 만들고
처음 홀소리(子音)로 17자 : ㄱ, ㄴ, ㄷ, ㄹ, ㅁ, ㅂ, ㅅ, ㅇ, ㅈ, ㅊ, ㅋ, ㅌ, ㅍ, ㅎ, ㆆ, ㅿ, ㆁ
닿소리(母音) : 11자 : ㅏ, ㅑ, ㅓ, ㅕ, ㅗ, ㅛ, ㅜ, ㅠ, ㅡ, ㅣ를 만들었습니다.

그리고 하늘의 소리를 'ㆍ'
땅의 소리를 'ㅡ'
사람의 소리를 'ㅣ'로 정하여
하늘 앞에 사람이 섰으면 '아',
두 사람이 섰으면 '야'
하늘을 향해 땅을 밭치고 섰으면 '어', '여'
땅 위에서 사람이 하늘을 받들고 섰으면 '오', '요'
하늘을 등지고 땅을 향해 섰으면 '우', '유'
하늘과 땅이 마주보면 '으'
하늘을 향해 사람이 섰으면 '이' 하여
모든 소리를 하늘과, 땅, 사람의 이치로 만들었습니다. 거기다 계절을 따라 봄(평성), 여름(산성), 가을(기성), 겨울(입성)

로 냈으나 나중에는 없어졌습니다.

어찌되었던 이 글은 세종대왕을 통해 집현전 학사들께 주어져 거듭거듭 실습하여 마침내 한글 28자가 선포된 것입니다.

이렇게 보면 한글의 구상은 신미스님에 의하여 시작된 것이 세종대왕의 뜻을 따라 집현전 학사들이 정리한 것이니 신미스님의 공이 크다할 수 있습니다.

신미스님은 영산 김씨로 이름이 수성이었습니다. 동생 수경과 우온, 수화가 있었는데, 그중 김수온은 임금님 뜻을 따라 석보상절을 정리하여 석가모니 부처님 족보를 만들고, 원각사 비명을 찬하기도 하였습니다.
김수화는 무과출신으로 함경도 김현궁을 지냈고, 세조 원년에는 현감, 공조판서를 지내기도 하였습니다.
스님이 사시던 충북 보은 복천사에는 공민왕, 세조, 세종에 이르기까지 역대 임금님들의 기복처가 되었고, 서울 홍천사, 고양 내자사에서는 궁중의 나인들이 늘 함허스님과 신미스님을 모시고 유생들 모르게 불법을 공부하였던 곳입니다.

어찌되었든 한 스님의 기발한 아이디어로 일본사람들에게 거의 넘어갈 뻔 했던 해인사 8만대장경이 우리 손에 의해 지켜지고 세계의 보물로 지정된 것은 실로 기적적인 사건이고, 어려운 한문이기 때문에 필요없나는 유생늘의 논리를 한글을 만듦으로써 세계에서 으뜸가는 문화민족이 되었으니 이 어찌 감사해야 될 일이 아닌가 생각합니다.

지금 영국이나 독일에서는 산스크리트어를 영어의 아버지로 보고 빨리어를 할아버지로 생각하고 있으니 불교의 2대 언어와 사상이 티베트, 중국, 몽골, 한국, 일본 동북아시아 일대의 언어의 뿌리를 형성하고 있으니 인류문화의 한 축으로서 불교를 다시 한번 생각해 볼 필요가 있습니다.

세조대왕이 신미대사를 의지하여 오대산 상원사 불사를 완성하고 대참회를 이룬 뒤 나머지 반생을 복되게 회향하였으니 이는 모두 함허득통선사와 신미스님의 공덕입니다.
월인천강지곡, 석보상절이 나옴으로써 영산회상곡이 음악과 무용으로 만들어져 해외에서 한국을 찾는 공사들과 대사들에게까지 불심을 심어 주었으니 그의 공덕은 말로 다 설명할 수 없습니다.

이로 인하여 운허스님 등이 동국대학교 역경원을 만들어 한글대장경 300여 권을 발간하게 되었으니 이것이야말로 이 나라 불교발전의 한 면이라 볼 수 있습니다.
아무리 좋은 음식이라도 먹어서 소화시키지 못하면 건강에 도움이 되지 못하듯 불교가 세계유산으로 지정되었다 하더라도 읽고, 쓰고, 전하는 사람이 없으면 그림의 떡에 불과할 것입니다.

제 53 강

능엄신주와 광명주

　한국에서 요즈음 가장 많이 읽혀지고 있는 주문은 천수다라니이고 다음으로는 능엄주이고 광명주인 것 같습니다. 이 주문들은 1960년대 성철스님과 청담스님, 그리고 자운율사께서 아침저녁으로 외우시면서 유행한 것입니다.
　뿐만 아니라 이들 선지식께서는 선방에서 참선공부를 하시면서도 주문도 외웠지만 108참, 천배, 3천배 절을 하며 수행의 한 방편으로 삼기도 하였습니다.

　능엄경은 아난존자가 마등가의 유혹에 빠져 있을 때 능엄삼매에 들어 그 거처를 아시고 그들을 기원정사로 데리고 온 신통주문입니다.

　아난존자가 심부름 갔다가 시간이 늦어 돌아오는데 목이 말라 사방을 둘러보니 들 가운데서 한 여인이 물을 긷고 있는지라 가서 청했습니다.
　"물 좀 얻어 마십시다."
　"저는 마등가입니다."

마등가는 처녀로 무당의 딸이었습니다. 원래 이런 사람은 두 눈으로 세상 사람들을 바로 쳐다보지 못하게 되어 있었습니다. 하물며 물을 줄 수 있겠습니까. 그래서 마등가라고 대답했던 것입니다. 그런데 뜻밖에 아난존자가 말했습니다.

"대천이 바다에 들어가면 모두 한 맛이 되듯이 4성이 불교를 믿으면 동일한 석씨가 됩니다."

세상에 태어나서 처음 듣는 소리라 마등가는 물을 떠서 발에 부어드리고 다시 떠서 달게 마시게 하였습니다. 세상에 태어나서는 처음 보는 남자, 남자 가운데서도 미남자라 마등가는 그만 정신이 황홀해졌습니다. 물을 마시고 떠나가는 아난존자를 따라 2km 가량 가니 기원정사가 있었는데, 그곳은 금녀(禁女)의 집이었습니다. 하는 수 없이 집으로 돌아와 어머니께 사정하였습니다.

"저는 한 번만 그 스님을 보고 죽었으면 한이 없겠습니다. 어머니는 이름난 무당이라 일생 동안 남에게 좋은 일을 많이 해 주셨으니 그 신통력으로 그 분을 내 집 앞에 오게 해 주십시오."

"안 된다. 네 이야기를 들으니 그 스님은 스님 가운데서도 귀족 출신인 것 같다. 그런 사람이 너 같은 것을 쳐다 보겠느냐. 그리고 같은 주문도 스님에게만은 효력을 나타내지 못한다."

"그래도 어머님, 한 번만 저의 소망을 들어주세요. 그렇지 않으면 저는 죽습니다."

어머니는 말리다 못해 늦은 저녁부터 향기로운 소똥으로 9층 탑을 만들고 그 위에 일반 사람이 마시지 않는 정화수를 떠다가 부어 놓고 바가지를 엎어놓은 뒤 마등가의 주문을 외웠습니다. 반딧불처럼 번쩍이던 향불이 점점 부풀어 올라오더니 새벽녘엔 횃불처럼 훨훨 타올랐습니다. 어머니는 미친 사람처럼 주문을 외우고 있었는데 어두컴컴한 길에 아난존자가 술에 취한 사람처럼 비척비척하면서 마등가의 방 앞에 서 있었습니다. 마등가는 뛰어나가 아난존자의 손을 잡고 온몸을 흥분시켰습니다. 정신을 잃었던 아난존자가 두 손을 합장하고,

"나무 다사 바가왓도 아라핫도 삼먁삼붓다사"

하니 향불은 스스로 꺼지고 아난존자의 정신이 되살아났습니다.

그때 부처님은 아침 탁발 나간 아난다가 돌아오지 않자 능엄삼매에 들어 아난존자가 마등가 방에 들어가 앉아 있는 것을 아시고 능엄주를 외우셨습니다.

"대불정여래 밀인수증요의 제보살 만행수능엄신주…."

하고 720구절이나 되는 능엄주를 속으로 생각하였습니다. 마등가는 부끄러운 줄도 모르고 아난다의 손을 잡고 기수급고독원에 이르러 있었습니다.

부처님께서 마등가에게 물었습니다.

"마등가야, 너는 아난존자를 사랑하느냐?"

"예, 그가 가래침을 땅에 뱉아 놓고 먹으라 하더라도 먹을 수 있습니다."

"좋다. 그러나 마등가야, 아난존자는 왕자 출신으로 궁전에서는 왕법을 배웠고, 집에서는 세속법을 배웠으며, 또 출가하여 불법을 익혔는데 수준이 비슷해야 이야기가 되는 것이 아니냐?"

"저도 당장 왕법, 속법, 출가스님의 법을 배우겠습니다."

"그렇다면 좋다. 집에 가서 너희 어머니에게 출가하겠다 승낙을 받아 오너라."

집으로 달려간 마등가는 어머니의 승낙을 받고 머리까지 깨끗이 깎고 왔습니다.

"이곳은 남자 스님들이 거처하는 곳이니 너는 저 왕궁사찰에 가서 비구니 스님들에게 지도를 받고 오너라."

하여 왕사에 가니 그곳에는 700여 명의 비구니 스님들이 계시는데, 대부분 왕가 귀족의 어른들이었는데, 이성 생각은 털끝 만큼도 하지 않고 오직 도 닦는데만 열심이었습니다.

그 곳에서 70일 동안 수행하는 가운데 마등가는 전생의 일을 훤히 아는 숙명통을 얻었습니다. 마등가가 부처님께 오자 부처님께서 물었습니다.

"마등가야, 이제 결혼할 수 있게 되었느냐?"

"예, 결혼이 필요 없게 되었습니다."

"왜?"

"아난다는 전생에 저의 남편이었는데, 제가 병이나 무당을 데려다가 굿을 한 것이 인연이 되어 그 무당의 양녀가 됨으로서 전생에도 결혼을 못하고 금생에도 만나보지 못하게 되어있는데, 출가한 스님으로 계셨기 때문에 만나게 된 것입니다. 이미 출가하여 도를 닦고 있는데 제가 어찌 그 마음을 괴롭게 해서야 되겠습니까. 저도 출가하여 완전한 비구니가 되고자 하오니 허락하여 주십시오."

하여 마하빠자빠띠의 제자가 되게 하고, 아난존자에게는 능엄경을 설하고 마등가에게는 능엄주를 가르쳐 주시면서,

"혹 속이 답답하거든 광명진언까지 외워라."
하고 낱낱이 가르쳐 주셨습니다.

마등가는 이미 도를 깨달았으므로 다시 주문을 읽을 필요가 없게 되었지만 색·수·상·행·식 등 6식에 혼돈된 중생들에게 능엄주와 광명진언을 가르쳐 주었습니다.
"옴 아모카 바이로차나 마하무드라 마니파드마 즈바라 프라바를 타야 훔"
이로부터 능엄주는 마군이를 항복받는 항마주로 널리 알려져 많은 사람들이 외우게 되었습니다.

이 진언을 외우면,
첫째, 모든 악한 귀신과 유형무상의 귀신들이 난무하는 악처(惡處)에 떨어지지 않고,
둘째, 모든 겁(劫)에 태어날 때마다 빈궁한 곳에 태어나지 아니하며, 하천(下賤)한 곳이나 불가락처(不可樂處)에 태어나지 않으며,
셋째, 시방여래(十方如來)께서 지니신 온갖 공덕을 받게 되며, 세세생생(歲歲生生) 모든 부처님과 함께 태어나는 복을 누리게 된다 하였습니다.
넷째, 비록 계를 파괴한 중죄를 지었더라도 그 죄의 가볍고 무거움을 막론하고 일시에 소멸하게 되고,
다섯째, 모든 죄를 소멸케 하며, 무생법인(無生法忍)을 성취하게 되며,
여섯째, 원하는 모든 소원이 성취되며, 구족(具足)되는 과보(果報)를 받게 되고,

일곱째, 모든 국토가 편안하게 되며, 모든 투쟁과 분열장애가 사라지며,

여덟째, 세세년년 풍년을 이루고 바람은 순조롭고 비가 적당히 내리며, 수명 장수(長壽)하는 공덕을 성취하게 된다 하였습니다.

그래서 티베트, 중국, 몽골, 한국, 일본 등에서는 이 경전을 대승불교의 한 수행경전으로 많이 읽고 있습니다. 마땅히 이 경전을 읽는 자는 몸과 입과 뜻을 깨끗이 가져야 합니다.

제 54 강
한국불교와 복지사업

　한국불교는 시대에 구분 없이 수입 초창기부터 병들어 고통받는 사람들을 구제하고 갖가지 자선사업을 통해 빈민들을 위로하였습니다. 절에서 일어나는 모든 불사, 법회, 도량은 모여든 사람들에게 공양을 대접하고 옷과 잠자리를 제공하였으며, 곳곳에 설치된 만일염불회는 특히 노인들의 안식처가 되었습니다.

　고려시대 설치한 보행원, 동서대비원은 동서남북에서 모여드는 노숙객과 병자들을 구호하는 곳이었고, 그것을 뒷바라지하기 위해서 마련된 경제단체가 제위보(濟慰寶)였습니다.

　홍수, 한해, 풍수, 재난을 만나 올데갈데없는 사람들에게 집을 지어주고 의지처를 마련해 주었습니다. 문종 18년 개국사에서는 3월부터 5월까지 세궁민(細窮民)들을 위하여 3개월 동안 식사를 제공하였으며, 의종 14년 10월에는 왕이 보행원에 나아가 나그네들에게 2일 동안 국밥을 베풀었습니다.

공민왕은 연복사와 보제사에 진제장(賑濟場)을 설치하고 5백석의 쌀을 내어 가난한 자들에게 밥을 먹였습니다. 보제사는 애초부터 스님들이 과거를 보는 시험장이었습니다. 그런데 정종 11년 임진강에 다리를 개설하여 행인들에게 도강(渡江)을 도왔으며, 문종때는 남북을 왕래하는 모든 사람들에게 숙식을 제공하였습니다.

음식을 얻어 먹고 편히 쉬어간 사람들이 고향에 돌아가 열심히 일을 하여 가을에 추수하면 어김없이 이고 지고 또는 수레에 싣고 와서 본인들이 하루 공양주가 되기도 하였습니다.
가난 구제는 국가도 어렵다고 하는데, 나라 사람들이 백성을 위해 헌신하는 것을 보고 백성들 또한 그냥 얻어먹고만 있지 못했습니다. 마을마다 길을 닦고, 농지를 개간하여 농토 없는 사람들이 함께 농사지었으며 품앗이 하였습니다. 이것이 장차 박정희 대통령이 주관한 새마을 운동의 뿌리가 된 게 아니겠습니까.

숙종6년에도 나그네들에게 의식을 제공하였으며 어떤 사람은 신을 삼아 맨발로 가는 사람들을 도왔고, 또 어떤 사람은 베를 짜서 옷베를 베풀기도 하였습니다.

이렇게 임진강 가의 보통원이 본이 되어 동서보통원이 생기고 서울, 부산, 제주에도 생겼으니 이 일을 주관하던 보살님들이 부산 만덕동 할머니이고 제주의 만덕보살입니다.
이들은 식량이 떨어지면 바랑을 짊어지고 곳곳을 다니며 동냥하여 지나가는 사람들의 끼니를 이었습니다.

이와 같은 사건은 인도의 죽림정사, 기원정사, 동원정사, 대림정사 등에서 기원하여 중국의 동서대비원, 5대산 초제사에 영향을 받은 바 큽니다.

지금도 중국에서는 오대산 순행을 가는 사람들을 위해 평균 30리, 50리 거리에 초제사라는 작은 절을 짓고 음식과 물을 비치해 놓고 누구고 지나가는 사람들이 필요하면 최하 하루, 최장 3일까지 쉬어가게 만들어 놓았습니다.
누가 작정이 되어 단독으로 맡아 하는 것이 아니고 불교신도들이나 일반 공덕을 닦기 원하는 사람들이 그것을 감독하고 있는 감원에게 신청하여 1년 내내 하고 있습니다.

대만에서는 초제소를 도시마다 만들어 여행하는 스님들이 속가에 들어가 자지 않아도 편리하도록 절음식에 따뜻한 잠자리를 얻어 쉬어갈 수 있게 하고 있으며, 외국스님들이 노자가 떨어지면 신도들이 거두어 제공해 드리기도 합니다.

사실 중국이 혁명 이후로 대만과 나누어져 대만은 미국 군인들이 보호하고 중국은 러시아가 도와주게 되었는데, 8년 전 미국이 돌아가면서 원조물자가 끊어졌으나 불자들이 서로 협조하여 자강운동(自强運動)을 전개하고 있을 때 마침내 큰 지진이 일어나 수천 명이 죽고 수만 명이 부상을 입었는데, 대남 불광사, 대중 중대사, 대북 성암사 등 수 10개 사찰의 대중방과 강원, 선방을 피난장소로 내놓아 거국적으로 구호운동을 일으켰습니다. 그 인연으로 전국민의 30퍼센트에 이르지 못한 불교신도가 지금은 70퍼센트를 넘어서고 있습니다. 복은 빌어서 얻는 것이 아니라 지어서 받는 것입니다.

물론 우리나라에서도 토요일과 일요일에 등산하는 사람들에게 점심을 제공하고 탑골공원을 중심으로 많은 장소에서 갖가지 봉사활동을 펴다보니 사회인식이 많이 달라지고 있습니다.

조선조 때 세조대왕은 종로3가 원각사에 동서대비원을 설치하고 구호사업을 일으켰으며 이를 필요로 하는 사람들이 많아지므로 무학제 넘어에 보제원을 만들어 병들어 죽는 사람들까지도 널리 구제하였기 때문에 동네 이름이 홍은동이 되었고 연고 없이 죽은 사람들을 화장하여 장사까지 모셔주었기 때문에 홍제동에 화장터가 생긴 것입니다.

신촌 봉원사, 홍은동 백련사 스님들은 연고 없이 죽은 사람들을 돌아가며 염불하여 초상을 치러 주었는데 그래서 지금도 백련사에 가면 누구나 극락세계 가기는 어렵지 않다 말하고 있습니다.
이것을 본받아 각 교회, 성당에서까지 장사지내고 어린이들을 보살피는 고아원, 노인들을 모시는 양로원이 생겨 세계적인 복지국가로 발전하였습니다.

서울 탑골공원 뒤 원각사에서는 한 스님이 20여 년 동안 매일 150명부터 300명씩 공양하였는데, 시주자들 간에는 적게는 10만원으로 죽공양을 하고, 그 가운데는 20만원을 내어 국밥공양을 제공하는 분들도 있었습니다.
지금 그 스님께서 노쇠하여 경기도 일원에서 요양하고 있으나 서울 거사님들이 계승하여 모범을 보이다가 현재는 서울시에서 맡아 공양하고 있습니다.

맘만 먹으면 사람 하나 구하기는 어렵지 않지만 한 생각을 일으키기가 어렵습니다. 부처님 당시 기수급고독원을 지은 급고독장자는 무역인으로 매일 만 명의 밥을 제공하였는데,
"어떻게 그 일을 담당하느냐?"
물으니,
"태어날 때 두 손 꼭 쥐고 태어났는데, 손바닥 펴고 일을 할 수 있을 때 베풀어 주어야 되지 않겠습니까."
하며 조금도 피로를 느끼지 않았기 때문에 바사익왕이 재무통상부 장관으로 임명하여 해외통상과 국가재정을 통째로 맡게 하여 그의 자손과 부모들을 모두 영광스럽게 하였습니다.

또 비사카의 어머니는 탁가실라성 사람으로 부처님이 1200 대중을 거느리고 오셨을 때는 5천명이 먹을 수 있게 준비하여 시내 많은 사람들도 초청하여 힘께 공양하고 법문을 듣게 하였는데, 옆에서 시봉을 하는 사람만도 800명이 넘었다 합니다. 그때는 아직 처녀로 있었기 때문에 사위성에서 간 한 부호가 중매를 서서 며느리를 삼게 되었습니다. 시집온 뒤에는 16명의 자손을 낳고 그 자손들이 번성하여 100명 식구가 넘었는데 한 달이면 두 번씩 특별 법회를 열고 스님들을 공양하여 부처님의 칭찬을 받았습니다.
"세상에 태어나 만인을 즐겁게 하고 배부르게 한 인연으로 내생에는 반드시 천당에 태어나리라."

한번은 자기 집에서 스님들을 공양하기로 약속하였는데, 비가 와서 사람들이 오지 못하므로 비가 그친 뒤 정오에 이르러서야 공양을 하게 되었습니다. 비사카의 어머니가 부처님께 청했습니다.

"스님들 비옷 3천 개를 만들어 보시하고자 하오니 허락하여 주옵소서."

사실 비구스님들은 3의1발, 비구니 스님들은 5의1발 이외에는 과외 옷을 가질 수 없기 때문에 비옷 또한 과외 옷이 되어 부처님의 승낙으로 비옷 3천벌을 만들어 비가 올 때나 목욕할 때 용이하게 입게 되었습니다.

기수급고독원에는 비구스님들은 앉아 듣는 청법장소가 있어도 비구니 스님들은 그런 장소가 따로 없었는데, 동산에 앉아 법문을 듣는 비구니스님들을 보고 1천 명 이상이 앉아 법문을 들을 수 있는 장소를 마련하여 부처님 향실 옆 가까이서 법문을 듣게 하였으므로 그 강단의 이름을 녹자모강당이라 하였습니다.

나라의 임금님께서 이 강당을 보고 그의 앞에 5천 이상이 앉아 독경하고 법문을 들을 수 있는 대강당을 만들었으니 기원정사의 위용이 이들에 의해 더욱 빛나게 되었습니다.

비사카의 어머니는 일가친척들에게도 보시를 권하고 청법을 듣게 하여 그의 집안은 사위성에서 제1가는 불자 집안이 되었습니다. 기원정사가 국제적인 사원으로 세계 각국 사람들이 모여들자 병들고 노쇠한 사람들을 위해 죽과 밥을 제공하였는데, 병든 스님들을 시봉하는 사람들에게까지 의식을 제공하였습니다. 그는 항상 기쁜 마음으로 복지사업을 실천하다 보니 몸이 건강하고 가족이 번성하여 120세까지 살았는데, 나라에서 큰일을 할 때는 국모로 셔 공덕 제1, 복덕 제1의 여인으로 추대하였습니다. 그래서 지금도 인도에서는 딸을 낳으면 비사카같이 되어라 하는 덕담이 있습니다.

이와 같이 복지는 세상을 복되게 하고 고독한 사람들을 풍요롭게 해주는 대작불사였으므로 조선왕조 14년에는 동서대비원을 확대시켜 사(使), 부사(副使), 녹사(錄使)라는 관원까지 두고 복지사업을 실천하였던 것입니다.

제 55 강

신통자재한 진묵스님

　어머님의 혼령을 무간지옥에서 구제하신 분은 인도의 목련존자이고, 아들 하나를 의지하고 있다가 출가한 뒤에는 남의 절문 앞에서 얻어 먹고 살고 있던 어머니를 멜대에 짊어지고 다니면서 의식을 해결해 주시던 아들은 중국의 지공대화상이며, 눈먼 동생과 80노모를 위해 주는 밥도 남겨 말려 놓았다가 어머니와 누이동생에게 베풀어 준 스님은 진묵스님입니다.

　　하늘을 이불 삼고
　　땅을 자리 삼고
　　산으로 베개 삼고
　　달빛으로 촛불 켜고
　　구름으로 병풍 치고
　　바닷물로 술을 빚어
　　크게 취하여
　　거연히 일어나 춤을 추었더니
　　장삼자락이 중국 곤륜산에 걸리더라.

이분이 바로 조선 명종 때 석가여래 화신으로 탄생한 진묵
스님입니다. 법명이 일옥이요, 진묵은 자호입니다. 스님은 전
라북도 만경현 조씨 집안에서 태어났습니다. 나이 일곱 살에
전주 봉서리에서 내전을 읽었는데, 스승의 특별한 가르침을
받지 않고도 그 뜻을 깊이 정확하게 이해하였다고 합니다.

그때 절에서 불사를 하면서 대중스님들이 일옥에게 신장단
의 향 피우는 소임을 맡겼는데, 밀적신장이 도감스님에게 나
타나,

"큰스님께서 저희들에게 향과 등불을 밝히니 저희들이 죄송
하여 몸둘 바를 모르겠습니다. 바꾸어 주십시오."

하여 일옥에게 향화사를 그만두고 한가히 조실방에 쉬게 하
였다고 합니다.

한번은 창원 마산포를 지나가는데, 한 처녀가 따라와 돌아
보니 중인지라 사랑해 보았자 소용이 없는 줄 알고 그는 죽어
남자로 태어나 전주 대원사에서 만나게 되었습니다. 처음 만
날 때부터 그는 시봉이 되어 죽자사자 따라다녔는데 스님 또
한 이락삼매(離樂三昧)에 빠졌습니다.

"스님, 기춘이가 그렇게 좋으십니까?"
"좋구 말구. 마을에서 같으면 시집가고 장가갈 처지지."
하고 바늘 하나씩을 대중스님들 발우 속에 던지고는,
"흔들어 보라고, 맛있는 국수가 될 것이니…."
하여 때 아닌 국수를 만발공양으로 받았다는 이야기가 진묵
대사 유적고에 나옵니다.

한번은 또 전주 왜박촌에서 노모를 봉양하는데 스님은 그

위 일출암에 있었습니다. 어머니가 걸음을 제대로 걷지 못해 등에 엎고 나려오는데, 등허리에서,

"앗, 뜨거워."

하면서 두 뺨을 손바닥으로 내리쳤습니다. 아랫마을 저수지 옆에 내려놓고 쳐다보니 온통 모기 깔다귀에 물려 엉망진창이 되어 있었습니다. 그때 스님은 주위 산신과 용왕신을 불러 호통을 쳤습니다.

"그대들은 부모도 없는가? 당장 없애도록 하라."

하여 그로부터 그 외막촌 일대에는 모기 깔다귀가 없어져 버렸다고 합니다. 그후 얼마 있지 않아 어머니께서 돌아가시자 만경들 유앙산에 장사지내고 동네사람들에게 일렀습니다.

"우리 어머니 묘지에 나는 잡풀을 뽑아주고 잘 보호하면 해마다 풍년이 들고 만병을 통치하게 하리라."

하고 어머니께 고했습니다.

"어머니, 평상시 나에게 자식 하나만 낳아 달라 하셨지요? 자식 없어도 만인이 우러러 어머니 묘지를 살펴 만대에 끊어짐이 없을 것이니 편히 누워 쉬십시오."

과연 그 뒤로 너나 없이 일만 있으면 어머니 조의씨에게 제를 모시고 고수레하였으므로 지금까지도 세계 유일의 고수레 터가 남아있습니다. 어머니와 누이동생에게 밥을 주느라 항상 자신은 쫄쫄 굶고 돌아다니다가 농사짓는 데 이르면 새참 때가 되어 막걸리 한 잔씩 얻어 먹었는데, '술'이라 하면 드시지 않고 '곡차'라 하면 드시어 우리나라에서 술을 곡차라 하게 된 것이 진묵스님에게서 연유되었습니다.

하루는 대원사 농막에서 술을 거르는 일이 있어 냄새를 맡고 찾아가서 물었습니다.

"무엇을 하는가?"

"술을 거릅니다."

"무엇을 한다고?"

"술을 거른다고요. 스님이 귀가 먹었나…."

스님은 말이 없이 그냥 돌아섰으나 세 번째마저

"술을 거른다니까요."

하고 크게 소리쳤습니다. 돌아서면서 "고얀지고" 하고 혀를 찼는데 순간 땅바닥에서 푸드득 소리가 나 돌아보니 금강신장이 술 거르던 이에게 철퇴를 내리쳐 죽어 있었습니다.

대사가 일찍이 변산의 월명암에 계실 때 일입니다. 스님들이 모두 탁발을 나가면서 부탁하였습니다.

"스님, 밥은 지어 바구니에 넣어 부엌에 매달아 놓았으니 때가 되면 알아서 잡수십시오."

"오냐. 걱정 말아라."

하고 능엄삼매에 들어서 일주일 뒤에 와서 보니 그대로 앉아 창문을 열어 놓고 있었는데, 바람이 불어 두 손이 다 깨져 있는데도 모르고 계셨습니다.

"스님, 공양도 드시지 않고 무엇을 하셨습니까?"

"아니, 탁발하러 간다는 사람들이 탁발은 하지 않고 무엇 하고 있느냐!"

하며 오히려 나무랬습니다. 이와 같이 스님은 밤낮 없이 삼매 속에서 선을 하였으며 중생들의 근기에 따라 소원을 성취시켜 주었습니다.

어느날 저녁, 달 밝은 밤에 산등성이에 올라 멀리 밤하늘을 바라보니 건너편 청량산에서 유독히 장명등이 흔들렸습니다.

"무슨 일이 있는가?"

하고 내려가 보니 복부암 주지스님이 전주 독아집의 부촉을 받아 기자기도(祈子祈禱)를 드리고 있었습니다.

"뭘 하는가?"

"아들 낳기를 빌고 있습니다."

"멀쩡한 사람이 그렇게 큰 소리로 기도를 드리면 나한님들 귀청이 떨어질 것 아니여…."

하고

"꼭 그렇게 자식을 낳아야 할 것 같으면 매일 곡차 한 동이씩을 정성껏 보시하라고 하게. 기도는 내가 대신 해줄 터이니…."

하여 기도를 대신하게 되었는데, 하루도 법당에 올라가지 않고 스님은 매일 가져온 곡차만 한 동이씩 비웠습니다. 당황한 주지스님이 물었습니다.

"스님, 내일이면 기도회향을 해야 하는데 이렇게 차만 드시고 계시면 어떻게 합니까?"

"아, 벌써 백일이 다 되었는가? 그렇다면 내가 가 부탁해 보아야겠네…."

하고 법당에 들어가 16나한님들 이마를 만지면서,

"자네가 가겠는가? 중생의 마음이 간절하니 잠깐 가서 위로해 주고 오게!"

하니 제3 가락가 발라타사 존자가 희망하여 그 아이 이름을 이가락이라 불렀습니다.

그 뒤 전주 관아의 한 아전이 정부돈 수백 냥을 노름으로 소모하고 몰래 도망 다니다가 나한님께 왔습니다.

"원명암 큰스님에게 가서 물어보십시오."

가서 물었습니다. 그랬더니,

"지금 전주 관아에 없는 벼슬이 무엇인가?"

"감옥 교도소장이 비어 있습니다."

"왜 비었지?"

"죄인이 없기 때문입니다."

"그러면 자청해 가되 1년 이내에 가닥을 내어야 하네."

"예. 꼭 그렇게 실천하겠습니다. 다시는 마작에 손을 대지 않겠습니다."

그래서 전주 감옥소 소장으로 자청해 갔는데 그날부터 여기저기서 잡혀오는 죄인들이 수를 헤아릴 수 없었습니다. 전주 관아와 의논하여 벌금을 먹이고 선도하니 1년이 못 가서 모두 빚을 갚게 되었습니다.

"스님, 다 갚았습니다."

"다시는 그런 일에 손을 대지 말게."

하여 그 절 이름을 원등암이라 고쳐 불렀습니다. 거짓말 하지 않고 진실한 사람들이 화주, 시주가 되어 권선을 다니니 전주 일대에서는 가장 영험한 도량으로 알려졌습니다. 나한님들은 한번 큰스님에게 놀램을 당한 일이 있었으므로 틈만 나면 함께 따라다니며 법담을 나누고 괴롭혔습니다.

하루는 스님께서 길을 가다가 소낙비를 만나 큰 개울을 건너게 되었는데, 사미승 하나가 앞에서 얼쩡얼쩡 바지를 걷고 물위를 걸어가는지라 물이 깊은 줄 모르고 들어가니 그만 푹

빠져 옷이 다 젖었습니다. 건너다 보니 열여섯 명의 아이들이 손뼉을 치며,

"큰 스님도 별 수가 없군요!"

하자

"이 영산회상 열여섯 동자들아,
마을의 잿밥은 언제나 끝낼 것이냐
신통과 묘용은 비록 따르기 어려우나
큰 도는 마땅히 이 늙은 비구에게 물으라."

끝으로 스님의 어머니 49제 제문을 읽어 드리겠습니다.

"열 달 동안 태중의 은혜를 무엇으로 갚으오리까.
슬하에 3년 동안 길러주신 은혜를 잊을 수 없습니다.
만세에 다시 만세를 더 하더라도
자식의 마음에는 그래도 부족한데
백년 생을 백년도 채우지 못하고 가시니
어머니의 생애가 어찌 그리도 짧습니까!
표주박 하나 들고 노상에서 걸식하는 이 중은
이미 말할 것도 없거니와
비녀를 꽂고 규중에 들어 아직 출가하지 못한
누이 동생이 애처롭지 않습니까?
상당을 마치고 하당을 파하자
스님들은 제각기 방으로 돌아가고
앞산 뒷산만 첩첩한데
어머니의 혼령은 어디로 가십니까.
삼가 불효자는 애닯고 애닯습니다.

제 56 강
부설거사의 깨달음

부설거사는 신라때 사람이지만 3한, 고려, 조선을 통해 부설거사 같은 거사가 없었으므로 여기 소개합니다. 원래 거사는 불국사에서 영조, 영희와 함께 도반으로 공부하였습니다.
　나이 들어 성숙해 지자
　"관광객들만 많이 모여드는 이 절에 있지 말고 금강산으로 공부하러 가자."
　하여 개나리 봇짐을 짊어지고 전국 유람을 나섰습니다. 지리산 쌍계사, 남해 보리암을 거쳐 조계산 송광사를 지내고 보니 장마철이 되었습니다.

　전북 부안 한 마을에 이르러 비가 많이 오자 며칠 쉬어 갈 곳을 찾으니 산골 외딴집을 소개해 주었습니다. 사랑방을 빌려 며칠 동안 묶게 되었는데, 집 주인의 딸 묘화가 과년한 처녀로 일찍부터 벙어리였는데, 밥상을 들고 오다가,
　"엄마, 나 저 스님에게 시집 갈래."
　하고 말을 하였습니다. 놀란 집안 사람들이 사정을 영조와 영희에게 말하니,

"우리들은 세상을 버리고 출가한지 오래 되었고 금강산으로 견성공부하러 가는 길인데 재수없이 그런 말씀 마십시오."

하니 부설이 말했습니다.

"부처님도 3불능이 있다 하였는데, 인연있는 중생도 제도하지 못한다면 인연없는 중생을 어떻게 제도하겠는가. 나는 묘화와 결혼하여 농사짓고 두 부모를 모시고 살 터이니 10년 후에 우리 다시 만나 공부를 겨루어 보기로 하세."

하고 단안을 내렸습니다. 이에 부설은 물 한 그릇 떠 놓고 결혼을 하여 노부모를 모시고 살게 되었는데, 영조, 영희는 꿩 쫓던 매처럼 허망한 인생과 부질없는 맹세를 원망하면서 먼 길을 떠났습니다.

부설거사는 작은 종이에 부처님 한 분을 그려 벽장에 걸어 놓고 아침저녁이 되면 예불하고 무엇이고 생기면 부처님께 갖다 바쳤습니다. 한편 영조, 영희는 금강산에 들어가 공부하면서도,

"지금쯤 부설은 어떻게 되었을까!"

하고 궁금해 하였습니다.

그런 부설은 매일 쟁기를 짊어지고 논밭에 나가 전답을 갈고 씨를 뿌리고 밭을 매어 농촌살림을 실감나게 하면서 아들 하나 딸 하나를 낳고 나니 장인 장모님까지 돌아가셔 단촐한 살림을 하고 있었습니다. 그런데 하루는 밭에 거름을 주고 있는데 뒤에서 누가 불렀습니다.

"부설이, 부설이, 이게 뭔가? 청정한 스님이 장가 가더니 그 몰골이 아주 시골 농사꾼이 다 되었구나…."

"허, 여러 소리 하지 말고 집으로 가세."

하여 목욕을 하고 집에 돌아와 부탁하였습니다.

"10년 전에 헤어졌던 친구들이 왔으니 맛있는 것을 만들어 대접합시다."

월명은 정성을 다해 대접하고 집안 식구들을 소개하니 아이들이 말했습니다.

"저 분들이 아버지 친구들이세요. 10년 후 한번 겨루어 보기로 하였다니 오늘 밤 한번 겨루어 보도록 합시다."

하고,

"우선 예불을 드립시다."

하며 벽장문을 열었습니다. 벽장에는 두 손바닥만한 부처님이 모셔져 있었고 향로 다기가 놓여 있어 향불을 피우고 예불하였습니다.

"계향 정향 혜향 혜탈향 해탈지견향.

광명운대 주변법계 공양시방 무량불법승."

하고 예불을 마친 뒤 그 동안 공부의 내력을 듣고 시험을 치르기로 하였습니다.

시험문제는 천정에다 노끈을 매어 놓고 청자오지에 물 3병을 떠서 매달아 놓고 방망이로 치는 것이었습니다.

"깨달은 사람은 물을 그대로 공중에 남게 하고 병 껍질만 벗겨내는 것입니다."

먼저 영조, 영희가 치자 물과 병이 한꺼번에 쏟아졌습니다. 부설이 치니 물은 그대로 있고 오직 병만 뚝 떨어졌습니다.

영조, 영희는 자신들도 모르는 사이에 일어나서 큰절을 하고 아내와 자식들도 3배 하였습니다.

"살아계신 부처님은 생각지도 못하고 오직 아버지, 남편으로만 대접했습니다. 용서해 주십시오."

영조, 영희가 말했습니다.

"우리는 금강산에서 헛세월을 보냈는데, 어떻게 공부하였길래 그렇게 자재한 생활을 할 수 있었는가?"

目無所見無分別하고 耳聽無聲絶是非라
分別是非都放下하면 但看心佛自歸依라

하니 온몸에서 금빛 찬란한 광명이 났습니다.

妻子眷屬森如竹이요 金銀玉帛積似丘라도
臨終獨存孤魂逝하면 思量世是虛浮浮라

하고 그대로 앉아 세상을 떠났습니다. 그뒤 두 아이들과 부인은 부안 내소사 뒤에 월명암을 짓고 출가사문이 되니, 지금도 그 자리에 네 분의 성현을 모신 사성전(四聖殿)이 만들어져 있습니다.

영조, 영희가 아이들에게 "그동안 어떻게 살았느냐?" 하고 물으니 다음과 같이 대답하였습니다.

此竹彼竹 化去竹 風打之竹 浪打竹
粥粥飯飯 生此竹 是是非非 看彼竹
賓客接待 家勢竹 市井賣買 歲月竹
萬事不如 吾心竹 然然然世 過然竹

제 57 강
불교미술과 세계문화

　불교미술은 불교교리와 신앙에 기초하여 불교적인 소재를 시각적인 방법으로 조형화 한 것으로 여래의 수행과 교화활동을 그려 모시고 의식하던 불교예술을 총칭합니다.
　초창기 불교미술은 부처님을 상징한 불족, 법륜, 보리수 등으로 상징하여 나타내기도 하였지만 차차 불탑, 불상에 귀착하게 되었습니다.
　사실 이들은 불교 건축과 조각의 한 분야인데, 당, 탑, 가람의 중심에 자리 잡고 갖가지 장엄을 묘사함에 따라 점점 불교미술로 발전하고 그것을 조각하고 회화, 건축, 공예로 발전시켜 20세기 이후 세계 각국으로 전파되고 있습니다.

　인도에서는 부처님 성도지에 아쇼카 석주 옆에 부처님의 정각탑이 형성되고, 베나레스에는 법륜탑, 5비구가 부처님을 맞은 불영답, 딘생지 룸비니에는 천상천하 유아독존을 상징한 동자상, 열반지에는 화장터와 열반당, 사이탑이 형성되었고, 전국 10대 유적지의 사리가 아쇼카왕 당시 분할되어 8만4천 탑(塔)으로 발전하였습니다.

불상이 만들어진 이후 남인도 엘로라, 아잔타에는 27개, 31개의 대형 석굴을 파서 신앙의 전당으로, 또는 스님들의 수행처로 사용하였고, 아프가니스탄의 바미얀 불상은 북인도에서 가장 크게 만들어진 불상이었습니다.

그 뒤 실크로드를 따라 중국의 운강석굴, 돈황석굴 등 수많은 석굴군이 만들어지고, 점점 동으로 발전하여 신라의 불국사 석굴암 대불이 형성되었습니다. 석굴암 대불은 세계불교미술 가운데 가장 아름답게 장식된 인간의 이상상이며, 그곳 도량에 모셔진 보살, 거사, 신상들은 한 나라 한 가정의 모델이 되기도 하였습니다.

중국의 건물은 낙양 백마사가 가장 처음 지어진 것으로 생각되며, 한국의 목조건물은 대부분 소실되어 그 증거를 찾을 없습니다. 단지 유적지에 함께 보존되어 있는 석탑군을 보고 가람배치를 짐작하고 있는데, 황룡사 9층 석탑이나 군수리 목탑지를 보고 대강 그 형식을 짐작하고 있습니다.

익산 미륵사지, 감은사지, 불국사 등을 보고 백제, 신라 때 불교건축이 당문화의 영향으로 단탑에서 쌍탑가람으로 발전되었다는 것을 알 수 있습니다.

다만 고려 초기의 건축으로는 봉정사 극락전, 부석사 무량수전, 수덕사 대웅전을 보고 당시의 모습을 짐작할 수 있고, 조선조의 것으로는 도갑사 해탈문, 무위사 극락전, 송광사의 국사전 등으로 짐작할 수 있으며, 조선 후기의 것으로는 내소사 대웅전, 법주사 8상전, 금산사 미륵전, 화엄사 각황전 등이 명맥을 유지하고 있습니다.

석조 건축으로는 역시 석굴암, 탑으로는 다보탑과 석가탑을 으뜸으로 치고, 조각으로서는 초창기는 중국불상을 모델로 한 고구려 금동여래상을 치고, 다음으로는 중국6조시대 제나라, 주나라 영향을 보여주고 있는 3존불상과 평양 미륵반가상을 치고 있습니다.
　대표적인 마애불상으로는 서산마애3존불을 꼽는데 최근 실크로드에서 이와 똑같은 모습의 불상이 여러 곳에서 나타나고 있어 거기서 영향을 받은 바 있지 않은가 생각하는데, 좌우보처의 다른 점이 신앙의 양상이 달라지고 있음을 짐작할 수 있습니다.

　불상 가운데는 아미타상과 약사상, 미륵상이 많은 것으로 보아 오방부처님 신앙과 3세부처님 신앙이 크게 유행하였던 것 같습니다.
　회화로서는 고분벽화에 나타나는 일본에 건너가 있는 법륭사 금당벽화, 무열왕릉 고분벽화, 황룡사 노송도, 분황사 천수대비 등 김홍도, 정화, 홍제의 그림이 나타나고 있고, 호암미술관의 화엄경 변상도, 부석사 조사당 벽화가 유명하고, 일본 전초사 양유관음도 유명합니다. 대부분 이 같은 그림, 글씨는 신라, 백제, 고려 때 것으로 일본에 건너가 있는 것이 많고, 무위사 극락전 벽화, 봉정사 후불탱화, 운흥사 8상탱화가 유명합니다.

　범종은 한국종이 세계적으로 유명한데, 신라 때 성덕대왕신종, 상원사 동종, 실상사 범종이 유명하며, 향로로서는 송광사 은입사향로, 표충사 금동향로 등이 유명합니다.

금고는 절에서 공양시간을 알리는 밥종으로 유명한데, 신라 경문왕 때 만든 함통6년 금고가 남아있고, 중앙박물관에 소장되어 있는 경암사 금고 등이 유명합니다.

사리장엄구는 부처님 당시부터 유행했던 불교공예로서 세계 각국에 널려 있으나 우리나라 것으로는 불국사 3층석탑에서 발견된 무구정광다라니경과 함께 문화재로 등록되어 있습니다. 종류에는 은제, 금제, 동제 등 다양한 종류가 있으나 그의 정교한 모습을 보면 불교예술이 어떻게 발달되어 왔는가를 짐작할 수 있습니다. 이 또한 한국에서 발견되었다 하여 한국 기술만 들어 있는 것이 아니고 인도, 중국, 파키스탄, 티베트, 몽골 등 세계 각국의 예술문화가 집중되어 있기 때문에 불교미술을 관심있게 보면 세계 미술의 발달사를 이해할 수 있는 것입니다.

요즈음 티베트 불교가 한국에 들어와 고려 때 영향을 주었던 불교미술이 새롭게 발돋움하고 있는데, 그들의 다양한 색깔과 구도가 지금까지 한국 스님들이 생각하지 못했던 것들이 다양하게 나타나고 있어 한국불교 미술에 또 다른 영향을 주고 있지 않는가 생각합니다.

이렇게 만들어진 여러 가지 불상과 불화는 인연따라 많은 영험설화를 만들어내고 있는데, 특히 황룡사 11면관세음보살의 설화가 대표적입니다.

두 눈이 먼 딸을 둔 어머니가 그 부처님 앞에 가서 기도를 하면서 "부처님, 부처님은 천수천안을 가지고 있는데, 그 많은 눈과 손을 어디에 쓰시려 합니까. 불쌍한 우리 아이에게 두

개만 빼주십시오." 하고 기도드리고 나니 그 아이의 눈이 밝아져 세상 만물을 볼 수 있게 되었다고 합니다.

또 소백산 골짜기에는 관세음보살과 미륵보살상을 모신 절이 있는데 친구 달달박박과 노힐부득이 천일기도하며
"누구든지 먼저 깨달은 사람이 뒤에 깨달은 사람을 구해주도록 하자."
하였는데 노힐부득에게 나타난 관세음보살이 다음날 달달박박에게 가서 두 사람이 현신성불한 일이 있습니다.

흙이나 나무, 돌, 그림으로 나타난 불, 보살의 상화를 미신이다, 우상이다 하고 무시하는 사람도 있는데, 이는 흙, 나무, 돌만도 못한 사람들입니다.
그 속에도 사람과 똑같은 불성을 가지고 있습니다.

제 58 강

대예참(大禮懺)과 불교의식

불교의식은 부처님을 믿고 따르는 사람들이 자내증의 종교체험을 갖가지로 실천하는 것입니다. 자기 수행을 위해서는 수행과 예참을 겸해서 하고 중생교화를 위해서는 기도 회향을 겸해서 합니다.

그런데 그 가운데서도 예참의식은 인도에서는 거의 없는 내용인데, 중국에 와서 각 경전에 의지하여 능엄참, 원각참, 보현참, 문수참, 등 복잡한 의식을 거행하면서 절을 백자리, 천자리씩 하면서 시방불 보살들께 호소합니다.

우리나라에서는 108참회를 중심으로 하는데, 티베트 같은 데서는 갠지스강이나 인더스강 어귀에서부터 히말리야산 꼭대기에 이르기까지 100일, 천일, 만일을 기약없이 실천하여 눈비 속에서도 쉬지 않고 합니다.

그런데 화엄경에서는 시방제불의 명호와 8만대장경의 중요한 경전 이름, 역대 선지식들의 명호를 부르며 참회하는 의식이 있으니 이 의식을 대예참회라 합니다.

중국의 참회의식처럼 한 부처님, 한 보살님, 한 경전, 한 율, 논에만 국한하지 않고 모든 부처님들의 명호와 3장의 이름을 낱낱이 부르며 그 뜻을 생각하며 참회하는 의식입니다.

민속신앙에서는 자기 좋아하는 신앙을 중심으로 이름을 부르고 자기가 알고 있는 경전만을 중심으로 독송하는데, 여기서는 3세 시방 3보 대성의 이름을 부르고 모든 경론의 대의를 외우면서 그 정신을 구현합니다.

천천히 읽으면 한 시간이 넘게 소요되지만 전래의 의식사들이 읽는 방법으로 하면 3~40분 걸리기 때문에 여기서 한번 읽어볼까 합니다.

대예참문

시방삼세 부처님과 팔만사천 큰법보와 보살성문 스님네께
지성공양 하옵나니 자비하신 원력으로 굽어 살펴 주옵소서.

① 한마음 함께 기울여서
상주법계 진언궁중 반야해회 암밤남 함캄대교주,
청정법신 비로자나불, 아바라하카 법계주
원만보신 노사나불, 아라바자나 사바일대교주
천백억화신 석가모니불, 신지광명 보주법계,
과거 제1 비바시불, 제2 시기불, 제3 비사부불,
제4 구류손불, 제5 구나함모니불, 제6 가섭불,
제7 석가모니불, 동방만월세계 약사유리광여래불,
서방정토 극락세계 48대원 아미타불,
남방 환희세계 보승장여래불,

북방 무우세계 부동존여래불,
중방 화장세계 십신비로자나불,
당래화생 미륵존불,
2만억 일월등명불, 위음왕불, 2천억 운자재등왕불,
약왕대성사 2만일월정명덕불,
16대성사 대통지승여래불, 천광왕정주여래불,
아미타불본소사 세자재왕여래불,

불신충만어법계 보현일체중생전
수연부감미부주 이항처차보리좌
여시등 8백만억나유타 부처님께 예배(공양)합니다.

② 한마음 함께 기울여서
대자비로 체를 삼아 일체중생을 구호하시되
병든 이에게는 좋은 약이 되어주시고
길 잃은 자에게는 바른 길을 보여주시며,
어두운 곳에서는 광명이 되어 주시고
가난한 자에게는 영원한 복장이 되어주시는
참죄업장 12존불, 지장원찬 23존 제위여래불,
능멸천재 성취만덕 금륜보계 치성광여래불,
찬탄미타 시방제불, 가사당세계 3품회상 일체제불,
화엄경중 8천제불, 원제고혼 초생극락 다보불,
서멸중죄 35불, 3천불조 53불,
미타참중 1천 5백존불, 불명경중 8천제불,
동방해탈등 5천5백존불, 과거 장엄겁 천불,
현재현겁 천불, 미래성숙겁 천불,

불신보변시방중 삼세여래일체동
광대원운항부진 왕양각해묘란궁
한량없는 부처님께 예배(공양)합니다.

③ 한마음 함께 기울여서
우전금상 전단상 아육왕조 동철상
사자오중 옥석상 제국토중 칠보상
마니보상 진주상 자마염부 단금상등
여시 시방세계중 무량무수 부처님과
복성동반 사라림중 인과교철 장엄보탑
일체미래 불입열반 선도성중 전단보탑
영산법회 증청묘법 다보여래 전신보탑
석가여래 정골치아 보부인천 자비보탑
허공광야 적요무사 일체제불 시현보탑
일체중생 기견보살 8만4천 청정보탑
8곡4두 5색사리 아육왕수 천진보탑
보탑높이 5천유순 천상인간 장엄보탑
해동설산 봉정대상 석가여래 사리보탑
축서산중 금강계단 석가여래 불로보탑
청량산중 중대소진 석가여래 정골보탑
천의산중 삼갈반지 은탑금탑 수마노탑
만대운왕삼계주 쌍림시멸시천추
진신시리금유재 보사군생예불휴
천봉만학 평원광야 해안강두 중중보탑님께
예배(공양)합니다.

④ 한마음 함께 기울여서
사바세계 4천하 남염부제 7처9회
주변시방 같고 다른 티끌같은 화장세계
화장세계 밖에 있는 갓 없는 무량무수
불가량 불가칭 불가설전 불가설
진법계 허공계 시방삼세 제망중중
불타야 양족존 3각원 만덕구
천인조어사 범성자부 수궁3제 횡변시방
근기 따라 나타나서 진실의 방편교를
연설하신 10신무애 4지원성 자비접물
희사이생 5안원명 10호구족 자재치성여단엄
명칭길상급존귀 여시 6덕개원만
응당총호 바가범 법보화 3신여래
부처님께 예배(공양)합니다.

⑤ 한마음 함께 기울여서
비로교주 화장자존
연보게지금문 포낭함지옥축
진진혼입 찰찰원융
10조9만5천48자 1승원교 대방광불화엄경
약인욕요지 삼세일체불 응관법계성 일체유심조,
영산법회 종담8년 전부가업 난사법문
10만8천1십4자 대승종교 실상묘법연화경
제법종본래 상자적멸상 불자행도리 내세득작불
문수달천진 보현명연기 보안문관행 강장변삼혹
미륵단윤회 정혜분증위 위덕기삼관 변음수단복

정업제4상 보각이4병 원각3기참 현선청유통
대승돈교 원각경 억겁전도 일시멸 불력승지획법신
대승종교 능엄경 아함12 방등8
21년담반야 그중 금강반야경
5천1백49자 32분 제1게 범소유상 개시허망
약견제상비상 즉견여래 1실방장 9백만보살
3만2천사자좌 일발포만시방주 단취묘희불세계
불가사의 불이법문 유마거사소설경
여시청정 무장애 무진법문께 예배(공양)합니다.

⑥ 한마음 함께 기울여서
48의 서원으로 9품대상을 만들어
6자 염불과 16관으로 섭화중생하는 미타정토삼부경
49년 설법으로 부율담상 열반경
대보부모은중경 구모생천목련경 천지팔야신주경
삼세삼천불명경 오천오백불명경 사익범천소문경
대승방광총지경 약사여래본원경 칭찬대승공덕경
사십이장경 여래유교경 조상공덕경 조탑공덕경
욕상공덕경 출가공덕경 미륵상생경 반주삼매경
대승동성경 법화삼매경 십주단결경 보살본행경
아함경 방등경 능가경 대비경 비화경 보운경
승만경 지세경 보적경 법구경 불지경 백유경
연기경 변의경 충심경 효자경 삼혜경 칠불경
고왕경 태자경 앙굴경 보요경 흥현경 인왕경

교릉전리이중현 의리수행과자연

보계인간방심만 금문해내광삼천
여시청정무장애 무진법문께 예배(공양)합니다.

⑦ 한마음 함께 기울여서
일자다자 총지법문 신묘장구 대다라니
불정존승 대다라니 수능엄왕 대다라니
성불수구 대다라니 불모준제 대다라니
마리지천 대다라니 관음보살 모다라니
속질보현만다라니 육자대명왕다라니
예적대원 만다라니
전단향신다라니 보살서원다라니
소재길상다라니 길상광명다라니
본심미묘다라니 여의륜다라니
오인심다라니 대법거다라니
멸업장다라니 보생다라니
화취다라니 법인다라니

자광조처연화출 혜안관시지옥공
우황대비신주력 중생성불찰나중
여시청정무장애 무진법문께 예배(공양)합니다.

⑧ 한마음 함께 기울여서
여래친선 삼취정계 대악병중 계위양약
대포외중 계위수호 대암명중 계위명등
삼악도중 계위교량 계여대사 이능판물
계여인족 능유소지 계여대지 생성만물

계여대해 만복소귀 계여루주 성도소의
계여성곽 성도소빙 계여청지 세척심구
계여명경 조요자성 계여영낙 장엄법신
계여금보 법재여의 계여선벌 능도고해
계여복장 이제빈핍 계여일월 역여영락

미진보살중 유시성정각 보살정계 사분률
비구정계 오분률
심지법문 최상승
육십일품 범망경
보조진로업혹문 진시보현진법계
일체유심개응섭 부동이승편국행
여시청정무장애 무진법문께 예배(공양)합니다.

⑨ 한마음 함께 기울여서
원유대사 궐호마명
종백본요의경 조제기신논
의풍문약 해행구겸

인연입의해석분 수행신심이익분
위설일체제중생 증입불이마하연
1심2문 3대4신 5행등법 무진법문

통현장자 화엄론 천친보살 십지론
무착보살 반야론 미륵보살 유가론
현혜보살 잡집론 호법보살 유식론

현양성교론 보리자량론 대승장엄론
백법명문론 대지도론
열반론 성실론 사제론 수상론
제불심심광대의 아금수순총지설
회차공덕여법성 보리일체중생계
여시청정무장애 무진법문계 예배(공양)합니다.

⑩ 한마음 함께 기울여서
사바세계 차사천하 남염부제 칠처구회
주변시방 같고다른 티끌 같은 화장세계
화장세계 밖에 있는 갓없는 무량무수
불가량 불가칭 불가설전 불가설
진법계 허공계 시방삼세 제망중중
달마야 이욕존 보장취 옥함축
결집어서역 번역전동토
조사홍 현철판성장소
삼승분돈점 오교정종취
귀신호 용천흠
도미표월지 제열침감로
일진본적 만법무언 위리유정 교분십이
청정법계 평등소류

계경응송여수기 풍송자설급연기
본사본생역방광 미증비유병논의
경장율장 논장진전
상주일체 심심법보님께 예배(공양)합니다.

⑪ 한마음 함께 기울여서
진묵겁전 조성정각 항사계내 유화군미
이칭용종지존 부호법왕지자
체주법계 통병난사 화만진방
삼세불모 오봉성주 칠불조사
대성문수사리보살 대행보현보살
각수보살 재수보살 보수보살 덕수보살
목수보살 정진수보살 법수보살 지수보살
현수보살 10불세계 극미진수 동명동호
법해보살 시방불찰 극미진수 동명동호
금강장보살 백억불찰 보현보살 화엄경중
제대보살 마하살게 예배(공양)합니다.

⑫ 한마음 함께 기울여서
해안고절처 보타락가산 정법명왕 성관자재보살
위신단엄 색상자재 대희대사 대세지보살
지옥미제 서불성불 대원본존 지장보살
도청혼어 극락계중 대성인로왕보살
능단무명 미세혹결 금강장보살
최멸중생 인아업산 대자제장애보살
자륭직세 비진후겁 자씨미륵보살
보불법륜 제단윤회 제화가라보살
진언낭숭 신통장엄 불모대자 준제보살
상주금강 연설반야 대혜법기보살
분골향성 상제구법 살타파륜보살
연수왕보살 장수왕보살 그의 권속 1만2천보살

상계교주 천장보살 음부교주 지지보살
유명교주 지장보살
백명이생 천광파암 일광변조 소재보살
성주숙왕 청량조야 월광변조 식재보살
약왕보살 약상보살 찬탄석가 9백만보살
무진의보살 해탈월보살 청량산 일만보살
보리고광 일체청정 대해중보살마하살님께 예배(공양)합니다.

⑬ 한마음 함께 기울여서
대방광불화엄경 화장장엄세계해
시아사부 선지식자 시아안목 선지식자
시아진량 선지식자 시아지승 선지식자
사라림중 광설법계 대성문수 사리동자
묘봉산상 서보경행 덕운비구 해문국중
법우윤물 해운비구 능가도변 해안취락
선주비구 자재성중 설륜자법 미가장자
주림성중 정시법계 해탈장자 마니취락
신안부동 해당비구 여시내지 장엄누각
광시법계 미륵보살 요신우수 회시법문
문수보살 공덕지혜 구족장엄 보현보살
일생능원 광업지과 선재동자
여시등 53선지식님들께 예배(공양)합니다.

⑭ 한마음 함께 기울여서
삼천계내 백억찰중 불입열반 현서선정
증사제리 단삼유신 오인연공 출사생계

진명량우 시대복전 염화미소 격외선전
두타제일 가섭존자 다문총지 유통교해
다문제일 아란존자 지혜무쌍 결요분명
지혜제일 사리불존자 광겁유래 증득공성
해공제일 수보리존자 구대변재 설법여운
법문제일 부루나존자 원명통달 신변난사
신통제일 목건련존자 천안징청 등관생사
천안제일 아나율존자 논량의리 단여석신
논의제일 가전련존자 비수제도 성취행문
밀행제일 나후라존자 어육진경 요오색성
지계제일 우바리존자 사향사과조원성

삼명육통실구족 밀승아불정령촉
주세항위진복전 여래상족 십대제자 여시해회
모든 선지식님들게 예배(공양)합니다.

⑮ 한마음 함께 기울여서
능인기멸지후 자씨미생지전
불취적멸 현주선나 주세응진 대아라한
서구다니주 제일 빈두로존자
가십미라국 제이 가락가벌차존자
동승신주 제삼 가락가바리타아존자
북구로주 제사 소빈타존자
남섬부주 제오 낙구라존자
탐몰라주 제륙 발타라존자
승가다주 제칠 가릿가존자

발랄나주 제팔 벌사라불다라존자
향취산중 제구 수박가존자
삼십삼천중 제십 반탁가존자
필리양구주 제십일 나후라존자
반도파산중 제십이 나가서나양구주
광협산중 제십삼 인계라존자
가주산중 제십사 벌라바사존자
축봉산중 제십오 아시다존자
지축산중 제십륙 주다반탁가존자

여시등 오백성 독수성 내지
천이백 제대아라한 성중님께 예배(공양)합니다.

⑯ 한마음 함께 기울여서
화엄칠조 적거팔지 최사현정 마명보살
수하생신 용궁오도 용수보살
위진해악 휘등고금 제심조사
선릉개연 최상종승 운화조사
오운응공 사화추지 현수대사
수상이소 발탁유혼 청량국사
심지개통 의천낭요 규봉선사
해외전등 도의국사
나계정주 범일국사
상기만천 철감국사
무설유양 무렴국사
산신현청 도헌국사

남악분휘 혜철국사
해동초조 원효국사
의상조사 윤필거사
서천국 백팔대조사
제라박타존자 지공대화상
고려국 공민왕사 보제존자 나옹대화상
조선국 태조왕사 묘엄존자 무학대화상

아인망처초삼계 대오진공증법신
무영수두화난만 청산의구겁전춘
제대조사 천하종사 일체미진수
제대선지식님들께 예배(공양)합니다.

⑰ 한마음 함께 기울여서
사바세계 차사천하 남염부제 칠처구회
주변시방 같고다른 티끌같은 화장세계
화장세계 밖에있는 갓없는 무량무수
불가칭 불가량 불가설전 불가설
진법계 허공계 시방삼세 제망중중
승가야 중중존 오덕사 육화려
이생위사업 홍법시가무
피요진 상연좌 적정처
차신불추의 충징채신우
발항용 석해호 법등상변조 조인상전부
돈오점오 비증지증 일승삼승 동체별체
수성이리 이증삼명

등지삼현병사과 보살연각성문승
무색성중현색성 대비위체이군생
일승대승 소승현성 상주일체
청정승보 여시해회 일체현성들께 예배(공양)합니다.
오직 원컨대 삼보님께서는
저희들의 예배(공양)를 받으시고 가피력을 내리시어
법계의 모든 중생이 모두 함께 불도를 이루어지이다.

사실 저는 이 의식을 통하여 부처님의 넓고 깊은 바다를 털 끝만큼 체험하게 되었습니다. 함께 들어주시고 격려해주신 여러분께 감사드립니다.

BBS 불교방송TV강의

활안스님의
대승불교의 실천

印刷日 | 2017년 6월 25일
發行日 | 2017년 6월 30일

著　者 | 활안 한 정 섭
發行人 | 불교정신문화원
發行處 | 불교통신교육원
　　　　| 12457 경기도 가평군 청평면 남이터길 65
電　話 | 031-584-0657, 02-969-2410
등록번호 | 76.10.20. 경기 제6호
印　刷 | 이화문화출판사
　　　　 02-738-9880(대표전화)
ISBN | 978-89-6438-154-0 03220

定價 15,000원

※ 본 책의 내용을 무단으로 복사 또는 복제할 경우, 저작권법의 제재를 받습니다.
※ 잘못 만들어진 책은 바꾸어 드립니다.